栖心圖書館聚珍輯刊

（第一輯）

上

可祥　主編

上海古籍出版社

圖書在版編目(CIP)數據

栖心圖書館聚珍輯刊. 第一輯/可祥主編. --上海：上海古籍出版社，2020.11

(栖心圖書館聚珍輯刊)

ISBN 978-7-5325-9751-2

Ⅰ. ①栖… Ⅱ. ①可… Ⅲ. ①佛教-文獻-匯編-中國 Ⅳ. ①B948

中國版本圖書館 CIP 數據核字(2020)第 168626 號

栖心圖書館聚珍輯刊(第一輯)

(全三册)

可　祥 主編

上海古籍出版社出版發行

(上海瑞金二路 272 號　郵政編碼 200020)

(1) 網址：www.guji.com.cn

(2) E-mail：guji1@guji.com.cn

(3) 易文網網址：www.ewen.co

上海麗佳製版印刷有限公司印刷

開本 889×1194　1/16　印張 73.75　插頁 16

2020 年 11 月第 1 版　2020 年 11 月第 1 次印刷

印數：1—2,300

ISBN 978-7-5325-9751-2

B·1177　定價：980.00 元

如有質量問題，請與承印公司聯繫

栖心圖書館聚珍輯刊

（第一輯）

上

可祥 主編

上海古籍出版社

圖書在版編目(CIP)數據

栖心圖書館聚珍輯刊. 第一輯/可祥主編. --上海：上海古籍出版社，2020.11

(栖心圖書館聚珍輯刊)

ISBN 978-7-5325-9751-2

Ⅰ.①栖… Ⅱ.①可… Ⅲ.①佛教-文獻-匯編-中國 Ⅳ.①B948

中國版本圖書館 CIP 數據核字(2020)第 168626 號

栖心圖書館聚珍輯刊(第一輯)

(全三册)

可　祥　主編

上海古籍出版社出版發行

(上海瑞金二路 272 號　郵政編碼 200020)

(1) 網址：www.guji.com.cn

(2) E-mail：guji1@guji.com.cn

(3) 易文網網址：www.ewen.co

上海麗佳製版印刷有限公司印刷

開本 889×1194　1/16　印張 73.75　插頁 16

2020 年 11 月第 1 版　2020 年 11 月第 1 次印刷

印數：1—2,300

ISBN 978-7-5325-9751-2

B·1177　定價：980.00 元

如有質量問題，請與承印公司聯繫

《栖心圖書館聚珍輯刊》編纂委員會

棲心圖書館聚珍輯刊序言

佛教史籍是佛教思想文化的重要載體，記載了佛教發展的軌跡，反映着佛教演進的歷程，理論以至實踐，交流以至傳播，教學以至學術，建築以至藝術，內容豐富，含攝廣潤，是研究中國佛教史、中國史學史、中國文化思想史的珍贵資料。

七塔禪寺棲心圖書館自二〇一七年成立以來，迄今三載，館藏書籍七萬餘冊。圖書館成立伊始，即成立浙東佛教文獻收藏中心和浙東地方文獻收藏中心，專司區域佛教和地方文獻史籍的收藏，現藏有：和刻本寬文十二年（一六七二）的《法苑珠林》一一八卷，延寶三年（一六七五）的《觀音義疏記》四卷，延寶七年（一六七九）的《大般若波羅蜜多經》六〇〇卷，元祿十五年（一七〇二）的《大乘法苑義林章》七卷；七塔禪寺藏經樓轉入的顯宗法師（一八九八—？）舊藏近二〇〇冊，其中包含《廣弘明集》《北山録》《古文苑》《湘山野録》《紫柏老人集》《居士傳》《清涼山志》等殘卷，多為清中晚期刻本和民國鉛字本；七塔禪寺檔案室貽贈的《保國寺志》《四明延慶講寺萬年簿》等多冊珍稀文獻。

文獻收藏之價值在於研究與傳播，棲心圖書館將陸續影印出版珍藏之文獻。現精選《七塔寺志》《七塔報恩寺宗譜》《七塔報恩佛學院院刊》《華嚴綱要淺說》《保國寺志》《四明延慶講寺萬年簿》《岑學呂手稿：〈海雲禪藻〉中部分僧人簡傳》等書籍、手稿影印，輯成三冊，名為《棲心圖書館聚珍輯刊》（以下簡稱《輯刊》）（第一輯）。

二十世紀三十年代，國力衰落，寺院經濟頗受掣肘，七塔禪寺住持溥常長老與七塔法派耆宿大德，毅然致力於光大祖道、振興教門之事業，歷經艱辛，七塔道場各項事業遂有長足發展，其中文化建設成果最為顯著。溥常長老親撰《華嚴綱要淺說》，策劃編輯出版《七塔報恩寺宗譜》《七塔報恩佛學院院刊》和《七塔寺志》。此四書之刊行，可謂重煥七塔千年古刹之榮光。但兵燹之禍不斷，寺院藏書散失殆盡，此四書亦未免於難。今日有幸再見其中之三：《七塔寺志》《華嚴綱要淺說》和《七塔報恩佛學院院刊》，幸賴甬城著名居士王文輝。先生目睹七塔道場經滄桑歷變幻，今法筵重開、祖燈復燃，又聽聞七塔常住求尋散佚書冊史籍以重修《七塔寺志》，遂將珍藏的三冊七塔史籍捐贈回寺。先生之饋贈意義非凡，是七塔禪寺振興佛教文化的一大助緣！

《七塔寺志》記載了七塔禪寺千年滄桑變遷。該志資料翔實，體例規範，語言流暢，堪稱民國時期佛教方志之佳作，是研究七塔禪寺曆史和清代、民國佛教史的珍貴資料。

《七塔報恩寺宗譜》由天童寺退居方丈廣修長老貽贈，他在宗譜中親書法師祖圓瑛大師和法師父義明法師簡歷之「唱滅」一欄中往生日期、世壽數字、塔墓位置等內容，又在義明法師之「法嗣」一欄中添加自己的字號法名「廣修定醒」。據廣修長老簡歷所記，他於「一九五九年在七塔寺嗣義明禪師之法，為臨濟正宗第四十二世」，此宗譜應是其得法恩師義明法師所賜。義明法師嗣法於圓瑛大師，為臨濟正宗第四十一世，圓瑛大師則親承七塔禪寺中興之祖、晚清著名高僧慈運老和尚法印，為臨濟正宗第四十世。就法統而言，廣修長老屬臨濟宗七塔法派傳人，故十分珍視此宗譜，一直隨身攜帶，如同惠能大師隨身攜帶五祖弘忍付予之袈裟。余於本世紀初幸蒙廣修長老所賜，拜覽此宗譜，知曉晚清、民國時期七塔禪寺龍象輩出，法脈遍傳，深感崇敬。廣修長老聽聞余之感言，心生歡喜，慨然相贈。此珍貴之贈予，余感銘於心。此宗譜以法脈關係為主體，詳載七塔禪寺之重要人物事蹟和法裔世系，為研究晚清、民國佛教史和臨濟宗七塔法派之源流、傳承、規模和發展提供了珍貴資料。

《七塔報恩佛學院院刊》刊載了七塔報恩佛學院的辦學宗旨與理念、歷史與規模、學制與課程、品質與水準等內容，是瞭解民國佛教教育發展的珍貴文獻資料。

《華嚴綱要淺說》是溥常長老懸挈唐實叉難陀所譯之《大方廣佛華嚴經》，為七塔報恩佛學院學僧所作之淺顯解說，揭示全經之綱領。諦閑法師在序文中盛讚此書「意甚明而斑斑可考，言雖簡而處處指歸」。此書為民國時期略疏《華嚴經》的重要著作之一。

《保國寺志》成書於嘉慶十年（一八〇五），記載了保國寺地理形勝、寺宇建築、文物古跡、詩詞文章和人物傳略等方面的內容，是本輯所刊成書最早的史籍。十年前，寧波陳甬良先生有感於七塔禪寺對浙東佛教史籍的收藏與保護工作，慷慨捐出珍藏多年的《保國寺志》，以期本寺之研究與傳承。本寺檔案室在接受此籍時，承諾於因緣成熟之際將其付梓流通，現終不負陳先生的用心與奉獻。

《四明延慶講寺萬年簿》由月西老和尚剃度師靜安和尚和依止師亦幻法師兩任延慶寺住持編輯完成，後由月西老和尚攜至七塔禪寺，奉為至寶，即使在人生至暗時期也一直伴隨其右，足見至深之師徒情分。月西老和尚繼靜安和尚、亦幻法師住持延慶寺至一九六〇年初，為保護延慶寺史籍盡職盡責。余為月西老和尚弟子，亦負有傳承守護之責，一九九三年月西老和尚圓寂，此後余珍藏此簿十年，迨至二〇一三年，始移交七塔禪寺檔案室保管。

《四明延慶講寺萬年簿》輯成於民國三十一年（一九四二），具有極為重要的文獻和藝術價值。簿中「產業」項中關於「殿堂寮舍」的記載，對研究民國時期延慶寺的建築佈局與規模大有俾益；「建設」項中與政府的往來文書，是研究民國時期宗教政策的難得史料，也是研究延慶寺歷史的珍貴史料。張聖慧、趙百辛和芝峰法師的三篇序文，內容豐富、辭藻華麗，書法造詣極高。趙百辛序注明書寫者爲沙門靜培，三篇序文書寫字體風格相近，用筆方圓並施，結體典雅，風神秀逸，具有重要的藝術價值。

《岑學呂手稿：〈海雲禪藻〉中部分僧人簡傳》，是二〇〇五年五月二十八日從香港普藝拍賣行舉辦的「嶺南書法篆刻家陳秉昌先生藏品專場拍買會」上競拍所得。該行拍賣這份手稿的消息，是在峨眉山報國寺永壽法師方丈升座法會上，從嶺南著名書畫家連登先生處獲悉。連先生認為這份手稿無論是書法藝術價值，還是佛教文獻價值，都非常值得收藏和研究。岑學呂先生能文善詩，尤工書法，行草皆擅。這份手稿共計一〇八幀，屬其書法作品中難得的珍品，通篇用行楷寫成，用筆疏散有致、氣暢力酣、結體嚴謹，實屬罕見佳作。去年，連先生赴甬講學時，再度披覽此稿，從藝術角度給予極高的評價，並欣然為手稿題寫書名。

手稿內容以抄録為主、編撰為輔，共收録了四十几位明末遺民、清代詩僧的小傳，附録有天然和尚學說及關涉他的著文多篇。除今釋澹歸、二嚴外，其他詩僧如今覞石鑒、今壁仞千、今辯樂說和今攝廣慈等的簡傳均抄自徐作霖、黃蠡編輯的《海雲禪藻集》。《今釋澹歸簡傳》是簡傳中篇幅最長、內容最全面的。從全文來看，應是岑學呂先生綜合吳天任編纂的《澹歸禪師年譜》、《海雲禪藻集》之《今釋簡傳》及其他有關今釋澹歸的史料編撰而成，對綜合研究今釋澹歸的生平事蹟具有重要的參考價值。《海雲禪藻集》中並無二嚴的簡傳與詩作記載。岑學呂先生根據二嚴的著作《雁水堂集》《嘯樓集》，結合鄧玄度、陳田等人對二嚴詩詞的評論編撰成二嚴簡傳，此傳是研究二嚴的難得史料。二嚴享譽嶺南，名聞緇俗，為天然函罡嗣法恩師空隱道獨之剃度弟子，岑學呂先生為其作傳，當視其同屬海雲派。岑學呂先生抄録的《楞伽經心印・自述》《天然和尚行狀》《楞伽心印緣起》、今釋撰《首楞嚴直指叙》等撰述皆源自汪宗衍編著的《天然和尚年譜》，這對研究海雲派佛學水準以及天然與今辯、今無和今釋之間的師徒關係頗有俾益。

近年來，國內佛教學術界尤重域外佛教漢文書籍的研究，於晚清、民國時期佛教寺院史籍的整理與研究也頗為重視。出版這套《輯刊》，旨在助力佛教學術研究，為區域佛教研究提供史料支撑，為浙東佛教研究貢獻力量。然限於資力，本輯刊所存之不足，尚懇請方家讀者不吝匡正。

《輯刊》的策劃與出版得到徐爽博士的鼎力相助，得到上海古籍出版社責任編輯查明昊先生的大力支持，得到著名書畫家連登先生的逐籍題簽，仰賴栖心圖書館全體同仁的通力合作，得以成就，在此誠致謝忱！

可祥於栖心圖書館

二〇二〇年四月二十三日

目録

上册

七塔寺志

庚子初夏

连登题

《七塔寺志》八卷刊行於民國二十六年（一九三七），由七塔寺住持溥常長老聘請陳寥士主事編撰。陳寥士（一八九八—一九七〇），名道量，字企白，一作器伯，號寥士、玉谷、十園，寧波鎮海人。有詩名，著有《單雲甲戌稿》《單雲閣詩》《單雲雜著》《單雲閣詩話》等。民國二十四年（一九三五）受邀編撰寺志，同年發凡起例，搜考集成，閱二載而就，於民國二十六年排印出版。《七塔寺志》分圖記、金石、沿革、建置、僧譜、法要、產業、藝文八卷，從文物古跡到建制文化，全面記載臨濟宗中興祖庭七塔報恩禪寺，由唐代大中十二年（八五八）起，經五代及宋元明清四朝至民國二十五年（一九三六）一千餘年的歷史。書名有王震、沙孟海題簽，書前有題辭五篇、序十家、圖像四幅，書末有跋兩篇並附以補正。該版《七塔寺志》栖心圖書館館藏一冊，寧波市檔案館館藏一冊，見録於《中國佛寺史志彙刊》及《中國佛寺志叢刊》。版式：框高一七點九釐米，寬一二點二釐米，半頁一二行，行三一字，白口，四周單邊，單黑魚尾。

七塔寺志

七塔寺志

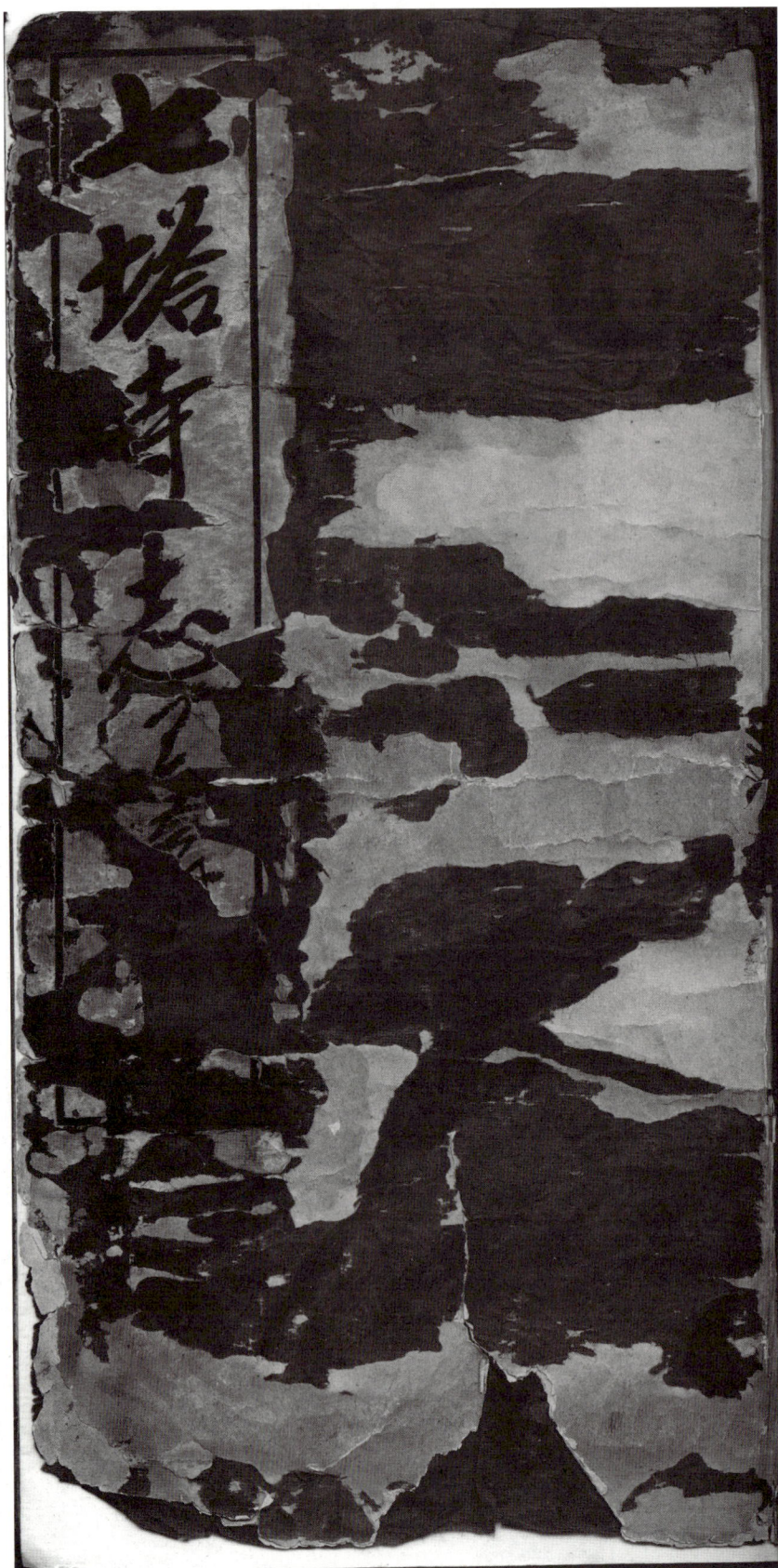

七塔寺志

四明陳寥士纂

文若

中華民國二十六年
丁丑孟春之月刊行

七塔寺志題辭

泱泱海水。杳杳蒼穹。巍巍七塔。兀兀靈鍾。東津禪院。肇唐大中。初祖心鏡。拈花正宗。威鎮毒蟒。德感神龍。入那伽定。剡寇潛鋒。崇壽題額。補陀鳩工。宋元逮明。興廢重重。迭經刦火。紺宇塵封。迄於清季。法運再隆。中興慈祖。略偉圖宏。高建法幢。式煥金容。五百羅漢。鎮山之雄。奏請龍藏。募鑄大鐘。彌陀寶殿。萬緣喜同。百廢俱舉。羣材集中。頡頏育王。媲美觀宗。輝揚雪竇。法流天童。燈燈續焰。繼紹芳蹤。化被四明。名聞崆峒。奕奕靈光。今推溥公。誕降湘南。卓錫甬東。戒壇法座。華雨漫空。臺瀛緬印。十方雲從。凡茲盛業。宜標管彤。不有寺志。曷垂無窮。仗斯衆擎。成其大功。披圖按册。指掌羅胸。勒之金石。昭示纖洪。藏之名山。垂跡梵宮。播之藝文。江筆花濃。按之譜牒。支派衍通。傳鐙光遠。壽世文鴻。萬禩千秋。丕振宗風。

粵東許聖妙

次水月上人感懷原韵題七塔寺志

勤磨古鏡發新明。幻作人寰一化城。盡導迷流歸覺海。更憑仙筆助文情。廢興舊事殷殷記。緇素遺聞細細評。珍重甬東留七塔。天童雪竇共長庚。

丙子初夏雪竇山人太　虛

七塔寺志讚

南海之北。甬江之東。寺名七塔。始唐大中。觀宗延慶。育王天童。名藍楚楚。並峙稱雄。觀音徙跡。臨濟遺風。弘宗演教。與藥施功。憐斯病苦。導彼羣蒙。虛空有盡。厥志無窮。

丙子夏觀宗弘法沙門寶　靜

題七塔報恩寺志並贈溥常上人

忍將歲月任蹉跎。蒿目中原感慨多。救國無能慚學子。潔身有意羨頭陀。入山漸覺塵心澹。出世方知壯志磨。咫尺浮圖憑寄托。甬東勝跡博君呵

夢麟金　鼎

罗汉五百浮屠七佛法

无边传信唯一气为功德

而有传索士作志写于实

宁全叶七塔寺志为起

梁冀镶

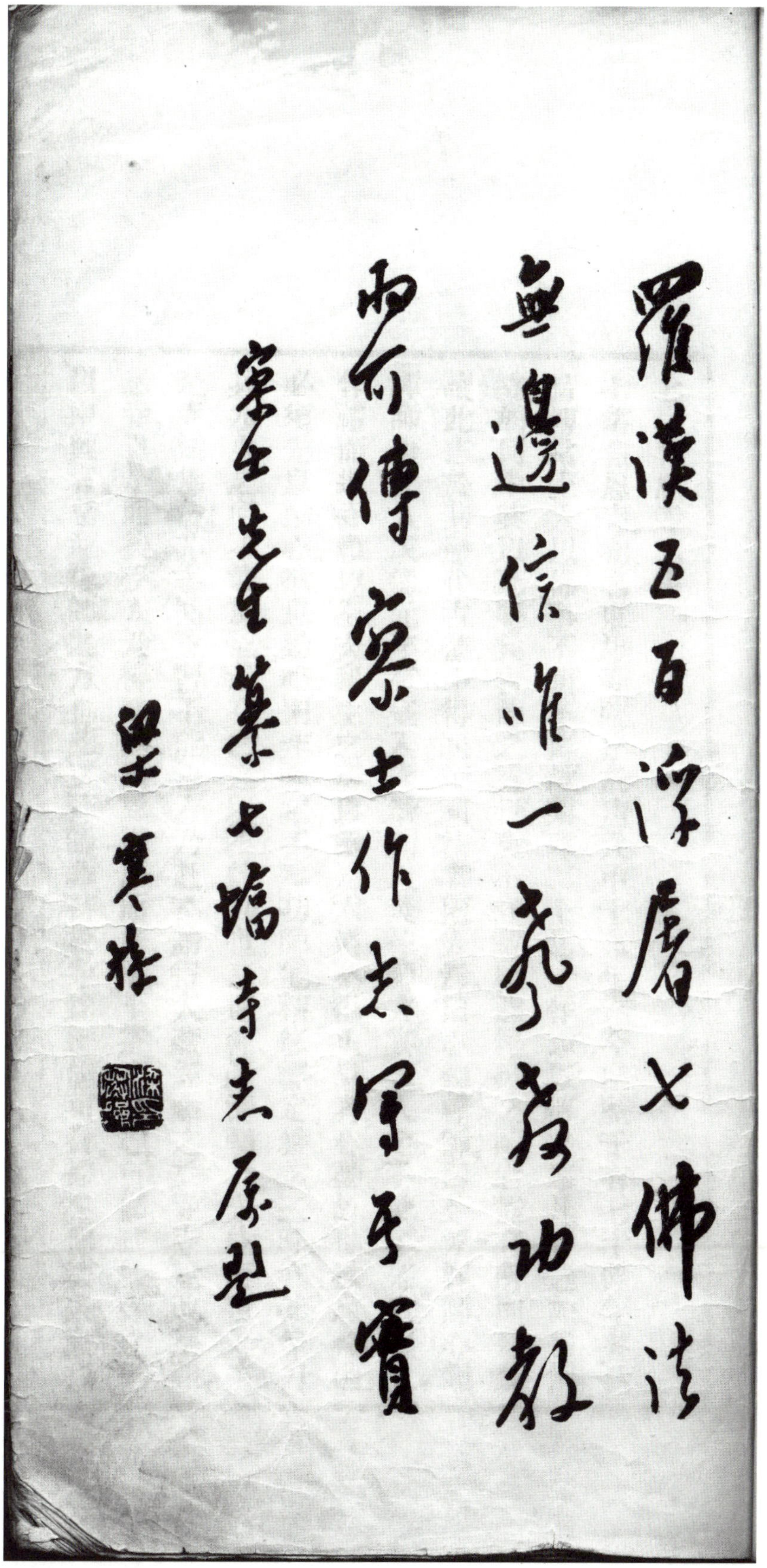

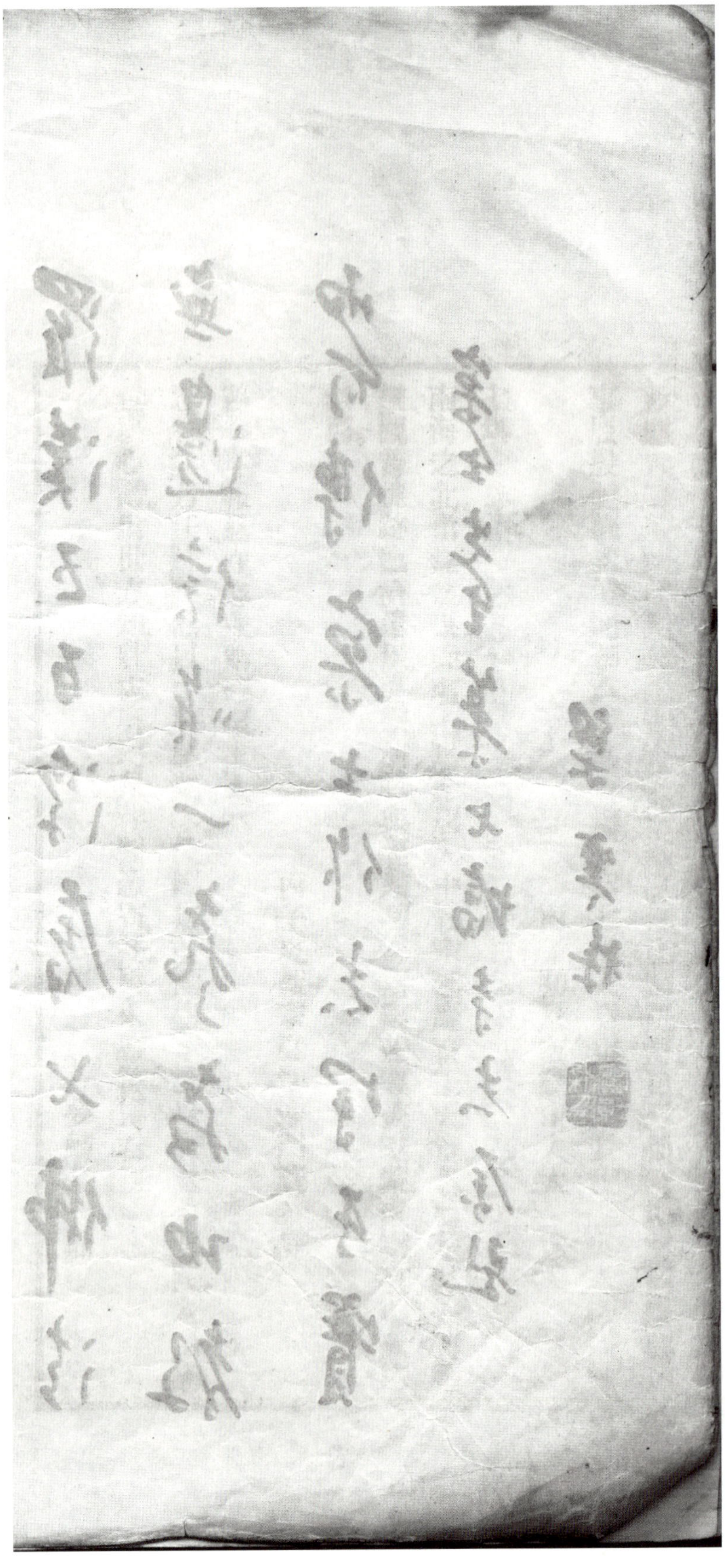

七塔報恩寺志序

七塔報恩寺。初名東津禪院。建於唐大中十二年。迄今已歷千有七十餘年矣。住持溥常上人。以佛事不可不傳。故囑陳寥士居士作志以傳之。舉凡寺之如何創立。如何中興。以及歷代古德之言行。莫不詳載靡遺。俾後之讀者。能有所則效。余讀此志。於其歷代古德中得可師可法者兩人焉。曰心鏡禪師。曰慈運禪師。心鏡禪師唐代人。咸通元年有寇入寺。欲加以焚掠。師方宴坐入定。不驚不怖。寇異之。作禮而退。寺賴以全。夫衆生之所以輪廻六道不得止息者。心動故也。欲息輪廻。必須先息動心。欲息動心。則非禪定不爲功。師能精修禪定。獲證三昧。宜其爲刀兵水火之所不能驚。危急存亡之所不能動也。慈運禪師淸朝人。光緒庚寅入主是寺。知佛法非多聞薰習不能悟入。乃赴都請得大藏經。藏之於寺。寺遂改稱報恩寺。自是而後。學人乃得從聞而思。從思而修。不至空腹高心。盲修瞎練。寺之得以中興者。慈運禪師之力也。此二禪師非特於寺爲難能可貴。抑亦佛法東漸以來所不可多遘者也。余之得知有此二師，使余能有所則效者。寥士居士作志之功德也。噫。寥士居士之功德不朽矣。寥士居士之功德不朽。亦溥常上人之功德不朽也。是爲序。

民國二十五年丙子冬　豫章梅光羲

七塔寺志序

今何時乎。天地晦冥。賢人否塞。百無可述。倫紀盪然。惟有一事差强人意者。則邦國志乘。地方文獻。遠紹旁搜。規撫百緒。鉤沈彙逸。盪鬱千芳。如各處縣志寺志之修輯。皆其例也。吾友陳子寥士。蓄其精銳。若朔氣之奔騰。遭厥蹇屯。類夜郎之流放。夙好丹鉛。雅耽禪悅。久更憂患。彌多述作。邇徇溥常上人之請。有七塔寺志之作。吉光片羽。莫非異珍。暮磬晨鐘。皆成逸響。識梵宮之掌故。貝葉頻翻。聽滄海之潮音。天花初散。摩挲唐塔。枯刦未湮。供養湘珉。傳鐙無恙。稱小補陀。記華鬘之色界。宣大乘教。著衣鉢之聲聞。三千大千。佛光永被。一塵一刹。慧業純昌。誦般若之經。迹符南海。續伽藍之記。紙貴洛陽。七塔之影頡旿。俯臨佛地。四明之山崒嵂。遙接禪天。斯寺也。在唐曰棲心。在宋曰崇壽。在明曰補陀。在淸曰報恩。一脉綿延。香火未絕。十方稱讚。聖善頻生。名德高僧。發揚光大。棒喝拈花。各叅體要。而鉤稽沿革。夷考源流。不有志書。無以傳信。可謂壽世之作。抗手古人。按圖而遊。盟心息壤者矣。是爲序。

民國二十五年三月　蕭山朱鼎煦

七塔報恩寺志序

寺之有志。猶家之有乘。國之有史也。甬江之東。七塔報恩寺。爲唐大中戊寅分寧宰任公景求捨宅所建。初名東津禪院。嗣改棲心寺。迄今已歷千有十九年矣。余顧未嘗一履其地。然余之親教師圓瑛法師。爲余言之綦詳。寺之開山祖師號心鏡禪師。其推爲中興第一代者。則爲慈運大師。圓瑛法師其弟子也。淸光緒庚寅。大師徇江東紳耆之請。入主是寺。適値凋敝之餘。佛殿僧寮。悉燬於紅羊刦火。大師具大願力。慘淡經營。重建大雄殿。三聖殿。天王殿。玉佛閣。華嚴閣。藏經樓。雲水堂及寮舍等三十餘所。規模莊嚴。燦然大備。乙未入都。請領龍藏。始蒙勅賜今名。曰七塔報恩寺。先是大師受事伊始。即開海單以安衆。常住三百餘僧。念佛坐香。雙修禪淨。大衆中得領導而悟入第一義諦者。頗不乏人。宣統庚戌。大師示寂。法門弟子次第相承。繼往開來。綿宗風於不墜。是亦煆凡煉聖。得曹溪一脉之眞傳者。民國二十四年乙亥冬。溥常長老慮及歷代祖師之言行。堪爲緇素模範者。向無紀錄。人多忘之。因以纂述寺志爲急務。倩陳寥士居士董其役。又得圓瑛智圓諦聞三法師。暨胡蒙子趙百辛王宇高黃夢度王玄冰諸居士襄助。博引旁徵。爬羅剔抉。殫精竭慮而後成。志凡八卷。以圖記金石沿革建置僧譜法要產業藝文分類。洪纖畢舉。朗若列眉。以史乘之體例。闡佛法之高深。俾後之讀者。不啻聞廣長舌之說法矣。是爲序。

中華民國二十五年歲次丙子仲冬月　皈依三寶弟子王淮琛謹撰

七塔寺志序

粤稽吾國之有志乘。肇源於晉之乘、楚之檮杌、魯之春秋。由來舊矣。降及近代。凡屬名山大刹。亦皆風起雲湧。燦然大備。誠以志乘之關係於史地人文者至鉅。而未可或缺也。鄞縣七塔禪寺。開山於唐。迄今千有餘載。文物彬彬。古蹟歷歷。殿廡禪室。既宏既麗。佛制清規。亦嚴亦整。堪爲一方之名勝。然則往事舊聞。水源木本。詎可略而不著。使後之人無所考哉。溥常長老。初膺七塔主席。即建纂志之議。周折幾經。竟觀厥成。所有古蹟法物文藝建置等。可以藏之名山垂之不朽者。均在搜編之列。科分類別。細大不捐。藉紹前猷。用規來軫。洵七塔之宏圖。佛教之壯觀也。謹序。

民國丙子　滇南夢夢道人諦聞書於報恩佛學院教務室

鄞縣七塔寺志序

寧波舊稱佛地。鄞縣附郭一隅。寺庵以千計。今存者猶七百餘焉。四鄉之寺。以天童青王爲稱首縣治之寺以七塔觀宗爲稱首二寺皆盛於民國以來而觀宗尤後起七塔之爲寺唐時號東津禪院厥後其名屢更曰七塔報恩者自慈運慧祖得名也光緒初祖至七塔年已六十有三中興之功志載略備法派之盛共得四十有八人而岐昌法師爲之巨擘焉慧祖示寂岐昌法師紹隆其業以大以充遂有今日之崇奐今四十八支之法派雖各有屈伸增減而乳流益蕃住持三歲一易人皆以法派充之大抵以維持常住爲己責七塔之興蓋未有艾也前住持溥常老和尚以龍象力作人天師於全寺規模既整既飭乃喟然歎曰寺之有志猶國之有史也二典以前茫昧無稽司馬遷不作史記則伏羲以至漢武事將不存而後人亦無從效法自大法東來古刹名藍輒歷千年而不廢視有國者孰與長短而卓絕瓌異之行往往傑出其間不有紀述將如浮雲之過眼雖千奇萬變有不能道其髣髴者矣吾滋懼焉乃屬其事於陳君閱數月而畢事書成徵序無住以爲溥公之言足以示後遂次其語以告夫千百世之居是寺者使知夫古刹之

宜保。中興之烈不可忘。其必有繼起而光大之。倍蓰於今日者乎。此序。

民國丙子冬　不緇頭陀無住謹序於報恩佛學院教授室

七塔報恩禪寺志序

甬江之東有古刹焉。始自唐大中十二年戊寅、爲民國紀元前一千零五十四年。分寧宰任景求。捨宅爲東津禪院。敦請心鏡禪師居之。師住天童。曾有徙神龍鎮毒蟒之神異。至是咸通元年庚辰。民國前一千零五十二年。會剡寇裘甫擄劫四明、縱兵晝入師宴坐禪定。神色不動。寇衆驚悸。作禮而退。明年辛巳。郡紳奏旌師德。請以棲心名寺。是爲本寺創建之始。宋大中祥符元年戊申民元前九百零四年。賜額崇壽。明洪武二十年丁卯民元前五百二十五年。昌國寶陀寺內徙。奏請改棲心爲補陀寺。清光緒二十一年乙未。民元前十七年。住持慈運老和尚。請藏經。改寺額名報恩。以門外向有七浮圖。俗呼七塔。而七塔報恩禪寺之名由此始。民國二十一年壬申之夏。寧波防守區成立。暫假該寺辦公。余住居是寺。一年乃遷。寺有溥常長老。一頭陀行之德行僧也。講經遠及日本。闡化行於緬滇。東包行脚。遊遍國中。余固留心訪道。乃咫尺竟等天涯。意者機緣未熟。無感故不應耳。蓋其時余於簿書之暇。正從事編集佛學借鏡一書。未遑參問。迨二十三年甲戌春。全書告成。欲求有道而就正之。適長老於是年任該寺主席。大樹法幢。合十座下。相見恨晚。荷蒙幾經審查。并爲之序。四月八日。釋迦聖誕。余與內子禪心。即於是日虔誠皈依。因緣時會。蓋非偶然也。長老乘大願船。泛般若海。以濟度爲心。開堂傳戒。復興禪那。雖年逾古稀。而宏法之志願彌篤。尤拳拳於首創寺志。彙編佛史。以完其未竟之志。惟時以精力不逮。主持乏人爲憾。余不自度量。慨允佛史彙編。寺志又有邑人陳寥士居士担任。有志者事竟成。非長老之大願力曷克臻此。茲幸寺志付印。而余之佛史編年統紀。亦近殺青。因略述其因緣而爲之序。

夢度居士江寧黃熢元謹撰

中華民國二十五年
佛生二千九百六十三年　丙子春
公元一千九百三十六年

七塔寺志序

道本無言。以文言而通載事與易謝。必紀籍以流傳。故凡先賢往行。當世規範。以及地址形勝。有可紀錄者。皆當銘諸簡牘。而昭垂久遠。有所遵循。夫道也者。體空而用繁。體空則慮絕思亡。不可擬議。用繁則穿衣吃飯。資生事業。罔有一法而能例外。故曰二諦雙融。眞俗一如。所以上堂秉拂。說法譚禪。理也。眞諦也。遊與紀載。清規法則。事也。俗諦也。合之同一體也。俱爲要端。故不可以不紀。四明山輝川媚。人物薈萃之地。剎竿相望。稱爲東南佛國。大江之東。有七塔報恩寺。開建以來。隆替遺蹟。載諸史乘。故不多述。今溥常老和尚以寺正誌。尙付缺如。思有以創之。乃聘本城陳寥士居士主其事。閱二載誌成。請序於余。余曰。寺有誌書。猶國家之有鑑史。敘遞代之興亡。詳古德之實事。觸目警心。有所徵勸。且其中非唯文章之斐嫿。又可與道術相感發者也。扶宗翼教。豈曰小補之哉。是爲序。

民國丙子歲孟夏月　觀宗寺式　昌謹撰

七塔報恩禪寺志序

曠觀宇宙間萬事萬物。形形色色、皆唯心本具。亦屬唯識所現。莫不由於文言之形容傳寫。昭垂千古而不磨滅者。至矣哉。文字般若有不可思議也。近時歐西物質發達。東方文化演進。博學志士。攷古精密。圖志史學。最爲重要。本寺唐代心鏡奐祖開山以來。鄞縣天童兩志。歷歷可稽。而本寺志乘。竟付缺如。大抵時代湮遠。興替重疊。縣志所云。咸豐十一年。兵燹淨盡。古蹟等等。何處搜羅。溥常住此多年。蓄意已久。於民國二十四年冬。發起禪堂坐香時。已輯宗譜付梓。復以寺志商確法門諸公。幸遇陳寥士居士。乃蒙欣然贊許。總其大成。圓瑛智圓諦聞趙百辛王宇高黃夢度王玄冰胡蒙子諸君。共襄斯舉。猗歟休哉。太上以立德。其次以立功。其次以立言。此三者。是仁人君子所樂爲贊襄而唱導之。竊自思念。繼往開來。世出世法。同本此心。惟前人有未了之事。而後人有繼起之責。後人當以前人之心爲心。前後人心。均得安慰。在同志者。固知積漸搜攷。苦心集成。誘進後來。不知者未免眼中着屑。若論法門。但願空諸所有。愼勿實諸所無。如訶斥文字語言諸相。落第二義。余亦只唯唯而退。是爲序。

民國二十六年仲春之月

報恩退居溥常宏鉌謹識

民國二十六年仲春之月[illegible]

相叢第二叢。今春見[illegible]西還是爲序。

者未免眼中看得若論[illegible]

大雄寶殿觀音菩薩像

大雄寶殿觀音菩薩像贊 並序

鄞縣志云。明洪武二十年。本昌國梅岑山寶陀寺。懸海。信國公湯和起。遣海島居民。遷入江東。奏改寺名棲心。爲補陀。嗣後就地人民。每逢觀音聖誕。熙來攘往。擁擠進香。至今相續不斷。即是華嚴所說南方補怛洛迦也。謹稽首對像作贊曰。

稽首妙智觀世音。娑婆世界眞教體。應機而現爲說法。信心起處說法竟。我今見境得成就。亦同音聞獲圓通。千手千眼雖不齊。要是一眞妙精明。願今持此妙法門。於此剎土爲佛事。一切聲色熱惱中。常與衆生作清涼。皈依救世大悲者。願賜威光加被我。令我獲無作妙力。令我亦名無所畏。令我具無礙辯才。令我入一切種智。我與一切諸有情。皆如觀音得自在。

民國二十六年春　　退隱宏鉌溥常敬題

五百羅漢石刻之一

七塔寺志序

佛之爲教。廣大悉備。遍十方界。其視大地之一隅。若一漚之於大海也。其爲觀也。刹那之間。萬刦過焉。其視數十百年興廢遞嬗之迹。若目之一瞬也。然則就一寺一塔而紀其始末。以吾屬視之。誠偉矣勞矣。自佛觀之。其無過一漚之微一瞬之頃而已。雖然。十方界之大。一漚之所積也。億萬刦之久。一瞬之所累也。則其廣也其久也。又安得薄此一漚一瞬之微哉。且佛之滅度久矣。其教之所能廣庇衆生以至今日者。豈非藉傳衍之力。而古刹名山。則結集之場。說法傳戒之所也。其繫佛說推布遞嬗之大如此。則其考其廢興成壞之迹。以行世。亦皈佛者所有事也。甬上故道場勝地。僧俗薰修。梵宇相望。而七塔寺創自有唐。千百年以還。雖名數易。而宏法之旨。則無少異也。獨寺迄無志。緇白欲考其事跡。乃無所據。識者憾焉。四明陳君寥士。念末刦之方來。而宗風之不可不振也。綴輯是編。以廣宏教之旨。書成。請序於余。余雖學佛。而所得於教義者至淺。姑推論廣微久暫之義。序以歸之。民國廿六年六月。番禺葉恭綽。

開山祖塔

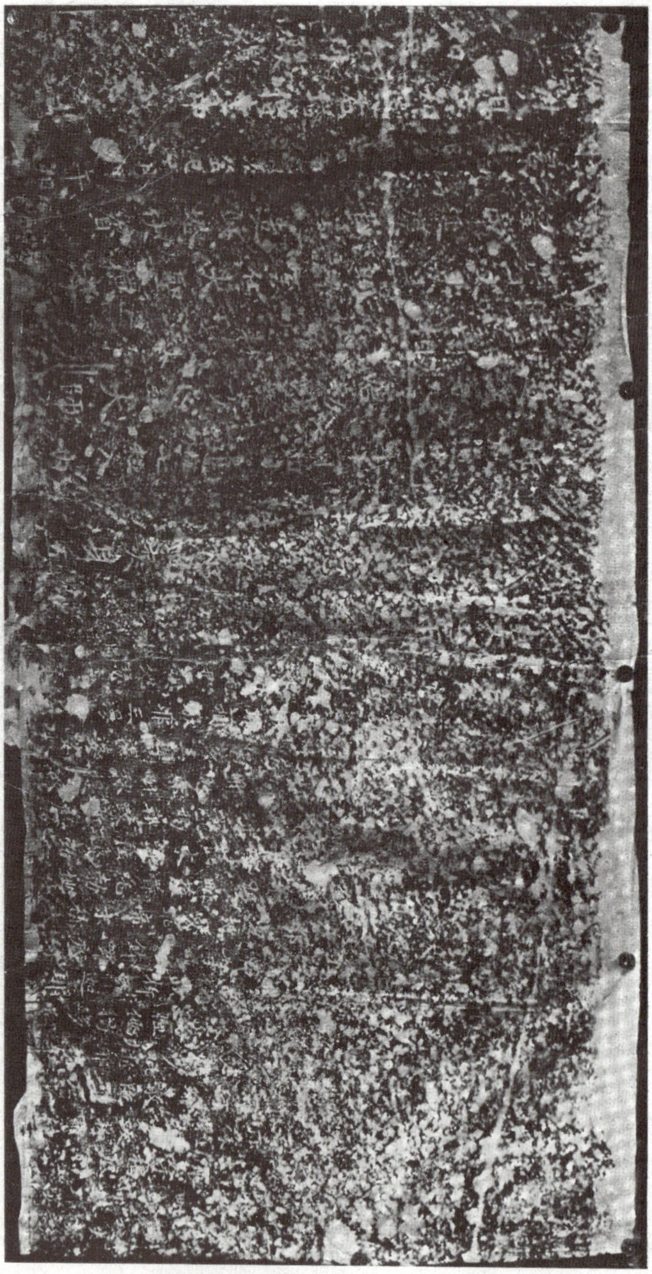

開山祖塔碑文

棲心寺
故禪　德　　和尚焚身五
色舍利三十粒
時咸　通　年十一月四日進　七粒入內
延次年九月唐勅賜　號心鏡大師
　　壽相　　　　　勅奉爲
　　　　　　　　至仁大聖廣孝
皇帝延慶節建造此塔伏資
景福時咸通十四年歲次癸巳六月甲午朔
廿八日立　右塔僧志中
　　　　知造舍利殿僧
　　　　　　　　　　　　失
　　　　　　　他唵毗輸　　耶娑
　　　娑　　　囉拏褐底訶
　　　　　蘇　　　　跋析羅

瑜散陁羅　輸
瑟　毗逝耶
怛他揭多阿
析羅迦耶
拏毗　鉢囉底
地瑟恥帝　末禰末
毗　普吒勃地
薩末　薩婆勃
析羅揭鞞跋
迦耶毗秣提
怛他褐多三摩魂婆娑
蒲馱耶三濕
吒那類地瑟　帝

右百八十有六字。爲唐勅賜心鏡禪師眞身舍利塔文字中之倘可辨者。句文斷蝕。不可卒讀。原文倘無旁本發見可資校證。爰付影寫。以存其眞。何日得窺全豹。俟諸來者。寥士記。

原刻字樣大小不等。共剝蝕若干字。亦不敢臆斷。右所謄錄者。略存原形而已。寥士又記。

七塔寺志凡例

七塔寺志草創伊始。溥常長老敦促至殷。不揣翦陋。幾加考量。爰訂凡例。以挈綱目。取材非宏。挂漏難免。後有述者。此其稿矢。乙亥初霜。陳寥士識。

了了方位。可稽丘索。萬象在圖。尺楮已足。志圖記第一。

云何壽世。唯金與石。現茲三寶。有像有塔。志金石第二。

唐宋明清。寺名屢易。薪盡火傳。法眷則一。志沿革第三。

梵宮禪宇。光大發揚。甬東佛地。方興未央。志建置第四。

閒雲卓錫。法雨傳燈。聲聞廣被。人仰高僧。志僧譜第五。

莊嚴佛門。崇茲戒律。井井有條。比丘矜式。志法要第六。

資生事業。不違實相。安此鉢盂。千秋供養。志產業第七。

高文疥壁。雲璈嗣響。偶留雪鴻。且證微尚。志藝文第八。

七塔寺志卷之一

四明陳寥士纂

志圖記

七塔報恩禪寺記

浙江寧波市東五里許。有七塔報恩禪寺者。鄞縣志乘。歷歷可攷。溯自唐大中十二年戊寅。分寧令任景求君。捨住宅爲寺。號東津禪院。敦請心鏡奐禪師居之。即本寺開山第一代也。初禪師主持天童寺時。徙神龍。鎮毒蟒。種種神通妙用。詳載天童寺志。茲不贅述。咸通庚辰元年。浙東剡寇裘甫掠奪四明。縱兵晝入。禪師晏坐禪定。神色不動。賊衆驚愕。作禮而退。辛巳二年。郡紳奏請改名棲心寺。以旌其德焉。宋大中祥符元年。歲次戊申。賜額崇壽寺。山門前河岸石橋。尚存斯名。至民國廿三年。河填而橋始毁。明洪武二年己酉。延燬內法堂。所燒隙地。并開山祖塔後餘地。改創養濟院。現仍舊。二十年丁卯。因梅岺山寶陀寺（即普陀山前寺）懸於海邊。徙建寺內餘地。改名補陀寺。殿前香爐鐫名。尚存古蹟。故寧俗尚有本寺即南海普陀之說。大殿觀音爲主。每逢聖誕日。進香觀禮不絕。直至永樂年間。僧寺俱廢。後并原留東首空地三分之一。復建棲心寺。永樂二十二年甲辰。建圓通寶殿。宣德壬子七年。建毘盧閣。天順戊寅二年。建藏經閣大悲殿彌勒殿及兩廊等屋。滿清順治年間。建方丈。康熙間。重修佛殿及鐘樓。二十二年癸亥。建大悲殿。寺前有七浮圖。俗人皆呼七塔寺者。始於此。其最不幸者。咸豐辛酉十一年。悉遭兵燹。至同治辛未十年。里人周文學君母子。募貲重建大殿與山門。寺中功德堂。奉祀牌位。以留紀念。光緒十六年庚寅。江東紳董耆老等。公請本師慈運慧祖爲主席。時年六十有四。自接住後。開海單以安衆。常住三百餘僧。具大願力。辛苦經營。寺門前七塔古蹟。中央改造天王殿。大雄殿。三聖殿。中興祖堂。新建法堂。藏經樓。及方丈。後有開山祖塔。樓上莊嚴寮。東邊慈蔭堂。樓上玉佛閣。又有穀倉。工作寮。小厠所。小廚房。新庫房。新新庫房。老庫房。老虎灶。上官廳。大客廳。地藏殿。大鐘樓。念佛堂。西邊雲水堂。樓上華嚴閣。又有浴堂。行堂寮。化身窰。坭水工作房。大廚房。監齋殿。五觀堂。如意寮。大厠所。祖堂客堂禪堂。禪堂西有餘地爲僧塔僧坟等。近今添設佛學院於藏經樓。施醫藥所於三聖右廂。其工程浩大。閱三十餘年始竣事。復於光緒二十一年乙未。進京請頒龍藏。并勅賜寺額名七塔報恩禪寺。於丙申及丙午二年。兩次傳授大戒。民國二十三年。又傳戒一次。每年夏季。請法師講經。平日禪堂坐香。隨時誦經禮懺念佛。宣統二年庚戌。本師慈老人西逝。世壽八十有四。住持事付囑法門。克紹家業。皈信輩擁護大法。廣種福田。叢林規模粗具。堪壯仁人觀瞻。而與育王天童並峙。回憶我本師慈運慧祖。俗姓朱氏。適與始祖同宗。自同治十三年甲戌。住持天童。又與開山始祖同出一轍。及由鎭海李衙橋萬善寺住持而來主持斯寺。推爲中興第一代。遞傳臨濟正宗。心心相印。四十八員法嗣。悉皆分化諸方。子孫綿綿。大振宗風。惟願後來賢哲報恩。當記念天童法脈而弗忘也。追溯本寺歷史。由唐代大中十二年戊寅歲起。經五代洎宋元明淸四朝。至民國廿五年歲次丙子止。約計一千零七十九年矣。時値國民政府通令。調查僧寺古蹟。爲述其崖略如此。

佛歷二千九百六十三年。國歷民國二十五年仲春。住持溥常述於丈室。

慈運慧祖遺像

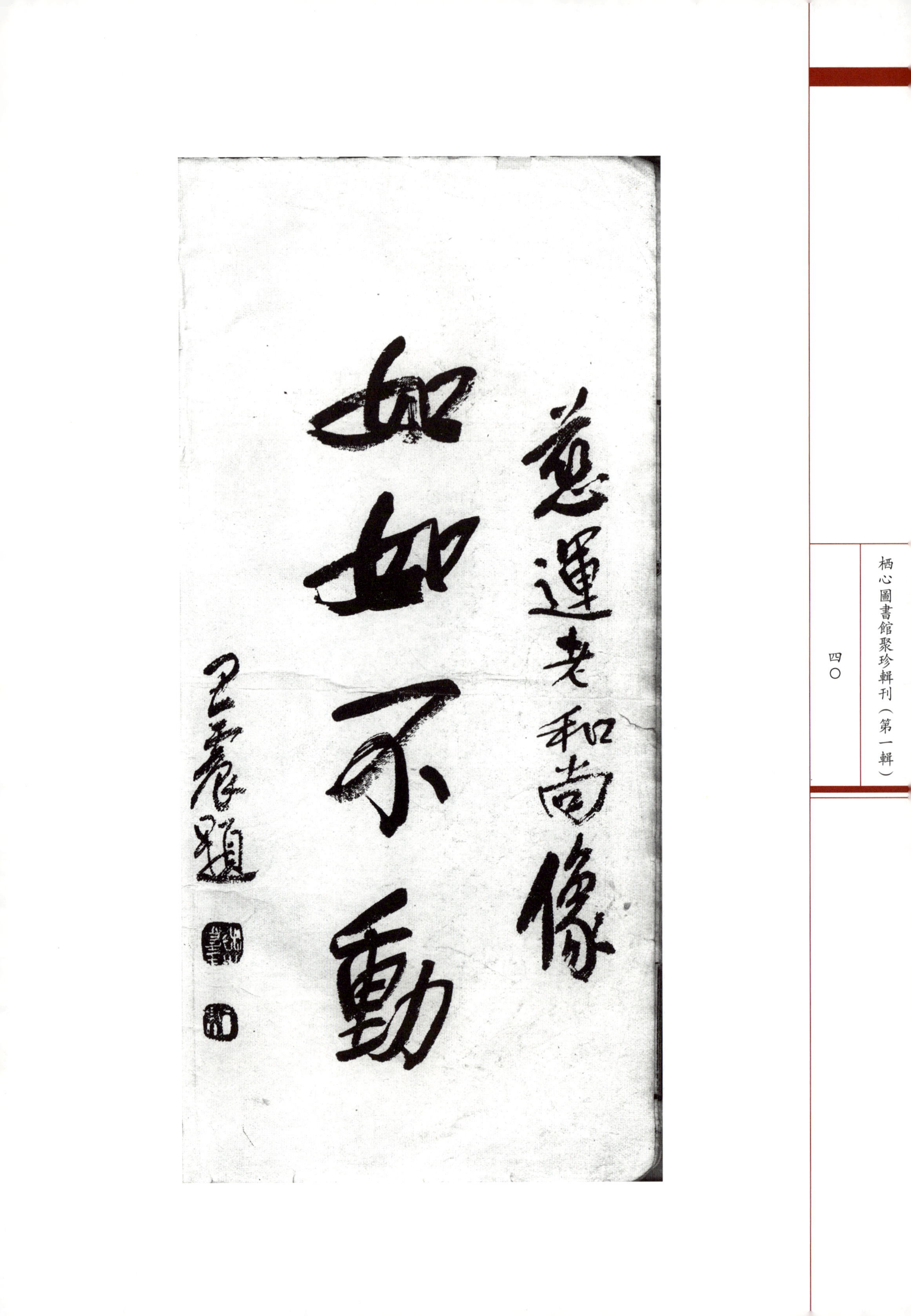

慧運老和尚像

如如不動

君匋題

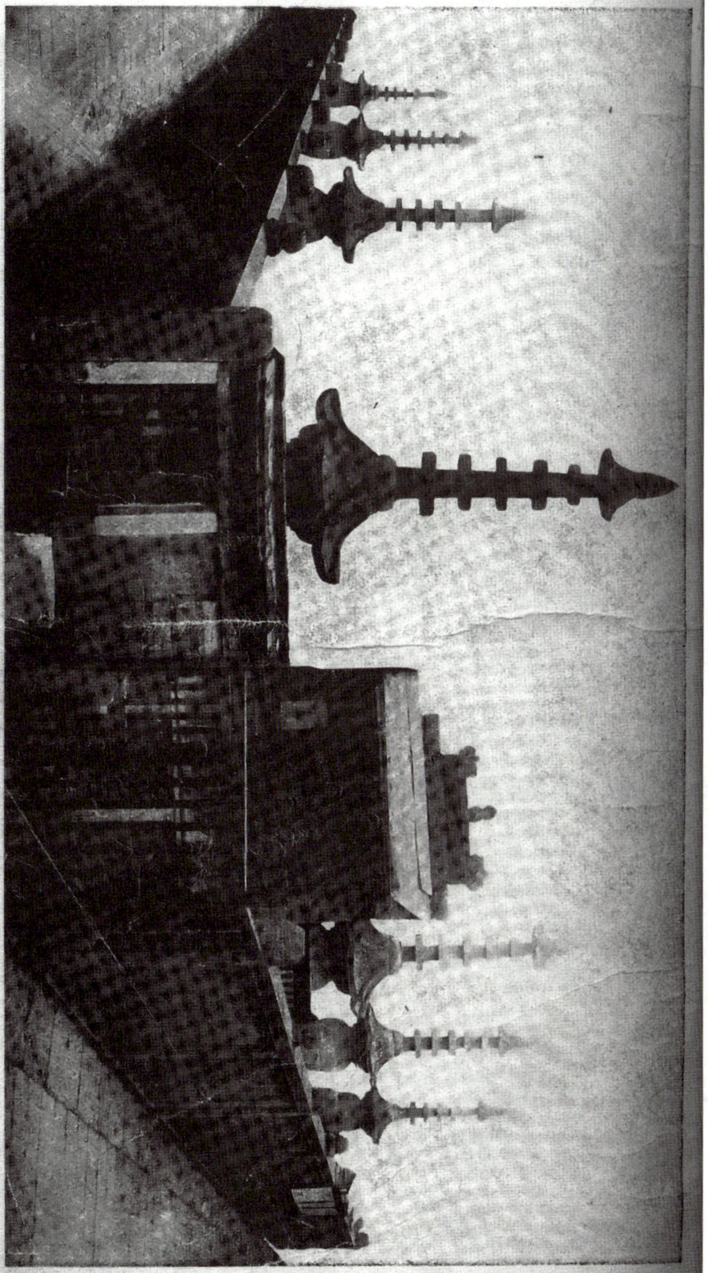

七浮圖

山門及天王殿

大雄寶殿正面

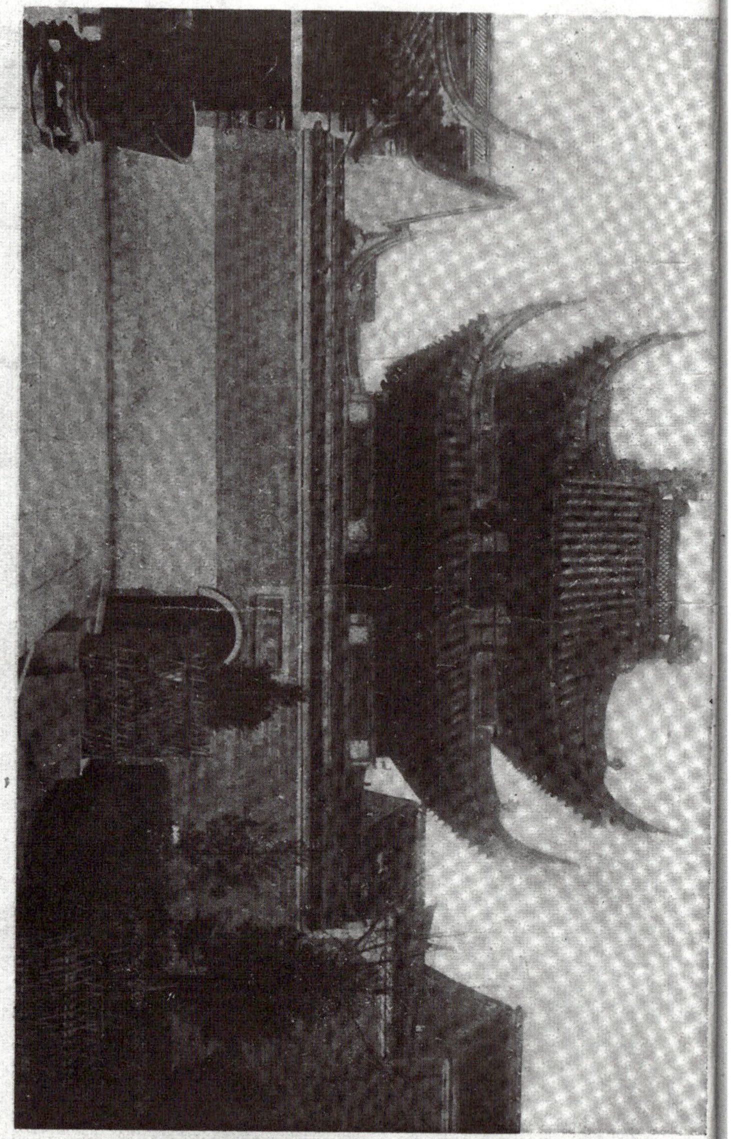

鐘樓

三聖殿

藏經樓及法堂

七塔寺志卷之二

四明陳寥士纂

志金石

一　開山祖塔

開山祖塔即唐心鏡奐禪師之塔也。在方丈室中央。上刻唐勅賜心鏡禪師眞身舍利塔十二字。其下碑文多漫漶不可讀。惟立碑年月。則爲「時咸通十四年歲次癸巳六月甲午朔廿八日立」猶可識也。其餘斷碎文字見插圖中。

二　補陀寺鐘題字

鄞縣志（卷六十頁十一）云。補陀寺鐘題字在七塔寺。天順六年二月十九日造。

三　補陀寺鐵磬

鄞縣志（卷六十二十二頁）云。補陀寺鐵磬在七塔寺。泰昌元年仲冬。

四　崇壽寺額

鄞縣志卷六十頁二十八云。崇壽寺額。在鄞縣。唐相裴休書。輿地碑目

五　七塔

鄞縣志卷六十六頁三十一云。門外有七浮圖。俗名七塔。

六　五百羅漢

湘刻五百羅漢嵌於大殿壁上。碑文及名號如下。

五百羅漢像贊

應眞五百。殊相堂堂。少叢顯跡。震旦流芳。神通具足。變化靡常。圖模杖履。筆審陰陽。朗同星列。次比雁行。有瘦而削。有頎而長。有白而皙。有老而蒼。有示游戲。有現端莊。有麟其車。有雲其裳。種種會意。作作生芒。非空非有。能隱能彰。忽語忽默。或存或亡。諸漏已盡。三昧誰詳。度人出世。說法開場。天風浩浩。海水茫茫。龍降虎伏。魚躍鳥翔。去來現在。聲味色香。半絲不挂。萬籟俱忘。川含月印。花茁蓮房。成妙勝果。具智慧囊。八部拱手。三千寶裝。須彌是握。芥子中藏。遍灑甘露。普設慈航。門傳

不二。壽紀無量。除彼煩惱。任我徜徉。億且可衍。一亦何妨。篆刻工巧。神彩飛揚。金身丈六。放大毫光。

嘉慶戊午仲夏星沙劉權之撰并書。

二刻五百阿羅漢敍

大覺世尊以悲願力救諸阿羅漢應供人間。不得入滅。將使無邊衆生結無上勝緣。出二死海而後已。阿羅漢石碑。舊刻奉常州天寗寺。遭髮逆燬盡。湖南心月上人以舊拓本初刻於衡岳祝聖寺。復儗刻供江浙諸名刹。無何以疾卒。抄見大德以其志不可沒。乃勉其徒惠安繼而刻之。經始於光緒甲午秋。越丙申夏而工竣。噫。其勤繼之功。實有不可得而思議也。與因摭其緣起。書而傳之。南岳默庵謹撰。

五百羅漢名號錄

第一阿若憍陳如尊者

第二阿泥樓尊者

第三有臤無垢尊者
第四須跋陀羅尊者
第五迦留陀夷尊者
第六聞聲得果尊者
第七栴檀藏王尊者
第八施幢無垢尊者
第九憍梵般提尊者
第十因陀得惠尊者
第十一迦那行那尊者
第十二婆蘇槃豆尊者
第十三法界四樂尊者
第十四優樓頻螺尊者
第十五佛陀密多尊者
第十六那提迦葉尊者
第十七那延羅目尊者
第十八佛陀難提尊者
第十九末田底迦尊者
第二十難陀多化尊者
第二十一優波鞠多尊者
第二十二僧迦耶舍尊者
第二十三教說常住尊者
第二十四商那和修尊者
第二十五達摩波羅尊者
第二十六迦耶伽葉尊者

第二十七定果德業尊者
第二十八莊嚴無優尊者
第二十九憶持因緣尊者
第三十迦那提婆尊者
第三十一破邪神通尊者
第三十二堅持三字尊者
第三十三阿㝹樓馱尊者
第三十四鳩摩羅多尊者
第三十五毒龍皈依尊者
第三十六同聲稽首尊者
第三十七吡羅胝子尊者
第三十八伐蘇密多尊者
第三十九闍提首那尊者
第四十僧法耶舍尊者
第四十一悲密世間尊者
第四十二獻華提記尊者
第四十三眼光定力尊者
第四十四伽耶舍那尊者
第四十五莎底苾蒭尊者
第四十六波闍提婆尊者
第四十七解空無垢尊者
第四十八伏陁密多尊者
第四十九富那夜舍尊者
第五十伽耶天眼尊者

第五十一不看世間尊者
第五十二解空第一尊者
第五十三羅度無盡尊者
第五十四金剛破魔尊者
第五十五願護世間尊者
第五十六無憂禪定尊者
第五十七無作慧善尊者
第五十八拾刼慧善尊者
第五十九旃檀德香尊者
第六十金山覺意尊者
第六十一無業宿盡尊者
第六十二摩訶利利尊者
第六十三無量本行尊者
第六十四一念解空尊者
第六十五觀身無常尊者
第六十六千刼悲願尊者
第六十七瞿羅那含尊者
第六十八解空定空尊者
第六十九成就因緣尊者
第七十堅通精進尊者
第七十一薩陀波崙尊者
第七十二乾陁訶利尊者
第七十三解空自在尊者
第七十四摩訶注那尊者

第七十五見人飛騰尊者
第七十六不空不有尊者
第七十七周利槃持尊者
第七十八瞿沙比丘尊者
第七十九獅子比丘尊者
第八十修行不著尊者
第八十一畢陵伽蹉尊者
第八十二摩利不動尊者
第八十三三昧甘露尊者
第八十四解空無舌尊者
第八十五七佛難提尊者
第八十六金剛精進尊者
第八十七方便法藏尊者
第八十八觀行月輪尊者
第八十九阿那邠提尊者
第九十拂塵三昧尊者
第九十一摩訶俱絺尊者
第九十二辟支轉智尊者
第九十三山頂龍衆尊者
第九十四羅網思惟尊者
第九十五刧賓覆藏尊者
第九十六神通億具尊者
第九十七具壽俱提尊者
第九十八法王菩提尊者

第九十九法藏永刼尊者
第一百一除憂尊者
第一百三無憂自在尊者
第一百五嚴土尊者
第一百七雷德尊者
第一百九香象尊者
第一百十一明首尊者
第一百十三敬首尊者
第一百十五辨德尊者
第一百十七悟達尊者
第一百十九離垢尊者
第一百二十一馬勝尊者

第一百善注尊者
第一百二大忍尊者
第一百四妙懼尊者
第一百六金髻尊者
第一百八雷音尊者
第一百十馬頭尊者
第一百十二金首尊者
第一百十四衆首尊者
第一百十六羼提尊者
第一百十八法燈尊者
第一百二十境界尊者
第一百二十二天王尊者

第一百二十三無勝尊者
第一百二十四自淨尊者
第一百二十五不動尊者
第一百二十六休息尊者
第一百二十七調達尊者
第一百二十八普光尊者
第一百二十九智積尊者
第一百三十寶幢尊者
第一百三十一善慧尊者
第一百三十二善眼尊者
第一百三十三勇寶尊者
第一百三十四寶見尊者
第一百三十五慧積尊者
第一百三十六慧持尊者
第一百三十七寶勝尊者
第一百三十八道仙尊者
第一百三十九帝網尊者
第一百四十明網尊者
第一百四十一寶光尊者
第一百四十二善調尊者
第一百四十三舊迅尊者
第一百四十四修道尊者
第一百四十五大相尊者
第一百四十六善住尊者

第一百四十七持世尊者
第一百四十八光英尊者
第一百四十九權教尊者
第一百五十善思尊者
第一百五十一法眼尊者
第一百五十二梵勝尊者
第一百五十三光曜尊者
第一百五十四直意尊者
第一百五十五摩帝尊者
第一百五十六慧寛尊者
第一百五十七無勝尊者
第一百五十八曇摩尊者
第一百五十九歡喜尊者
第一百六十遊戲尊者
第一百六十一道世尊者
第一百六十二明照尊者
第一百六十三普等尊者
第一百六十四慧作尊者
第一百六十五助歡尊者
第一百六十六難勝尊者
第一百六十七善德尊者
第一百六十八寶涯尊者
第一百六十九觀身尊者
第一百七十華王尊者

第一百七十一德首尊者
第一百七十二憙見尊者
第一百七十三善宿尊者
第一百七十四善意尊者
第一百七十五愛光尊者
第一百七十六華光尊者
第一百七十七善見尊者
第一百七十八善根尊者
第一百七十九德頂尊者
第一百八十妙臂尊者
第一百八十一龍猛尊者
第一百八十二弗沙尊者
第一百八十三德光尊者
第一百八十四散結尊者
第一百八十五淨正尊者
第一百八十六善觀尊者
第一百八十七大力尊者
第一百八十八電光尊者
第一百八十九寶仗尊者
第一百九十善星尊者
第一百九十一羅旬尊者
第一百九十二慈地尊者
第一百九十三慶友尊者
第一百九十四世友尊者

第一百九十五滿宿尊者
第一百九十六闡陀尊者
第一百九十七月淨尊者
第一百九十八大天尊者
第一百九十九淨藏尊者
第二百淨眼尊者
第二百一波羅密尊者
第二百二俱那含尊者
第二百三三昧聲尊者
第二百四菩薩聲尊者
第二百五吉祥咒尊者
第二百六鉢多羅尊者
第二百七無邊身尊者
第二百八賢劫首尊者
第二百九金剛味尊者
第二百十乘味尊者
第二百十一婆私吒尊者
第二百十二心平等尊者
第二百十三不可比尊者
第二百十四樂覆藏尊者
第二百十五火燄身尊者
第二百十六頗羅墮尊者
第二百十七斷煩惱尊者
第二百十八薄俱羅尊者

第二百十九利婆多尊者
第二百二十護妙法尊者
第二百二十一最勝意尊者
第二百二十二須彌燈尊者
第二百二十三沒特伽尊者
第二百二十四彌沙塞尊者
第二百二十五善圓滿尊者
第二百二十六波頭摩尊者
第二百二十七智慧燈尊者
第二百二十八栴檀藏尊者
第二百二十九迦難留尊者
第二百三十香焰幢尊者
第二百三十一阿濕卑尊者
第二百三十二摩尼寶尊者
第二百三十三福德首尊者
第二百三十四利婆彌尊者
第二百三十五舍遮獨尊者
第二百三十六斷業尊者
第二百三十七歡憙智尊者
第二百三十八乾陁羅尊者
第二百三十九莎伽陀尊者
第二百四十須彌望尊者
第二百四十一持善法尊者
第二百四十二提多迦尊者

第二百四十三水潮聲尊者
第二百四十四智慧海尊者
第二百四十五衆具德尊者
第二百四十六不思議尊者
第二百四十七彌遮仙尊者
第二百四十八尼馱伽尊者
第二百四十九首正念尊者
第二百五十淨菩提尊者
第二百五十一梵音天尊者
第二百五十二因地果尊者
第二百五十三覺勝解尊者
第二百五十四精進山尊者
第二百五十五無量光尊者
第二百五十六不動意尊者
第二百五十七修善業尊者
第二百五十八阿逸多尊者
第二百五十九孫陀羅尊者
第二百六十聖峯慧尊者
第二百六十一曼殊行尊者
第二百六十二阿利多尊者
第二百六十三法輪山尊者
第二百六十四衆和合尊者
第二百六十五法無住尊者
第二百六十六天皷聲尊者

第二百六十七如意輪尊者
第二百六十八首光焰尊者
第二百六十九無比校尊者
第二百七十多伽樓尊者
第二百七十一利婆多尊者
第二百七十二普賢行尊者
第二百七十三持三昧尊者
第二百七十四威德聲尊者
第二百七十五利婆多尊者
第二百七十六名無盡尊者
第二百七十七阿那悉尊者
第二百七十八普勝山尊者
第二百七十九辨才王尊者
第二百八十行化國尊者
第二百八十一聲龍種尊者
第二百八十二誓南山尊者
第二百八十三富伽耶尊者
第二百八十四行傳法尊者
第二百八十五香金手尊者
第二百八十六摩拏羅尊者
第二百八十七光普現尊者
第二百八十八慧依王尊者
第二百八十九降魔軍尊者
第二百九十首焰光尊者

第二百九十一持大醫尊者
第二百九十二藏律行尊者
第二百九十三德自在尊者
第二百九十四服龍王尊者
第二百九十五闍夜多尊者
第二百九十六秦摩利尊者
第二百九十七義法勝尊者
第二百九十八施婆羅尊者
第二百九十九闡提魔尊者
第三百王住道尊者
第三百一無垢行尊者
第三百二阿婆羅尊者
第三百三聲皈依尊者
第三百四禪定果尊者
第三百五不退法尊者
第三百六僧伽耶尊者
第三百七達摩眞尊者
第三百八持善法尊者
第三百九受勝果尊者
第三百十心勝修尊者
第三百十一會法藏尊者
第三百十二常歡喜尊者
第三百十三威儀多尊者
第三百十四頭陀僧尊者

第三百十五議洗腸尊者
第三百十六德淨悟尊者
第三百十七無垢藏尊者
第三百十八降伏魔尊者
第三百十九阿僧伽尊者
第三百二十金富樂尊者
第三百二十一頓悟尊者
第三百二十二周陀婆尊者
第三百二十三住世間尊者
第三百二十四燈導首尊者
第三百二十五甘露法尊者
第三百二十六自在王尊者
第三百二十七須達那尊者
第三百二十八超法雨尊者
第三百二十九德妙法尊者
第三百三十應眞尊者
第三百三十一堅固心尊者
第三百三十二聲響應尊者
第三百三十三應赴供尊者
第三百三十四塵刧空尊者
第三百三十五光明燈尊者
第三百三十六執寶炬尊者
第三百三十七功德相尊者
第三百三十八忍心生尊者

第三百三十九阿氏多尊者
第三百四十白香象尊者
第三百四十一識自生尊者
第三百四十二讚歎願尊者
第三百四十三定拂羅尊者
第三百四十四聲引衆尊者
第三百四十五離淨語尊者
第三百四十六鳩舍尊尊者
第三百四十七鬱多羅尊者
第三百四十八福業除尊者
第三百四十九羅餘習尊者
第三百五十大藥尊尊者
第三百五十一勝解空尊者
第三百五十二修無德尊者
第三百五十三喜無著尊者
第三百五十四月蓋尊尊者
第三百五十五栴檀羅尊者
第三百五十六心定論尊者
第三百五十七菴羅滿尊者
第三百五十八項生尊尊者
第三百五十九薩和壇尊者
第三百六十直福德尊者
第三百六十一須那剎尊者
第三百六十二憙見尊尊者

第三百六十三韋藍王尊者　第三百六十四提婆長尊者
第三百六十五成大利尊者　第三百六十六法首尊者
第三百六十七蘇頻陀尊者　第三百六十八衆德首尊者
第三百六十九金剛藏尊者　第三百七十瞿伽梨尊者
第三百七十一日照明尊者　第三百七十二無垢藏尊者
第三百七十三除疑網尊者　第三百七十四無量明尊者
第三百七十五除衆憂尊者　第三百七十六無垢德尊者
第三百七十七光明網尊者　第三百七十八善修行尊者
第三百七十九坐清涼尊者　第三百八十無憂眼尊者
第三百八十一去葢障尊者　第三百八十二自明尊尊者
第三百八十三和隂調尊者　第三百八十四淨除垢尊者
第三百八十五去諸業尊者　第三百八十六慈仁尊尊者

第三百八十七無盡慈尊者
第三百八十八颯陀怒尊者
第三百八十九那羅達尊者
第三百九十行顛持尊者
第三百九十一天眼尊尊者
第三百九十二無盡智尊者
第三百九十三徧具足尊者
第三百九十四寶蓋尊尊者
第三百九十五神通化尊者
第三百九十六思善識尊者
第三百九十七喜信靜尊者
第三百九十八摩訶南尊者
第三百九十九無量光尊者
第四百金光慧尊者
第四百一伏龍施尊者
第四百二幻光空尊者
第四百三金剛明尊者
第四百四蓮華淨尊者
第四百五拘那意尊者
第四百六賢首尊尊者
第四百七利亘羅尊者
第四百八調定藏尊者
第四百九無垢稱尊者
第四百十天音聲尊者

第四百十一大威光尊者
第四百十二自在主尊者
第四百十三明世界尊者
第四百十四最上尊尊者
第四百十五金剛尊尊者
第四百十六蠲慢意尊者
第四百十七最無比尊者
第四百十八超絶倫尊者
第四百十九月菩提尊者
第四百二十持世界尊者
第四百二十一定華至尊者
第四百二十二無邊身尊者
第四百二十三最勝幢尊者
第四百二十四棄惡法尊者
第四百二十五無礙行尊者
第四百二十六普莊嚴尊者
第四百二十七無盡慈尊者
第四百二十八常悲愍尊者
第四百二十九大塵障尊者
第四百三十光焰明尊者
第四百三十一智眼明尊者
第四百三十二堅固行尊者
第四百三十三澍雲雨尊者
第四百三十四不動羅尊者

第四百三十五普光明尊者
第四百三十六心觀淨尊者
第四百三十七那羅德尊者
第四百三十八師子尊尊者
第四百三十九法上尊尊者
第四百四十精進辨尊者
第四百四十一樂說果尊者
第四百四十二觀無邊尊者
第四百四十三師子翻尊者
第四百四十四破邪見尊者
第四百四十五無憂德尊者
第四百四十六行無邊尊者
第四百四十七慧金剛尊者
第四百四十八義成就尊者
第四百四十九善住義尊者
第四百五十信證尊尊者
第四百五十一行敬端尊者
第四百五十二德普洽尊者
第四百五十三師子作尊者
第四百五十四行忍慈尊者
第四百五十五無相空尊者
第四百五十六勇精進尊者
第四百五十七勝清淨尊者
第四百五十八有性空尊者

第四百五十九淨那羅尊者　第四百六十法自在尊者
第四百六十一師子頻尊者　第四百六十二大賢光尊者
第四百六十三摩訶羅尊者　第四百六十四音調敏尊者
第四百六十五師子臆尊者　第四百六十六壞魔軍尊者
第四百六十七分別身尊者　第四百六十八淨解脫尊者
第四百六十九質直行尊者　第四百七十智仁慈尊者
第四百七十一具足儀尊者　第四百七十二如意雜尊者
第四百七十三大熾妙尊者　第四百七十四刦寶那尊者
第四百七十五普焰光尊者　第四百七十六高遠行尊者
第四百七十七得佛智尊者　第四百七十八家靜行尊者
第四百七十九悟眞常尊者　第四百八十破寃賊尊者
第四百八十一滅惡趣尊者　第四百八十二性海通尊者

第四百八十三法通尊者　第四百八十四愍不息尊者
第四百八十五攝衆心尊者　第四百八十六導大衆尊者
第四百八十七常隱行尊者　第四百八十八菩薩慈尊者
第四百八十九拔衆苦尊者　第四百九十尋聲應尊者
第四百九十一數劫定尊者　第四百九十二注法水尊者
第四百九十三得定通尊者　第四百九十四慧廣增尊者
第四百九十五六根盡尊者　第四百九十六拔度羅尊者
第四百九十七思薩埵尊者　第四百九十八注茶迦尊者
第四百九十九鉢利羅尊者　第五百顛事衆尊者

以上各羅漢像左下方。均附刻修者姓氏。從略。

七　補陀寺鐵香爐

補陀寺鐵香爐。現置大雄寶殿前。清同治十二年癸卯仲秋造。

八　琉璃會碑

琉璃會碑。清光緒二十八年春住持慈運老人立。碑文如左。

琉璃會碑記

竊維六度妙行。布施爲先。十供良因。燈光最勝。若夫琉璃燈者。能除怖畏。善破無明。度長夜之迷津。開昏衢之覺路。在昔藥王身燈。照十方佛土。佛讚善哉。是名眞法供養。而今檀護資財。購勝妙福田。福利不漏。永成般若光明。自此寶殿之燈光不夜。鐵城之幽暗頓消。如此功勳。豈云小善。會立恒產。事希玉成。宜勒石於現前。列芳名於永遠矣。

九　銅磬

銅磬一。周沿刻「旅東法度震災華僑亡靈日本横濱中華會館同人敬獻七塔禪寺」二十六字。

十　寶鼎

寶鼎在西方三聖殿前。民國元年壬子冬。鎭海信士阮世龍。男文忠敬助。住持岐昌。率監院常西督造。僧晉同募。

十一　銅鐘

銅鐘一。在鐘樓上。佛歷二千九百五十三年。即民國十五年丙寅冬月。住持覺圓。監院溥常暨兩序同募。上海南市董家渡浦東沈元吉冶坊鑄造。

七塔寺大鐘記

昔罽昵吒國王貪虐無道。造作深殃。後受馬鳴大士教化。以聞法力化重報輕。歿後生大海中。作千頭魚。海中忽現劍輪。時時迴注截斷魚頭。以業力故。截已復生。苦不勝忍。唯聞某寺鐘聲。輪即暫停。苦亦少息。王致夢白維那曰。惟願大德垂憐矜憫。擊揚延之。過七日已。罪報畢矣。以是因緣。西域諸寺。扣鐘震響。徧地咸聞。我國肇於武帝問誌公曰。朕欲息地獄苦。宜以何法。答曰。冥界惟聞鐘聲。苦能暫息。帝遂徧詔天下。凡擊鐘者。宜舒其聲。可知先聖後聖。其揆一也。甬東七塔寺。興而廢廢而興。不知凡幾。於前清光緒十六年。慈運長老受諸紳請。矢志重興。從此鳩工庀材。運斤伐木。不十年。寶殿巍峨。光輝金碧。兼之龍象濟濟。輔弼得人。頓與太白天童。育王廣利。並駕齊驅矣。乃於二十一年。北上奏請龍藏。渥蒙頒賜。奉旨回山。復念興工動土。累及枯骸。並憐遠近孤魂。超昇乏術。爰是鑄造鉅鐘。揚聲息苦。無如造經二次。響未遠聞。於是諸哲嗣流。集衆建議。易鐵爲銅。重新建造。於民國十一年爲始。逐漸集貲。經五載。竟稱告成。洵知山河大地。無一處非道場。鱗甲羽毛。非一物無佛性。矧茲甬江爲兩間之鉅麗。顧斯人道。爲萬物之最靈。詎不頓現淨土而見大士法身者乎。惟斯鐘也。宏聲巨扣。響震重泉。將見夕梵晨鐘。松風水月。皆演無盡法音。必能驚醒塵寰。奚獨超拔冥界已也。是爲記。

佛歷二千九百五十三年夏天台宗晚學諦閑謹記

十二 大銅鍋

大銅鍋二口。即大廚房之菜飯鍋。民國十六年。上海南市董家渡沈元吉敬助。

十三　石香爐

石香爐明季製。上刻「寶鼎」二字。

十四　普洽皓祖塔

普洽皓祖塔在老天童寺東首。民國二十五年冬重修。

十五　慈運慧祖塔

慈運慧祖塔在天童寺右玲瓏岩下。

十六　普同塔

普同塔民國二十年建。在庚山嶺。

七塔寺普同塔記

夫出家之法。割愛辭親。離塵捨俗。參方訪道。撥草瞻風。僕僕塵寰。爲己躬之大事。迢迢雲水。顧隻影以前蹤。從上諸祖。建設叢林。雖爲十方衲子參學起見。亦爲老病死計。庶使養生就醫。各得其所。安身立命。自有其處。而我七塔報恩禪寺。自前清光緒間。由地方紳耆。公請先師慈運老和尚住持。遂矢志中興十方道場。不十年。百廢俱舉。規模完成。雖有如意寮。以爲診病之區。而養老堂普同塔。尚付闕如。圓瑛民國十八年接住報恩法席。遂與監院德軒。議及此事。適有東鄉同嚳庚山庵莊嚴大師。與余爲道義之交。聞悉此事。欲以該庵獻與常住。起造普同塔。山水清明。峯巒秀麗。集議兩序。均表同情。由是監院德軒。努力進行。閱二寒暑。而塔告成。分三間。中間安住持及諸山或班首職僧之靈骨。左右大衆與客僧。民十九圓瑛移主天童。報恩一席。以本舟和尚爲當選。迄今數載。塔院亦成。今者擬辦養老堂於院內。塵氛寂靜。竹木深幽。晚年樂道。實得其所。誠一舉而兩得也。因記緣起。用勒諸石。

民國二十四年夏退居圓瑛宏悟撰記　住持溥常立石

附錄　慈運老人沉香木像

江蘇省上海縣費門周氏。法名善照。年五十九歲。初皈依慈老人爲本師。及民國十年來寺。對余曰。我師雖已去世。我亦依師住處而去世。購沉香木。倩匠雕像。虔誠焚香供奉。不數月。果得病西歸。通信男兒與寶料理後事。斯時也。余任監院職而目覩之。華嚴云。信爲道元功德母。長養一切諸善根。善照誠女中丈夫也。三寶感化之力大矣哉。特序事實。述偈以贊之。

吾師德感動。女性信專一。佛說皈依僧。同登菩提路。民國二十四年冬月住持溥常謹識

七塔寺志卷之二終

七塔寺志卷之三

四明陳寥士纂

志沿革

（唐）

〔東津禪院〕此爲最初之寺名。鄞縣志卷六十八頁十三云。縣東五里。舊號東津禪院。唐大中十二年。分甯令任景求。捨宅建寺。案敬止錄云景求初貫蘇州曾任明州判遂家於鄞治第甬東後徙豐樂鄉東山下遂捨甬東居宅爲寺請心鏡大師居之。天童寺志卷三心鏡奐禪師傳略同

〔棲心寺〕乃東津禪院所改也。鄞縣志同前云。會剡寇裘甫掠四明。縱兵入寺。師燕坐禪定。神色不動。賊衆愕眙。作禮而退。咸通二年。郡奏其事。請以棲心名寺。旌師之德。天童寺志卷三心鏡奐禪師傳略同

（宋）

〔崇壽寺〕此爲第三寺名。鄞縣志同前云。宋大中祥符元年。賜額崇壽。山門前跨河

石橋。亦名崇壽橋。按鄞縣志金石門。謂崇壽寺額。爲唐時裴休書。豈唐時早有此名耶。崇壽橋則于民國廿三年冬。鄞縣政府填河造屋。橋亦隨圯。因附記之。

〔神霄玉淸萬壽宮〕此爲第四寺名。是否由佛教暫改爲道教。不可考。鄞縣志同前云。政和八年。改建神霄玉淸萬壽宮。久之復舊。寶慶志

（明）

〔補陀寺〕此爲第五寺名。鄞縣志卷六十六頁三十一云。縣東三里。本昌國梅岑山寶陀寺。明洪武二十年。因寶陀寺懸海。徙建于甬東之棲心寺內空址。案明州雜誌注洪武十九年信國公湯和起遣海島居民遷入江東奏改棲心寺爲補陀寺與成化志差一年普陀山志卷二頁二云。明太祖洪武二十年。信國公湯徙居民入內地。焚其殿宇三百餘間。迎瑞相供于郡東棲心寺。重建大刹。改名補陀。山中僅留鐵瓦殿一所。使一僧一介守奉香火焉。

〔復建棲心寺〕唐名之棲心寺。在洪武永樂間。曾與補陀寺同存。鄞縣志卷六十八頁十三云。洪武二十年。徙昌國補陀于郡城。僧惟摩捨建補陀寺。留東首三分之一

復建棲心。永樂間僧併補陀寺。遂廢。敬止錄

（清）

〔七塔寺〕此爲第六寺名。鄞縣志卷六十六頁三十一云。二十一年康熙建大悲殿。門外有七浮圖。俗呼七塔寺。

按七浮圖不必始建于清。而七塔寺之名則始于此。

〔報恩寺〕此爲今名。全名則爲七塔報恩禪寺。余作慈運大師傳云。翌年光緒二十一年赴都請頒龍藏。勅賜報恩寺額。

七塔寺志卷之三終

七塔寺志卷之四

四明陳寥士纂

志建置

（甲）過去之一斑

〔養濟院〕明洪武二年。延燬内法堂址。幷塔後地餘址。改創養濟院。鄞縣志卷六十八頁十三

今存。

〔圓通寶殿〕永樂二十二年。建圓通寶殿。

〔毗盧閣〕宣德七年。建毗盧閣。

〔藏經寶閣等〕天順二年。建藏經寶閣大悲彌陀殿及廊廡等屋。以上鄞縣志卷六十八引成化志

〔十王殿〕嘉靖間。建十王殿。鄞縣志卷六十引嘉靖志

〔方丈〕清順治間。建方丈。

〔佛殿等〕唐熙間。重修佛殿山門及鐘樓。以上鄞縣志卷六十六引朱志咸豐十一年。兵燬。同治十年。里人周文學母子募資重建佛殿山門。同上採訪

〔大悲殿〕二十一年。康熙建大悲殿。門外有七浮圖。俗呼七塔寺。鄞縣志卷六十六引聞志

（乙）中興後之概況

〔天王殿〕清光緒十六年庚寅。慈運長老銜地方之意。任住持之職。慘澹經營。多所興建。修理天王殿客堂祖堂齋堂庫房禪堂雲水堂等。民國六年。住持僧曉和尚改建天王殿五間。中三供彌勒菩薩。左右各一供四天王。後與大殿相對者。供韋馱菩薩。殿高二重。底層較廣。

報恩禪寺　天王殿　皆大歡喜　韋馱殿乙未歲長至月鎮海陳修榆敬書　三州感應乙未長至月鎮海陳修榆敬書　威鎮天魔　東津舊院　南海眞宗以上皆匾額

一生補處寄諸天。普現菩薩身。當年鹿野苑中。曾助迦文傳密意。三界輪迴仍故我。誓修唯識定。他日龍華會上。願隨無着覲慈顏。乙卯中秋慈運私淑弟子吳嘉瑞敬撰並書

此四尊都是武裝。勇力百倍。今朝同護法門。猶見餘風颯爽。得一佛立成善果。皈依三寶。昔日頓開覺路。全憑行兩宏深。信士陳裘廣率男亦銈亦山孫本初本宗本祥敬獻

信士柳哲衲率男中炤孫和堯敬獻助

民國九年歲次庚申十月穀旦里人謝行淮撰蔡和鏘謹書護法

如來說般若波羅密。汝當奉持。經典所在。則爲是塔。衆生發無上菩提心。明終不盡。善法增益。乃報佛恩。民國八年九月夏同龢薰沐敬書信士余葆三率男學樑學楨學棟學楣學柟敬獻

萬刦現金身。南海祥光瞻滿月。七重留寶塔。東郊勝蹟拓棲霞。光緒廿三年春王月吉旦

弟子董茂容率男仁卿敬獻

〔大雄寶殿〕原名圓通寶殿。光緒十七年辛卯。慈運長老重修。改爲今名。廣五間，中奉千手觀首菩薩。左文殊。右普賢。殿後又有觀音像。而五百羅漢石刻。分嵌于左右及後壁上。殿爲兩重蹴角式。周圍均係方石柱。上鐫各種聯語。

大雄寶殿　光緒十九年六月穀旦里人李瑞彰敬立命子仲光沐手謹書

慈流海澨 同治十三年歲在閼逢閹茂南呂月中澣穀旦賞穿黃馬褂花翎強勇達春巴圖魯提督浙江全省水陸軍務節制各鎮加一級黃少春敬立

慧海慈雲 同治四年歲在乙丑無射月全澣吉旦邑人陳勵敬書弟子張朝宗率男道業道榆道榮道枋道林孫克廣克鎮克賢克昌克配敬獻

澤沛閩嶠 光緒元年歲次乙亥孟秋月上澣穀旦里人陳懋采敬書廈門幫通泉號元昌號啓興號同敬獻

覺路潛通 同治十二年癸酉歲黃鐘月穀旦里人孫學庭謹書寧幫衆米商公立

濟世慈航 同治十三年歲次甲戌七月穀旦陳愈涌敬書甬上北號衆商敬獻

慈恩似海 光緒丙子歲林鐘月甬江木號衆商敬獻

至誠可感 光緒廿一年乙未二月穀旦部下弟子陳祖浩率男烈鈁烈銘烈欽孫愈桐愈梓敬立

慈航從南海翡來。刦歷千年。猶認補陀眞面目。舊院合東津建復。門留七塔。何須阿育幻浮圖。光緒五年歲在乙卯春正月會稽王繼香撰里人陳允升書里人吳煊率男顯鎏顯釐顯珪孫家樑家楨家楣敬立

建刹與闤闠爲鄰。緣菩薩本超凡。煩惱皆除。也可到此間立脚。飛錫來普陀絕頂。憫衆生而救苦。沈迷果覺。庶幾從彼岸回頭。同治十二年昭陽作噩之歲良月吉旦邑人張慶璜題

泉州深滬幫謙泰號商敬立

南海傳燈　壬申仲秋立元和顧文彬

慈航普濟　己未冬月常住重修衆姓女敬獻夏汝霖敬書

靈應昭垂　光緒仲冬月穀旦補用同知候補知縣錢鍾麟敬立

佛從海上飛來。息足小普陀。無量無邊。誓願衆生超苦海。僧是山中習靜。棲心大自在。即喧即寂。始知塵市有深山。同治十一年孟秋之月重修七塔寺告成謹撰楹聯題於柱石布政使銜甯紹台海防兵備道顧文彬敬書

南海渡慈航。甘露普霑千世界。東津開梵刹。法雲長蔭七浮圖。同治十一年九月中浣里人童華薰沐謹書

海南久駐慈雲。大菩薩照恩光。早共仰千手千眼。甬東聿新佛地。小普陀傳聖蹟。不須着一色一塵。鐵峯張恕敬書

勝地接虹橋。古刹重新。七寶莊嚴觀自在。法輪轉鹿苑。元門入妙。不通朗徹

見如來。同治十二年歲次癸酉嘉平月穀旦里人趙佑宸敬撰廖祖憲敬書

浩刦閱紅羊。七寶裝成金粟界。眞如參白馬。三明悟到鐵蓮洋。同治十有一年九秋之吉鄞上張廣延書

古刹閱三修。問我佛西來。度苦厄經幾魔刦。浮圖輝七寶。看大江東去。放光明照徹迷津。同治十三年長至月甬上凌忠鎮撰句并篆

萬刦現金身。南海祥光瞻滿月。七重留寶塔。東郊勝蹟拓棲霞。同治十年辛未歲八月全浣里人章鋆敬撰并書

紫竹蔚叢林。現大士身而說法。赤堇修古刹。宏衆人願以成材。同治十年十月上浣里人周岱敬撰并書

三昧悟眞修。化宇咸遊、何處非西方世界。四明留古刹。慈航普渡。此間是南海津梁。同治甲戌仲夏穀旦張家驤敬題

地脉接鄮山。梵宇巍峨。震旦雲霞圍舍利。道心悟淸夜。禪關寂靜。乾鐘陀皷

應祇園。同治甲戌小春月穀旦陸廷黻敬書

小補陀福地重開浩刼化成金粟界。大菩薩慈航普渡衆生穩涉鐵蓮洋。同治十有三年歲次甲戌杪冬之吉弟子周晉麒敬獻

選佛重開場仗大慈悲立小普陀。無量威神觀自在。破慳同結願師善知識。種諸福德不可思議契眞如。同治十有三年歲次甲戌六月之吉長沙彭慰高撰句敬書

七塔寺重修大雄寶殿暨裝金千手觀音文殊普賢及滿堂聖像募緣啟

溯唐大中間。心鏡奐禪師杯渡西江。錫飛東甬。任公舍宅建寺居之。顏曰東津。後易棲心。旌其德也。歷宋元明代有興替。至清光緒中葉。慈運慧祖。崛起中興。琳宮紺宇。爛焉一新。門廊殿廡。燦然大觀。賜額報恩。又名七塔。以門外有七浮圖也。迄今選佛場開。宗風益盛。南參北詢之流。至者如歸。禪誦梵典之聲。不絕於耳。鴻儒白丁。無不知有七塔之勝者。據攷明洪武間。因梅岑山寶陀寺懸海。徙建於甬東棲心寺內空址。恭迎大士瑞相亦供於此。改爲補陀寺。自時厥後。寺之正殿。永奉

觀音大士。靈感顯著。屢有異徵。所以一方人士。爭爲植福培因之道場。各地信侶。亦爲經此必朝之靈蹟。洵甬江之名藍。震旦之祇園也。雖然旣有先人以拓其基。必藉繼世以傳其後。或證明心性。紹往開來。或恢宏願力。興廢舉墜。庶幾山門永振。法矩常暉。若僅粗衣糲食。離羣索居。完山僧野衲之本分。安能使住持三寶。永作金剛不壞耶。迺者敝寺大雄寶殿。暨內供千手觀音及諸佛聖像。建造日久。漸呈暮象。不惟有損觀瞻。抑且殊失相好。指南職掌住持。責有興廢。誓發宏願。莊嚴依正。唯是一木難支大廈。衆志方可成城。普望　給孤長者。韋提夫人。或匿王之再世。或阿育之重來。共秉崇佛之心。同興護法之力。將慈悲寶筏。爲子孫廣植福田。以喜捨願船。度祖宗超生蓮界。種如是因。結如是果。經有明言。決信無疑。謹啟。

住持指南率監院明校敬募

〔三聖殿〕位於大殿之後。廣七間。中供西方三聖立像。高二丈八尺有奇。光緒十七年辛卯。慈運長老重建。莊嚴之相。甲於諸方。光緒二十年甲午。與大殿千手觀音像。同開靈光。民國二十五年丙子。發起三聖裝金。

(附記)西方殿內所供三聖立像。高二丈有八。裝金工事。非集鉅資。難底於成。用是擬募萬佛良緣。以一佛爲一緣。每緣捐認國幣一元。如一人樂認多緣。或多人合認一緣者。一聽隨喜。但每緣請念彌陀聖號千聲。以資回向菩提。如上募之緣。除裝三聖金像外。復有餘欵。一部作爲啓建萬佛水陸道場之用。專爲信施檀那祈福薦亡及超拔民國以來所有中外南北陣亡將士之靈。並祈禱世界和平。人民安樂。一部作爲擴充如意寮之費。普結十方僧衆病苦之緣。因附記於此。

三聖殿 壬子冬月景辰 長沙蕭榮爵書

果證菩提 光緒二十九年一陽月吉立 邑人周振翰敬書 張門顧氏善蓮敬獻

圓通妙諦 光緒丁酉歲嘉平月吉旦 里人王振鈺謹書 甬三境弟子屠益哉王明遠張維新敬獻

香光莊嚴 民國廿五年十月重修殿宇三聖裝金開光 溥常述句 東光陳寶麟書 張崇瀓敬獻

由來號崇壽。歷刦重新。喜佛光普照十方。長爲熙朝資聖壽。何處覓棲心。隨
緣且住。願僧衆靜參三昧。直從覺路證禪心。光緒辛卯仲春月穀旦 里人陳烈鏞謹撰並書
自懸海有寶陀寺名普渡。慈航作津逮。倣靈山爲諸大衆說。宏開梵宇廣燈
傳。里人林鼎梅撰并書
號爲小普陀。依舊慈燈輝寶塔。 奉有大菩薩。重新法苑現珠林。里人張世訓撰并書
鄮山本維衞生鄉。負郭訪叢林。聽百杵鐘聲。似否西遊海會。明代爲寶陀故
址。頻年餘刦火。攬七重塔勢。依然南拱天封。里人徐隆圻謹撰并書
十方來。十方去。十方共成十方事。萬人施。萬人捨。萬人同結萬人緣。光緒甲午年孟
秋穀旦弟子李庭芳率男 名煊名炯孫廣善廣書敬立
釋迦對韋提夫人說十六妙觀。專觀極樂慈父。見身實相出苦海。彌陀爲法
藏乞士。發四八誓願。惟願娑婆衆生。念佛洪名坐金蓮。民國二十四年仲冬月 皈依童男圓吉徐孟楣
隨喜住持溥常撰句金 峨七十老樵卓梵敬書

南海眞宗。四明佛地。歷千餘年。滄桑變易。自得慈老中興。竟與天童育王。同稱鼎足。民國廿五年秋月信女朱門馮氏式慧敬助

東津古蹟。七塔道場。建三聖殿。棟宇莊嚴。儼然彌陀示現。仍並觀音勢至。共作慈航。溥常方丈屬黃慶瀾撰書

西方三聖裝金萬緣啟

我佛於過去無量刧中。以巨大犧牲之精神。修種種之福德智慧。及至最後。豁然大悟。親證本有之眞如妙性。復以其所覺之道。不辭辛瘁。以覺悟衆生。俾一切衆生。皆得證其所證之妙性。以共享其不生不滅之勝樂。其予衆生之恩惠。與衆生之被其感化者。亦既深而且厚矣。故佛陀爲利自利他之偉大人物。絕非其他宗教之教主。所可望其項背也。假令佛不說法以覺悟衆生。衆生在迷。有如盲者無相。悵悵乎其何以行乎哉。茲雖佛陀涅槃已久。而其所遺流之教法。迄今尚存。理應香花燈樂。恭敬供養。常爲紀念。夫教法爲佛陀住世攝化精神之所寄。而代表

其偉大人格者。教法有二。聲教行教是矣。聲教者何。依據佛陀一代攝化補特伽羅之語言。結集而成之文字。所謂素怛纜藏。毗奈耶藏。阿毗達摩藏等。三藏十二分教也。行教者何。根據佛陀一代攝化補特伽羅所現之行爲。融結而成一種精神。寄託瞻仰。所謂塑造雕刻。以及彩畫銅鑄等。藉以表現其威儀相好。功德莊嚴之塔像也。是以教法所在。即如來舍利之身。如能起塔塑像。廣爲供養。則所得之福德。靡有涯際。試觀貧女丐珠。金師爲箔。各發歡心。共裝塔像。九十一刦。報感大富。良以莊嚴塔像。非誇一時之富美。檀那功德。實爲永刦之資糧。阿育王之造舍利塔。豈徒然哉。優塡王之刻旃檀像。良有以也。敝寺爲浙省名藍。甬江古刹。佛化之興隆。僧伽之繁衍。直與天童育王觀宗三大叢林相伯仲。且有過之無不及者。寺之西方殿內。供有西方三聖丈六金身塑。自有清光緒年間中興七塔慈祖之手。藝術精緻。巧奪天工。相好莊嚴。堪稱傑作。擬雲崗之石佛。比龍門之石像。不爲過也。第以歲月遷流。金身掩紫磨之光。聖像失玉毫之曜。此爲敝寺美中之缺陷。

而亟亟宜裝修者。溥常承乏主席。責無旁貸。擬募萬人之緣。莊嚴三聖之相。庶幾玉毫重增色彩。金身再放光明。唯是事功浩大。需費孔多。徒懷移山之願。終乏點石之功。伏冀緇林上座。白社高賢。以及護法長官。信心居士。不住於相而行佈施。玉成斯舉。匡濟其艱。買園布金。長者即生天上。聚沙成塔。童子終證菩提。功不虛捐。福有攸歸。謹啟

〔中興祖堂〕位於三聖殿後。木質雕刻慈運長老像。

中興祖堂 丙子春住持溥常立 鄭西范文虎書

我佛所宗。眞如貝葉。衆經之長。妙法蓮花。 慈運大和尚法鑒 叔平翁同龢

〔法堂〕在三聖殿後。廣五間二弄。光緒十七年。慈運長老募造。

法堂 民國二十五年春月林森

壽世傳燈 光緒柔兆敦牂陽月爲八十壽僧慈運長老傳戒頌浙東觀察使者喻兆蕃題

壽世燈傳 光緒三十二年歲次丙午孟冬月穀旦賜進士出身翰林院編修加三級族姪朱卓英頓首書爲慈運老和尚八旬開慶志喜法

晚寄禪因靜淡雲正明眞常妙見
悟眞好心超有道階頂禮同祝

有壽者相　光緒三十二年歲次丙午陽月上浣良辰　蛟川董思曾書恭祝本
師慈運老和尚上壽　嗣法人宏教宏緒宏　演宏訓宏蓮宏晉宏綱
宏明宏淨宏成宏信宏法宏修宏壽宏權宏化宏道宏聖宏滿宏
覺宏一宏燦宏楊宏達宏瑞宏深宏引宏得宏海宏圓同頂祝

有古德風　民國十四年十二月縣人陳磬裁識童第錦書常西法師與余交廿
年未嘗見其有喜慍之色蓋其得於道者深矣爰書四言遺之以志
景
仰

圓融無礙　圓瑛大和尚主席天童寺禪
定育王寺源龍暨兩序恭賀

我佛重來　覺圓大禪師慈鑒天台山農書
弟子楊蓮生常春恆和南敬獻

當知是處恭敬供養。不可以百千萬劫說其功德。　若復有人受持讀誦。已非
於三四五佛種諸善根。　丙子仲秋漢
陽闞炯敬題

氣秉湘江。戒圓章水。教普浙瀛。福報比諸宗。記卓錫傳衣。三寶尊嚴宏法脈。
如來願力。彌勒含容。普門慈善。涅槃留妙相。合緇徒白屋。四時展拜極追思。
慈運老和尚淨德千古
壬子冬蕭榮爵敬書

〔藏經樓〕在法堂上層。光緒二十一年請頒龍藏。供釋迦牟尼佛像。

藏經樓　民國廿五年　戴傳賢書

湛然眞應　光緒戊申歲吉立　蛟川胡元欽胡和卿敬立

龍藏目錄提要

慈運大師所請龍藏。係清同治九年冬十一月。依乾隆三年十二月原刻本重刻于金陵刻經處者。現藏本寺藏經閣中。完好無缺。全目浩繁。茲舉其綱要數量。以資稽考。

經　藏

大乘經般若部　寶積部　大集部　華嚴部　涅槃部　五大部外重譯經

小乘阿含部

已上經藏。天字號至芝字號。計二百八十四字。零七卷。計板二萬九千零九十九塊。計連五萬六千七百三十七連。

律藏

大乘律　小乘律

已上律藏。辭字號至受字號。計五十二字零七卷。計板五千八百六十五塊。計連一萬一千四百七十六連。

論藏

大乘論　小乘論

已上論藏。傳字號至通字號。計一百二十八字零六卷。計板一萬三千塊。計連二萬五千三百三十五連。

續藏

西土聖賢撰集　此土著述

已上續藏。書字號至機字號。計二百三十九字。計板二萬八千四百十一塊。計連五萬五千六百三十二連。

內原續藏一百五十四種。一千二百六十三卷。計板一萬四千九百塊。計連二萬九千一百七十五連。

新續入五十四種。一千一百二十七卷。計板一萬三千五百十一塊。計連二萬六千四百二十七連。

天字號至機字號。共七百二十四字。計板七萬八千六百十五塊。計連十五萬三千三百七十四連。

天字號內加序及目錄經簽等板。計四百二十一塊。八百三十七連。

〔方丈〕在法堂之後進。

方丈 民國戊辰年吉立 鎮海陳修榆書

〔開山祖塔〕在方丈中央樓上爲莊嚴寮。

高風可仰 光緒三十有四年仲春遊七塔寺見高僧慈運長老暨令法徒自眞方丈大和尚領衆行道大有古德高風因留四字以爲後進欽頌云 仁和高邕書幷跋

〔慈蔭堂〕在法堂東首。廣五間。民國八年。住持智圓建。

慈蔭堂 民國十二年四月穀旦 安化 陶思曾題 本寺住持弘一敬立

貝葉傳經 民國丙寅年春三月 覺圓方丈和尚 法鑒弟子王棠光敬贈 邗江顏湘泉書

正法昌明 岐昌法兄大和尚六旬志慶 長沙蕭榮爵拜書 癸丑陽月同法 弟友法果如僧晉蓮生賢兆慶 蓬萊自眞智圓常西圓瑛道階同祝

戒燈續燄 中華民國二十三年冬月吉立 溥常大和尚宏揚戒法 圓瑛敬 書法晚本舟式堂德軒勵深大智明校寬明鉅鏞錦堂可亮寶泉法

舟寶池見雲惺悟清奇勛明空觀常慧自空瑞岩竹林果成妙潔懷遠玉亮 嘉善攸久慈航苾法月定指南密庵明性樂天圓明空印法源善智能安靜

明法悟新山同榮得一嵩庭妙勝大亮妙安智根哲明寶成常 空瑞蓮普周性源雲谷常學華光蓮度明峯梵雲碧林同敬賀

〔玉佛閣〕在慈蔭堂上。中供玉佛。民國八年。住持智圓老和尚募建。

玉佛閣 癸亥春月穀旦 孫嘯洲書

常樂我淨 民國九年五月日 二等大綬三等寶光嘉禾章四等文虎章調署會稽道尹黃慶瀾敬立

妙莊嚴域 民國十一年十月穀旦 浙海關監督袁思永獻

〔新庫房〕光緒二十五六年間建。

〔新新庫房　小廚房〕民國十四年建。
〔老庫房〕與上官廳大客廳連接。
〔地藏殿〕在大鐘樓之下。
〔念佛堂〕在大鐘樓旁。
〔大鐘樓〕位於大殿東三層躦角式鐘懸於最高層光緒二十四年慈運長老向湘購生鐵鑄造至民國十一年創始集資改鑄銅質閱五年而告成中供普庵祖師像。
〔雲水堂〕在法堂西首廣五間民國六年住持道亨建。
〔華嚴閣〕在雲水堂之上。
華嚴閣 溥常法師弘演華嚴於七塔寺者有年今主持報恩長佛學院乃爲題此以留紀念乙亥初夏雪山太虛
〔監齋殿　五觀堂　大廚房〕以上三處民國六年住持道亨建。
〔如意寮〕陳慶載督造。

〔祖堂　客堂　禪堂〕慈運長老建。

〔報恩佛學院〕民國十七年成立。院址設藏經樓。法門公推溥常首座主辦。著有華嚴綱要淺說行世。

七塔寺募建延壽堂佛學院啓

昔者西伯養老。夷望來歸。東漢談經。王公就學。豈非以高年耆德。景迫桑榆。髦士英才。日昇東旭。以養以教。仁政所先。是以事著簡册。芳流縑素。千載而下。侈爲美談。況夫佛法高深。慈悲居首。惠偏于六道四生。而恩忽于腹心眉睫。慈悲之義。不其歉歟。是以延壽堂開。遺制曾傳於往代。作人化啓。學苑紛立於民初。古固宜循。今尤可法。況精修黃耇。實多我法之典型。英俊獅兒。不少他年之柱石。先務之急。孰有急於斯二者哉。七塔自慈祖中興。於鄞治褒然冠首。十方輻輳。其食指常滿數千。締造之功偉矣。宏揚之業駸矣。顧高勳重望。仍旅進於淸衆之班。寢舍講堂。尚寄寓於藏經之閣。其於教養之典。或未足以言備歟。指南以椎鈍之才。膺神人之選。謬承祖席。深切覆餗。獨是敬禮老成。栽培後進。根諸夙性。未敢辭勞。是以願竭愚公移山之心。上續前人未竟之業。於延壽則欲臻爽塏。於學院則意主寬宏。惟時丁物力艱難。工則期以偉大。狐裘燦爛。决非一腋之可成。大厦巍峨。又豈一木所可就。是以呼號檀越。共種福田。伏祈　推博愛之仁。惠慈黯背本甄陶之意。衆植良材。一椽片瓦。孰非功德之山。老安少懷。况符先聖之訓。謹綴緣起。弁言册端。慨助芳名。請列於左。

〔施醫藥所〕民國十七年成立。設三聖殿右廂。

七塔寺志卷之四終

七塔寺志卷之五

四明陳寥士纂

志僧譜

法嗣線圖

（七佛）

毘婆尸佛

尸棄佛

毘舍浮佛

拘留孫佛

拘那含牟尼佛

迦葉佛

釋迦牟尼佛

（西天初祖）

摩訶迦葉尊者

阿難尊者

商那和修尊者

優波毱多尊者

提多迦尊者

彌遮迦尊者

婆須蜜尊者

佛陀難提尊者

伏馱蜜多尊者

脇尊者

富那夜奢尊者

馬鳴尊者

迦毘摩羅尊者
龍樹尊者
迦那提婆尊者
羅睺羅多尊者
僧伽難提尊者
伽耶舍多尊者
鳩摩羅多尊者
闍夜多尊者
婆修盤頭尊者
摩拏羅尊者
鶴勒那尊者

師子尊者
婆舍斯多尊者
不如蜜多尊者
般若多羅尊者
菩提達摩尊者 西天二十八祖即東土初祖
慧可大祖禪師
僧璨鑑智禪師
道信大醫禪師
弘忍大滿禪師
慧能大鑒禪師

六祖下第一世
南嶽懷讓禪師
馬祖道一禪師
百丈懷海禪師
黃檗希運禪師
臨濟義玄 第五世即臨濟第一世
興化存奬
寶應慧顒
風穴延昭
首山省念

汾陽善昭
石霜楚圓
楊岐方會
白雲守端
五祖法演
圓悟克勤
虎邱紹隆
天童曇華
密庵咸傑
臥龍祖先
徑山師範

雪巖祖欽
高峯原妙
中峯明本
千岩元長
萬峯時蔚
寶藏普持
東明慧昆
海舟普慈
寶峯明瑄
天奇本瑞
絕學正聰

月心德寶
禹門正傳
密雲圓悟
林野通奇
無礙行徹
紀安大經
悟性源達
界清遠信
雲光化正
純經導琇
普洽英皓

報恩堂上 第一代
慈運靈慧

第二代
玉忠宏傳
月波宏源
有法宏演
岐昌宏蓮
靜修宏濟
了善宏法

第三代
果建戒淸
善淸戒淨
紹來戒成
常靜戒能
念性戒
勤修戒
成妙戒
可亮戒性
本舟戒濟
圓安戒
體明戒瑺
蓮齋戒
清遠戒
成法戒住

第四代
妙瓏定朗
性悟定慧
梵雲定悟
妙勝定慧
本慧定觀
大乘定能
瑞蓮定智
諦慧定光
永眞定傳
悟靜定安

第五代
戒常慧明
德源慧鏡

道淸宏淨
蓮芳宏秀
續源宏教
本來宏涫
谷蕣宏訓
一禪宏禪
達光宏輝

信善戒
慧性戒
無逸戒
善定戒成
式堂戒惠
月良戒明
修圓戒
森演戒
瑞林戒成
勵遜戒
雪峯戒慧
本性戒明
海雲戒
定法戒
源龍戒隆

性超定
妙安定觀
普周定祥
寶蓮定修
萬德定
慧甄定
普峯定
大喜定
可參定光
如海定開

修峯慧淸

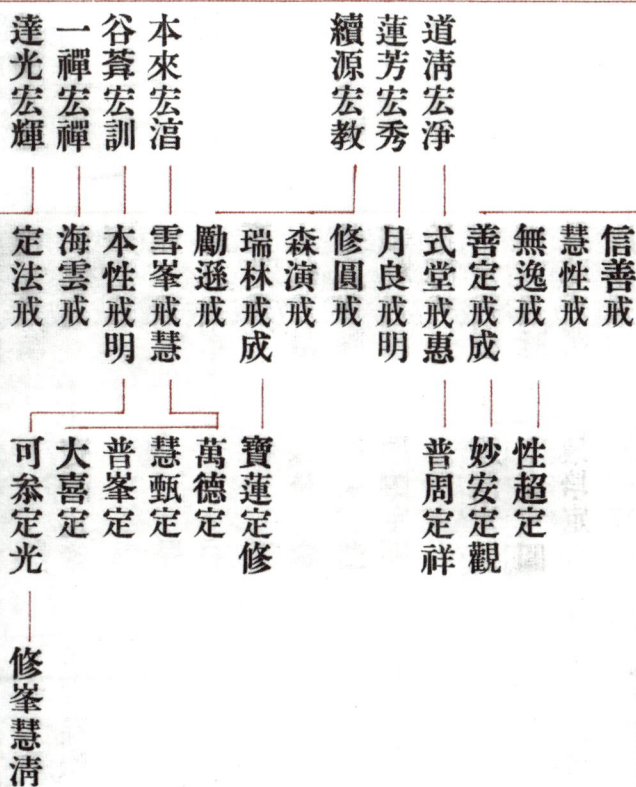

果如宏緒

諦道戒德 — 善智定禪 — 宗風慧蓮
達慧戒
朗雲戒 — 寶靜定
摩法戒
原了戒
祥林戒
寶蓮戒
文鶴戒
瑩照戒
華林戒
透禪戒
常定戒心 — 燈清定蓮
　　　　 — 雨成定圓
則寬戒
靈聰戒 — 最培定
摩塵戒

僧晉宏晉
澄溪宏清
文海宏光
妙宗宏綱
蓮生宏成
蓬萊宏道
錦西宏壽
献惠宏化
賢光宏修

朗清戒
德軒戒慈
指南戒利
法舟戒悟
見雲戒覺
妙禪戒慧
從有戒禪
錦堂戒德
常西戒三
明性戒本
智曦戒智
別塵戒
瑞巖戒
妙旨戒圓
修懷戒清

常學定智
妙道定悟
常空定如
寶成定覺
智根定修
照順定開
明峯定德
碧林定禪
妙安定照
守眞定熙
御三定覺
靜蓮定
湘源定衾
演法定禪
法悟定道

了悟慧鎔
朝安慧燈
寬融慧靜
果潤慧宗

法光宏耀
演化宏詮
自眞宏權
青幹宏揚
體賢宏聖
智圓宏一
息凡宏眞

得一戒淨
普洲戒嚴
妙潔戒本
月峯戒慧
大智戒道
興道戒
清禪戒澄
乾元戒
眞理戒定
超凡戒本
自悟戒清
密庵戒嚴
空觀戒空
如惠戒心
聖修戒心

皓明定環
常樂定悅
德宗定得
能聖定圓
性慧定如
竹林定慧
性圓定方
佛禪定修
碧霞定慧
永泉定法
月照定嚴
海霞定智

法忍慧旭
聖瑄慧綸
信德慧清
性定慧榮
妙理慧潤

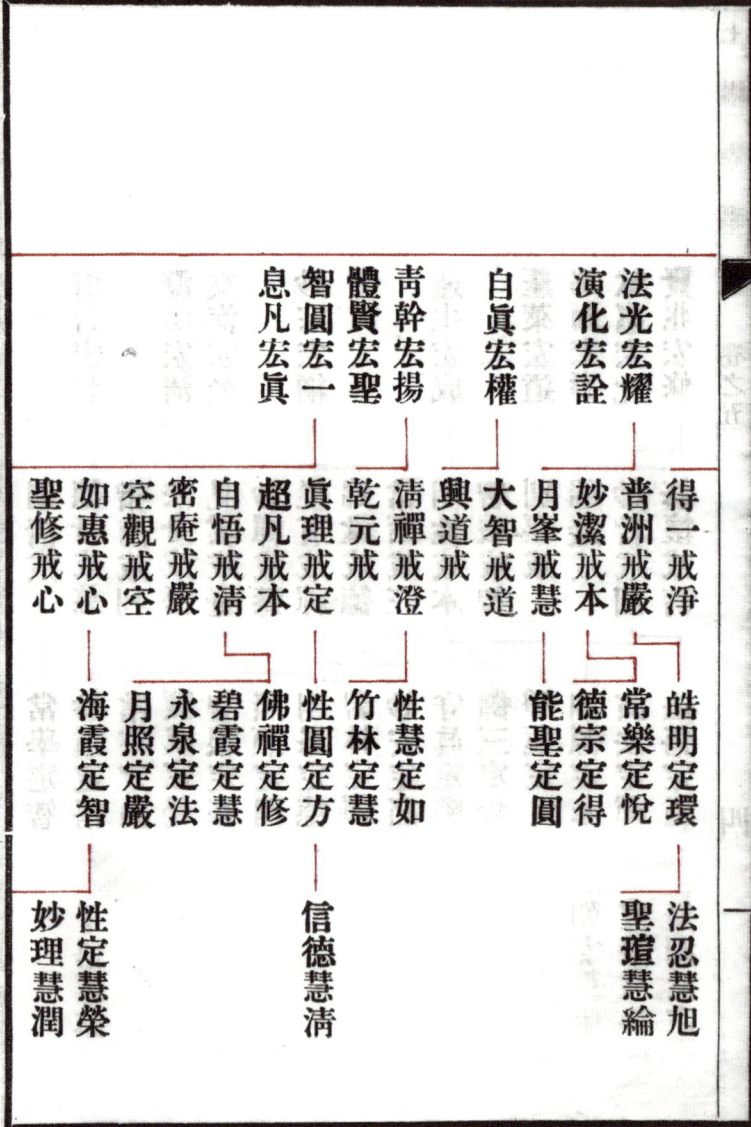

覺圓宏滿
光明宏開

覺福戒定
道增戒淨
發心戒藏
松年戒源
自空戒法
苾法戒如
守靜戒生
培明戒心
樂天戒德
靜源戒光
英才戒性
雪峯戒心
遠塵戒清
常林戒相
榮池戒品

淨心定安
安清定心
天喜定祥
寬忍定源
新善定善

載通定

止于慧澄
野僧慧澤
明悟慧清
宏善慧濟

僧晙宏燦
樂道宏來
介石宏覺

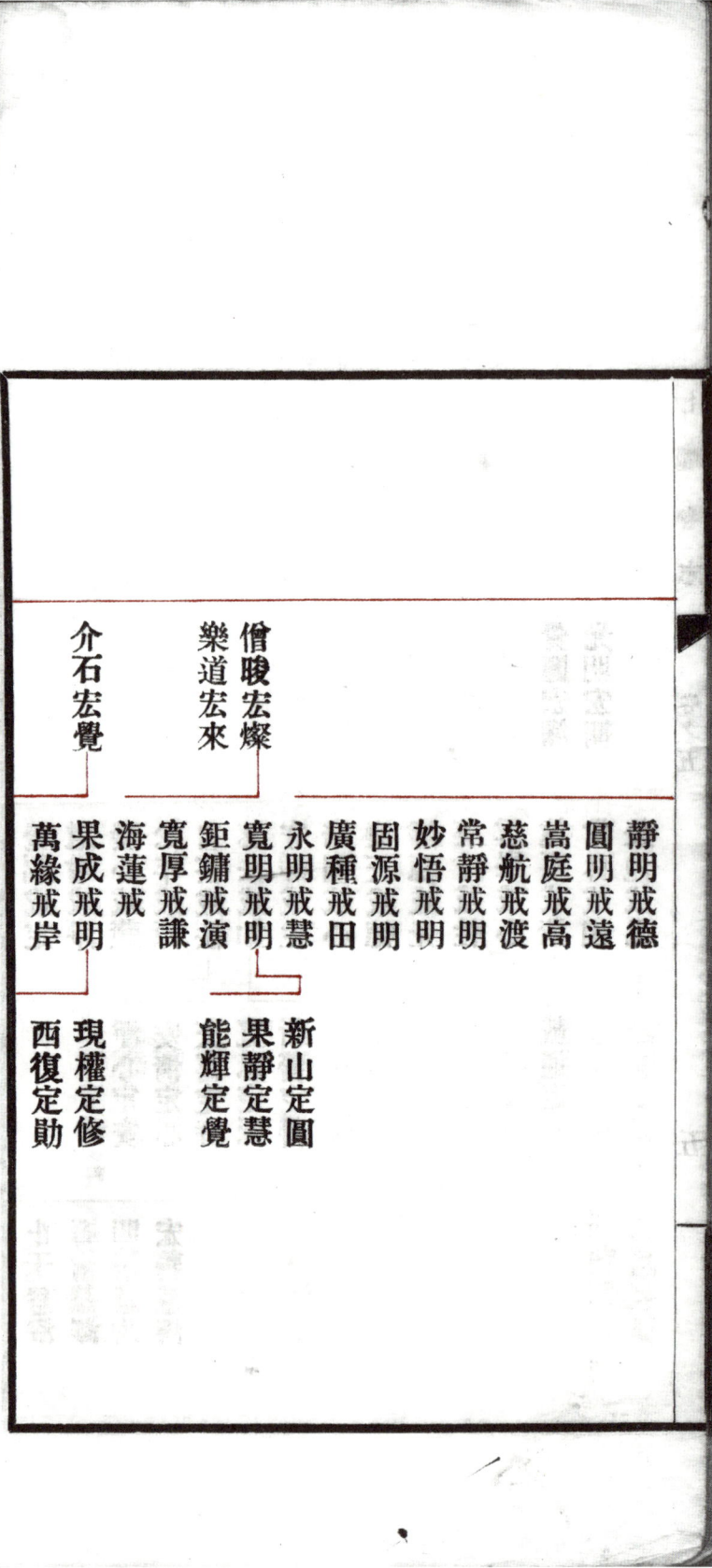

靜明戒德
圓明戒遠
嵩庭戒高
慈航戒渡
常靜戒明
妙悟戒明
固源戒明
廣種戒田
永明戒慧
寬明戒明
鉅鏞戒演
寬厚戒謙
海蓮戒
果成戒明
萬緣戒岸

新山定圓
果靜定慧
能輝定覺
現權定修
西復定勛

道亨宏達
了埃宏引
龍海宏珠
慧源宏琛
行規宏圓
如意宏定
常西宏宗
圓瑛宏悟

竹筠戒蔭
妙梵戒成
能悟戒乘
明梭戒道
世復戒藏
常慧戒恒
月潭戒浪
玉亮戒源
智明戒慧
念眞戒詮
悟愷戒廣
碧巖戒松
妙德戒良
徹修戒興
義明戒智

梵行定行
常信定慧
佳衍定
大倫定
深意定會

溥常宏鉌

靈光戒寂
法源戒定
頌萊戒定
善悟戒本
慧源戒法
煉成戒珠 — 寶歸定心
開林戒根
白聖戒光
顯正戒幢
慧命戒香
攸久戒志 — 寶峯定明
守源戒法
大量戒慈
妙祥戒守
瑞開戒圓

圓修戒正——光明定修

聖眞戒賢

蓮度戒蓮

了達戒法

脫塵戒慧

覺一戒宗

量虛戒輝

禪定戒德

月定戒宗

空印戒青

道階宏戒

甫照宏叅

甫融宏慧

甫蔭宏雲

慈運大師傳

陳寥士

大師諱靈慧。字慈運。號皈依。湖南湘潭朱氏子。母郭氏。兄弟三人。師其次也。少時販米湘鄂間。舟出洞庭。遇盜。盜驚其魁梧。欲脅爲羽屬。師不可。盜壯之。反其貨。且戒羣盜曰。朱某奇男子。他日邂逅。愼勿害。年十八。忽觸宿願。投義寧昌明禪師披薙。越二年。就野禪聲和尙受具戒。咨決法要。和尙指示宗門向上一着。師即於此決信無疑。嗣後參訪諸方知識。益明禪淨不二之旨。淸道光三十年庚戌。朝南海觀音大士。是爲師來浙之始。咸同以還。卓錫鄞鎭間。初蒞接待寺。値紅羊之役。市井荒墟。雞犬無聞。比寇至。見師獨在。叱之曰。諸僧皆逸。汝敢獨留。師從容曰。捨佛以求苟生。不如誓死以維香火。寇感其義。授黃旗一。並戒衆勿犯。時邑中精藍均遭焚刦。而此寺獨無恙。寇退。移錫於鎭之永寧寺。同治二年癸亥。改主萬善寺。庚午。受雲龍寺普治皓公祖燈。是爲臨濟第三十九世正傳。甲戌。主席天童寺。葺殿宇。裝佛像。治水利。講農殖。功德美滿。十方稱讚。他如開佛光。給佛牒。建水陸等。胥師所首倡。光緒三年丁丑。出鉢資修萬善寺。庚寅。徇地方之請。住持七塔報恩寺。時寺遭兵燹。法器蕩然。周文學醫師母子。苦行募化。僅建一二。雅志未償。嘗恨西歸。及迎師至。慘淡經營。始復舊觀。古刹中興。師之力也。初修客堂庫房禪堂雲水堂鐘樓。並設監院知客維那各職。規模略具。次年重塑大殿千手觀音聖像。以湘刻五百羅漢。供於周壁。又次年傳授友法月波岐昌一禪本來玉忠等爲法徒。令肩各寮執事。修築三聖殿。新塑三聖法身。高二丈八尺有奇。莊嚴妙相。甲於諸方。又三年。爲西方三聖像及千手觀音聖像開點靈光。翌年。赴都請頒龍藏。勅賜報恩寺額。翌年丙申。師世臘七十。傳授三壇戒法。翌年建藏經閣。重修開山心鏡祖塔。又翌年向湘購置大鐘一口。重一萬八千餘斤。厥後造自流井。建香積廚。凡百工事。不一而足。至歲丙午。師年登八十。復傳壽戒。成就衣鉢具及海青。四方前來乞戒者甚衆。宣統二年庚戌八月二十九日圓寂。世壽八十有四。僧臘六十有七。築塔於天童玲瓏岩下。門下法眷。化及四方。遠至南洋印度日本台灣。聲聞廣大。

余少時常見師又數從岐昌圓瑛智圓溥常諸上座游備聞行誼因次其要者爲之傳

皈依大師傳

王宇高

師諱靈慧字慈運皈依其號四明七塔報恩寺主僧也寺爲唐代古刹再被火廢爲清光緒間師爲營度建置凡浮屠所宜有者無不粲然完具僧徒來歸日益衆遂復唐時舊觀世稱七塔中興第一代云師故湘潭朱姓母氏郭兄弟三人師次仲稍長詣義寧福田庵爲僧既受具戒走南北參訪道光間來浙謁普陀觀音大士咸豐時至四明居接待寺同治癸亥徙萬善寺庚午得雲龍寺普洽皓公之法實爲臨濟正宗第三十九世也甲戌主天童寺踰三年復居萬善最後爲七塔主僧光緒庚寅迄宣統庚戌凡二十年以八月廿九日卒葬於天童玲瓏巖之下年八十四爲僧六十有六年初師於接待爲汎掃香燈時洪楊之黨入境寺僧奔竄無一人獨師留衆兵見師潔除已焚香佛後拜跪氣度閒靜異焉圜觀良久乃問

汝不去。獨不畏死乎。師笑曰。出家兒不知有死生也。其魁出黃旗一。樹寺門。兵遂不復來。是時四明諸寺多被刦。或焚而毀矣。而接待賴師以全。其居萬善。萬善故圮陋不可居。師誅葺其中。有終焉之意。既得臨濟宗傳。道行益高。天童有僧數百人。羣欲保師。師以天童爲東南名刹。既遭水災。時人又唱言廢佛。日益亟。乃入主天童。天童寧謐如故。其與七塔之功爲尤多。紺宮妙相。極莊嚴於廢敗間。而臨濟之教。造就無算。玉忠等四十八人名尤著。宗風被海內外矣。而四明天童育王觀宗雪竇施祥接待總持龍聖看經德雲大靈等大小數十百寺。其主僧迄於今。大抵師之門弟子也。

贊曰。余未嘗見師。而與師門弟子圓瑛智圓覺圓常西溥常僧晉及本舟寶靜指南輩往還。聞道其師未棄家時。嘗販米過洞庭湖。湖中盜刦持之。欲與昆弟盟。師從容開說。盜皆感泣。卒爲良民。既主七塔。數數歸湘潭。省父母墳墓。其季佑琳讀書能文。余觀佑琳所爲頌師八十文。其篤於父子兄弟間。爲尤可慕也。嗚呼。有爲者不擇地而成。若師之建樹。尙得以空門寂滅而視之哉。

勅賜報恩七塔寺方丈皈依大和尚七秩開壽序　朱佑琳

世俗於人耆艾以上。往往即其誕辰。召戚友。設筵宴。以爲慶會。而又必有壽之之文。張之壁間。相與讚揚美德。至於釋氏之法。則無取乎此。然家人兄弟之間。藉以達其惓惓之情。非世之徒侈虛文比也。佑琳世居湘潭。仲兄皈依大和尚。去家四十年。邈然不通音問。一日郵書自浙來。道已祝髮爲僧。見主甬之萬壽寺。琳乍聞之。喜極而涕。蓋琳兄弟三人。琳幼出後季父。伯仲無祿。兄遠遊。經洪楊之亂。干戈阻絕。零丁一門。歲時烝嘗。顧念凄痛。洎琳有子三。遂以其次者還後伯兄小宗。而季者立爲兄後。豈復意天壤內尙有兄蹤跡耶。當兄出家時。先考妣固無恙也。而別父母。離手足。孑然孤往遊方之外。此於世一切情緣。宜痛斷之。毋少顧惜。何兄若猶幾幸其親之存。而必一得當於家而已耶。琳又以痛先人之不及知也。以琳觀兄之所爲。自主席天童。以至恢復七塔。凡所設施。具有端緒。教授徒衆。常數百人。修持律儀。毋敢違迕。過人之才。亦可想見。設使兄終老鄉井。主持家政。當必承先啓後。赫有光耀。非若琳之碌碌者。然自俗情測之。未必不以是爲佛氏之幸。而朱氏之不幸。雖然。馳逐於利慾。縈迴於富貴。嗟素志之難償。窮白首而不息。以至喪失本來。全汨性始者。固凡人之通患也。然則捐嗜屏愛。薰修戒行。如兄之入佛。知見所得。要爲獨多也。嗟夫。稟天地之靈。體父母之德。儒家之教。亦以率性爲宗。雖釋氏清淨妙覺。與所爲明善復初。大旨稍殊。然能獨葆天眞。無或陷溺。實爲不忝所生。而世俗之所謂孝養。又不足言也。故兄雖萬類皆空。獨時時不忘其所生。精氣感通。乖隔逾久。卒能有以致之。然後歎琳之於兄爲可愧也。篤翰飛之思。感令原之誼。琳雖撐支門戶。艱苦萬狀。而清夜返躬。茫無主宰。兄豈能分其孤照。以發我微明耶。乃知人之全其所受。固在此不在彼也。戊子之春。琳訪兄於慈谿。逾歲庚寅。兄始一返里門。相與聚處。久者逾月。近者兼旬。遽爾分離。不可合併。楚山浙水。魂夢往還。又已七更寒暑矣。寥廓天涯。茫茫來日。握手歡笑。能復幾回。今歲丁酉十月六日。爲兄年七十一誕辰。琳故道其思慕之私。特爲文負之來祝。靈巖風雨。白髮連牀。兄其拔之塵俗。而毋使終迷則幸矣。回憶幼時侍先人側。思兄嗟歎。情事如昨。然則今之得重逢晉觴爲壽。當非琳之所及料也。兄既入京師請藏經。並蒙御賜寺額。而雪竇靈岩諸名剎。又皆其法嗣住持。由此大倡宗風。傳其衣缽綿傳千百世而無或衰息。若使家道之興。亦若是焉。則尤兄之福蔭也乎。

祭慈運先師文

嗚呼。先師降生於湖南之湘潭朱氏。年僅十八。辭親出家。二十受具。偏參有道。吾師天性慈善。定力難思。溯同治壬戌歲。髮逆犯境。人多避難。吾師是年三十有六。朝山進香南海。旋甬挂錫於城外接待寺。其寺僧駭聞賊勢兇湧。畏難而散。維吾師不忍棄佛。立志獨守。鋒煙不能亂其心。兵刃不足挫其志。佛火供事。仍然無缺。此則吾師之大雄也。既而賊退地安。吾師移單于鎮鄉之永寧寺。初該寺香火蕭條。佛事寥落。十方檀越。無從皈依。吾師晨鐘暮鼓。寒暑不休。誦經禮佛。晝夜無間。

于是十方善信。慕道而來。遠近檀那。聞名而至。一時聲振。百里風歸。此則吾師之大悲也。當時李衙橋有萬善寺者。敗椽破瓦。斜立三間。矮柱低檐。高可八尺。名僧難住。佛子同悲。吾師見而忻然。蓄意改造。苦無施主。力難措手。低頭曲躬者非一日。抱足半眠者亦有年。此則吾師之大忍也。同治甲戌。師年四十有八。忽爾宿緣感發。勝事遙臨。太白天童推爲主席。四房兩序。堅請莫辭。及至升堂。百廢具舉。適洪水橫流。淹沒田稻。坌土拔木。崩裂橋石。一經水退。修復如故。所苦香火淸淡。僧衆數百。法輪可轉。食輪難調。時兼當道宰官。就地紳董。禁行佛事。停止水陸。吾師情懇護法。運動廣文。始可轉行佛事。漸廣香火。遠來近悅。日日增茂。三載期滿。靡不讚美。此則吾師之大願也。然而天童退院。萬善棲身。奈何棟宇低矮而更陋。僧衆願住而難留。於是吾師自傾囊鉢。並募世緣。經營改造。革故鼎新。其間善信說三皈之禮。或來護法。助粟帛之緣。陸續改造。豈僅一載。百苦忍辱。奚止萬端。每逢開光勝會。水陸道場。有波旬主唆而禁牒。有闡提興禍而索財。重重逆境。指不勝屈。至今功堪告竣。人已老我雖非爲名山之列。聊可安行脚之僧。此則吾師之大力也。維人生立命。必有其地。地方當興。必有其人。甬江有七塔寺者。古之一大叢林也。遷年越世。疊經兵燹。寺毀僧空。腐敗不堪。初有就地醫生周氏母子。立願重建。晝夜鳴梆。寒暑不斷。嗟乎苦行已極。功成一二。母子中道相繼云亡。時光緒十六年庚寅歲。吾師法臘六十有四。地方紳董請爲住持。吾師力難推却。事亦當肩。入寺後。築地興工。開單接衆。僧有百外。米無兩月。遂時設法。借貸檀越。雖饔餐不繼。而經營續續。其間完西方殿。供三世尊。築鐘樓。鑄大鐘。建兩廊。立禪堂。請龍藏。造藏經閣。開戒度僧於五處。講經說法有六期。凡所至要。盡行備畢。疊疊工事。不勝枚舉。捍勞忍苦。迄今二十餘年。將見叢林規模。擴然維新。慧炬高懸。光明徹於海內。法衣遠播。恩澤及於林間。此則吾師之大勛也。嗚呼功成萬代。人無百年。竟然一旦而歸淨土者。使弟子輩有身莫贖。無腸不斷。原夫死生同幻。眞性常存。吾師在白毫光中。洞然寂然。而無間隔。嗚呼悲哉。如吾師之精力殆盡於此。則吾師之志願。歷千百刦而不磨矣。凡弟子輩入吾師之室者。能不酌水思源。報功頌德於萬一耶。今屆靈龕將起。化佛遙臨。直達松關。高登蓮國。栖心自在。任歲月之去來。說法無生。猶浮雲之聚散。太白從玆有主。玲瓏永爲低頭。嗚呼悲哉。吾師竟棄弟子等而寂滅已。而弟子等箴言在耳。孝悃難陳。愧無鶖子之先知。仰效純陀之後供。嗚呼悲哉。伏維尚饗。

慈運老和尚塔銘

從來國家鼎革之際。必有傑出之人。徵之歷史。莫不皆然。有清入關以來二百六十餘年。其間治世人材。炳煥中華。盛埒唐宋。而方外宗乘。亦極一時之盛。降及中葉浸衰。季世更屬式微。大闡宗風者。希乎其渺。良以國家多故。崇尚無人。慧命懸絲。幾乎一息。惟我皈依慈運慧公老和尚。潛修浙水。密行默化。守以誠樸。持以忍辱柔和。化以慈悲敬信。始也士女皈崇。繼也縉紳維護。居甬五十餘年。長幼尊卑。中外商賈。乃至勞動工役。無不知有皈依長老者。每一見之。頂禮問訊。供養如活佛。然其恭敬尊崇之心。發於中。形於外。不自知其膝之屈也。感化之誠。有如此者。且也人天密護。大用現前。開堂太白。戒徒萬指。說法七塔。法衆千僧。其得法入室者。四十餘人。皆能建白。各擅所長。隨機應化者若干。開堂秉拂者數十。談經宏教者五六。精通禪奧者二三。其他建立剎竿。敷揚海外者七八。誅茅闢地。異類中行者尤多。噫。法筵之衆。何其盛也。法侶之勝。何其極也。和尚生於道光丁亥十月初六日。順寂於宣統二年庚戌八月廿九日。或者預示鼎革之徵歟。入民國來。其門人化及四方。若湘若滇若蜀若陜若閩浙蘇贛皖豫南洋印土日本台灣皆有法幢光明。是殆勝清末一叚光明乎。民國建始之法幢種子乎。異日者法遍全球。化週海外。吾將於七塔禪寺法衆高人企予望之。語云。莫爲之先。雖美勿彰。莫爲之後。雖美勿傳。其斯之謂乎。爰記其實。而銘其塔。後之覽者。可讀作眞身塔銘。可視作大光明幢。乃爲銘曰。

維嶽降神。誕彼三楚。湘南潭北。朱氏巨族。厥生大德。豫章剃度。大菩提寺。潛修默悟。化緣甬上。說法天童。中興七塔。道化邛隆。中外信仰。緇素皈崇。靈山法侶。雨霈雲從。清朝民國。繼續興隆。化被海外。道播寰中。法燈晃耀。徹照無窮。光光回互。法法宏通。臨濟妙旨。踞地稱雄。慈力三昧。彌塞蒼穹。光明幢子。永曜浙東。分映沙界。如日之中。

前清勅賜七塔報恩寺方丈慈運大師塔銘

前資政議員簡任政事堂法制局參事羅傑撰文

臨濟第三十九世有法器曰隆安大師者。湖南湘潭朱氏子。初從昌明禪師披薙。受具戒於野禪聲和尚。已而偏參江浙善知識。普洽長老契其根利。爲傳法印。遂以號爲止念法門。久之法席宏展。外護交崇。推主天童七塔萬善等寺。以清之宣統三年八月二十九日示寂於七塔寺。安骨於寧波太白山右。世歲八十四。僧臘六十有六矣。其未祝髮時也。嘗貿米湖北道洞庭。爲盜所掠。盜喜師魁梧有智略。昂然美丈夫。脅籍其黨。要以不義之利。否則必之死。師誓死不允。盜壯其志自反所奪。且曰。厥後朱某經此。有加害者。必罰之。初蒞寧波。充接待寺苦役。時洪楊之亂。雞犬無存。住持等棄而先遁。寇至。謂師曰。諸僧已逸。汝胡獨留。對曰。我非不欲求生。我去誰侍佛香火者。心不忍耳。盜義之。與以黃旗。且戒衆曰。犯此者殺毋貸。當是時。全邑精藍。焚刦一空。而是寺賴以無恙。難平。住持等歸。疑師恃功而戀。贈金。速行。師一無所需而去。越五十餘年。寺主子孫衰落。典是席者。爲其法徒。蓋亦天之報施善僧也耶。其卓錫天童七塔也。甫駐天童。百廢俱振。未幾。大水田淹橋裂。損及廟貌。雖旋規復。而檀越希蹤。重以吏紳阻行法會。停建水陸道場。四來苾蒭。饘粥不繼。師口苦心誠。感孚學官。得弛前禁。自是禮佛者不絕於道。而衣單實賴焉。七塔寺者。唐季叢林。兵燹迭攖。宇圮僧散。雖有周氏母子。苦行倡募。厥功未竟。賫願偕亡。師主是寺。貧邁天童。緇流聞風。來以百計。於是舉債新營。莊嚴諸佛。請藏佈法。宣戒度僧。信施日衆。水陸道場。同期競建。歲以爲常。舊俗凡尸离者。擱眷入聚。茹葷歘客。歌姬雜沓。師乃撰規痛革。肅肅至今。世稱七塔中興云。師字慈運。號皈依。生平爲人。臨禍不怖。義利區明。住萬善垂二十年。艱難創復。大率類是。至其慈懷濟物。不訐不矜。在他人所不易能者。其次焉已。法徒四十餘人。或性相澄通。或專勤頂佛。或禪智默照。淨土趨心。僧俗欽愉。長方丈者已過半矣。嗚呼盛哉。民國戊午秋。余供阿育王寺釋迦舍利。道經七塔。其弟子方丈僧晙等。述先師事狀。且曰方君延齡嘗爲先師建窣堵矣。今同門諸友。醵金廣造。請狀乞銘。余既闡其大凡。用貞諸石。以告來際。乃爲銘曰。

猗法王之苗裔兮瀕險變而不懼。貪嗔癡不可毒兮。寺既完而退。故住禪侶翩其腹枵兮。感財施於功德。土樹與鳥共演佛音兮。神棲遲於西土。播巨德於茲銘兮。併住刦而悠久。四大倘其壞空兮。文與石兮何有。性無生惺惺其不滅兮。豈與質相者俱朽。

慈運慧祖百歲紀念攝影讚　　諦閑

十界一心。凡座同居于法會。萬年七塔。主賓共聚於祇園。當慧祖百歲壽辰。作報恩千秋佛事。常光寂照。徹證心源。攜我迷流。同遊覺海。噫。法界藏身。隨處現。虛空張口石點頭。

大和尚岐昌法師六十大壽之序　　董思曾等

大江以東。有崇壽寺焉。樞四明。鎮勾甬。居斗婺上。絡以持丑紐。寺之舊名曰棲心。明時遷南海之燈傳於此。顏寺曰補陀寺。外有浮圖七。俗又呼寺曰七塔。其曰報恩崇壽寺者。則自寺慈運長老北取藏經而始名也。今之主寺者。爲岐昌師。年登六十矣。下元之日。其生辰也。里中故交。以爲盛事。將頂禮敬祝。爰貢一言以序之。師鄞人。少時祝髮於永豐菴中。爲菴主安法師之再傳弟子。從讀邨塾。書過目輒不忘。同堂不之如也。稍長。學詩取法六朝。而端莊過之。書法宗趙。姿媚中有蒼勁氣。生平事佛。以名理取勝上乘者。採而發明之。若因果之說。則勿道也。性亢爽。喜與學士文人交。縱論今古事。永朝夕不少厭。好遊。之楚之蜀之吳越。足跡半天下。名山大川。久深閱歷。獲於心者多。見於道者宏。修於己者眞。信於人者實。以故隱居斗室中。而名之傳於外者。無論識與不識。莫不嘖嘖稱之曰岐昌師。宣統庚戌。崇壽寺慈運圓寂。主任之人。經大衆開議。僉云非師不可。師亦以慈運長老爲付法師。情不得卻。如所請。進院之日。送者塞途。道路觀者。共贊歎而羨其賢。夫崇壽寺爲勾東巨刹。飛錫掛單。僧人衆多。一食約盡粟數石。而穀册之所有。又僅僅無幾。量入爲出。溢出甚巨。苦心焦慮。維持少策。爰大開道場。廣延壇越。師取信於人久。聞風麇集。堂爲之滿。事後而所得纍纍矣。此非孳孳者比也。蓋舍是不足以措拄常住耳。至於復湮沒之故迹。新渴漶之舊觀。可仍者因之。可除者革之。無侈於前。無廢於後。此瑣屑之事。尤不足爲師殫述也。前清變法。創學校以化僧徒。民國肇基。立佛教分會以襄理大事。夫釋家凌夷。於今有年。一經有力者之振作。而大發其光。俾窮鄉閭古菴舊院。得以信教自由。不爲人所佔奪者。非師之力焉得而至此。余等多方外交。或潛修一室。不予人相近。或奔走風塵。不知老將至。求其行止有定。動靜有常。而執適中之道者。曠觀沙門中。殆難其人。而師則巍然一老表

正衆界。溫而厲。寬而嚴。垂暮精神。依然少壯。天留此靈山壽相。爲法門生色。是亦
西聖一綫之繫也。故大書之以爲大千之世界告。
中華民國二年陽歷十一月中旬宜壽之辰方外弟董思曾謝行溎張世謨姜永
賡陳冠雲上頌

岐昌老和尚八十冥壽啟　　　太虛

寧波七塔報恩崇壽寺岐昌老和尚。乃太虛之授經師也。本年夏初展禮授經。故居永豐寺距師圓寂垂十年矣。寺由師再傳法孫妙安住持。已煥然一新。求師之手迹遺文而不可得。爲悵然久之。頃師之法子七塔寺方丈本舟和尚等。以十二月二日。即古歷十月十五日。爲師八十冥壽之辰。將於七塔寺禮佛稱慶。囑爲文以彰先德。顧太虛雖以八指頭陀之介。親炙於師者幾二年。亦祇識得師無疾言無遽色。溫文爾雅。恭穆淵懿之品德而已。於師生平事迹。殆茫乎其未有知。無已。姑摭采所傳聞者以述之。師鄞縣東鄉錢氏子。幼作沙彌於永豐寺讀書塾中與

故邑紳董淡生等同窗。咸歎爲弗如。詩文學六朝而能端莊。書法趙松雪而婆媚中有蒼勁氣。故甬中文學士。靡不推重。具戒後。與八指頭陀諦閑法師等爲友。乃於宗禪教理。亦深入玄奧。尤擅音聲佛事。遜清光緒間。川湘蘇皖遙及晉冀之修建水陸道場者。皆禮聘師爲內壇正表。師以之遍遊長江黃河流域。朝四峨五臺。登覽衡匡金焦諸勝。若夫普陀雪竇天台天竺天目天童之近在浙東西者。更不待言。因此遐邇識與不識。皆慕水月法師名。水月乃師之別號也。余國知名佛教緇素之詣四明者。必造訪師居。師乃能潛養斗室中。遍參當代之善知識。德望亦以日隆。師一生功業之犖犖大端。首爲輔佐且繼承慈運老人之中興七塔。七塔舊名棲心。明時分南海之燈曰補陀寺。至淸季頹廢已久。師既嗣法慈老。以慈老自天童雪竇退而住持七塔。新立叢林規制。僧衆雲集。饔餐維艱。師既慨然斥永豐寺所有田充七塔齋糧。於是七塔寺始稍有恆產。漸蔚成與天童育王鼎足而三之一大刹。宣統二年。慈老示寂。顧其寺內既絀財。而外又多故。慈老嗣法數十人咸以爲非師不足繼承慈老。以竟中興鴻業。師不獲辭。措拄其間者數年。遂安奠七塔之基石。迄今蒸蒸日上而未已。次爲輔佐且繼承八指頭陀之護弘佛教。光宣至民初間八指住持天童。適值全國提僧產興學校之風起。時各地設僧教育會。爲護持教產弘揚佛化之圖。八指身任全甬全浙以至全國之重。而根據地之甯波則多藉師臂助。民元八指辭世。甯波之僧教育會改組爲中華佛教總會分部。既舉師爲之長。凡七八年。今甬佛寺僧業之盛冠全國者。師與有其力而甯波之佛教孤兒院及三寶經房。亦師之手刱而垂續迄今者也。師詩筆俱富而書扎尤精妙。身後竟蕩然無存。使今日已無可徵錄以傳後者。斯則最堪遺憾者也。第師之學行粹美。德業俊瑋。固昭然照耀丹山赤水間。當與如來寂光同其金剛不壞。豈惟足以壽世而已哉。

民國二十二年十月二十五日受經學人太虛拜撰

僧晉首座禪行略　無住

師法名宏賓。字僧晉。湖南永興縣宋氏子。父忠仁。母李氏。禱白衣大士而生師。師生三歲喪父。貧不能就學。稍長。聞里人講孝經及古人嘉言善行。好之。浸及佛典。乃大好之。遂翛然有出世想。年二十。請于母。詣南嶽極樂堂禮覺否上人爲師。默庵法師。其師祖也。默公以宏法名東南。門風高峻。師以失學故。艱于講習。默公曰。捨俗出家。或禪或教或苦行。爾宜自擇其一。反是者。非吾徒也。師毅然請以苦行自任。旋受具于祝聖淡公。逾年。禮金錢碧公。請問苦行如何。碧告以百丈一日不作一日不食語。師自是確守其說。至老不敢自佚也。光緒辛卯。禮普陀。遂留七塔。時慈運老人自天童移主七塔。年六十餘矣。襤褸啟山。昕夕無暇。察師眞實。付以法印。旋委管鑰。自是以常住自任者四十餘年。所歷胼胝拮据。不可殫述。光緒戊戌。兼任銅盆浦白龍庵住持。寺殘廢已久。至師乃亟謀力興。經營十餘年。大功方竟。巍然爲鄞南名刹。民國丁巳。忽燬于火。師號痛自責。善信感動。爭醵金重修。師擴其制而輪奐乃逾于前。乃易其名爲龍聖寺。師雖致力于白龍。而精神常注于七塔。盡以生平撙櫛所餘缽資數千元。助七塔齋糧。師自奉極約。粗衣淡食。終歲不耗一錢。雖疾病不御醫藥。而急公則不惜巨欵。大率類此。七塔自慈祖中興。嗣爲住持者。多法門英俊。故久益熾昌。師以資望功績。數被推爲住持。皆峻拒之。而擘畫大計。實總持于師。隱若長城之寄焉。門下剃度者五。多不壽。惟式堂今爲鎭海普慶寺住持。于七塔歷任都監監院。勞績最著。得法者五。德軒重興水月寺。後於小白嶺誅茅開山。結德雲精舍居之。爲七塔監院最久。又嘗爲天童監院。其淡泊任勞。綽有師風焉。指南現爲七塔寺住持。事蹟另詳。法舟今爲上海心安寺住持。見雲爲鄞東雲龍寺住持。妙禪爲杭州開元寺住持。自師以苦行助慈祖興七塔。門下皆效師行持。故諸方多請爲住持。廿五年秋。師壽晉七十。法剃徒等爲師營壽塔于小白嶺德雲精舍之右。明年。刻石而銘之。文多不錄。

蓮生法師傳

林德祺

法師。湖北夏口縣人也。俗姓劉。自幼聰穎。有宿根。年甫八歲。依夏口關帝廟崇道法師爲沙彌。法名果增。其師課以文字。過目輒成誦。高僧見之。僉謂異日必能大弘法教。師亦昕夕自勵。無或怠荒。七年後。度爲比丘。是歲仲冬。受戒于夏口歸元寺。法名湛然。潛心經典。不遺餘力。暇則精研岐黃術。以奉行我佛救世本旨而濟衆生。又七年。朝四大名山。遍歷南北諸省。訪師問道。風餐露宿。備嘗艱辛。晚年痰疾。蓋潛伏於此云。旋住錫於鎭江金山寺。年三十有二。至鄞。入七塔報恩寺。受皈依老和尚法。更名宏涌。於是精參內典。深悟上乘佛理。四明文物之邦。士夫多信三寶。七塔寺爲著名古剎。問經旨者。戶外屨常滿。師輒善爲講授。且工書畫。與都人士益相契。平時佐皈依老和尚重整寺規。以中興佛門爲己任。光緒甲午。年三十有六。師以城市喧囂。不適淨修。移錫城西集士港廣善寺。寺無恒產。破屋數椽。聊庇風雨。青燈古佛。景象蕭條。師則茹苦含辛。廣行方便。善男信女。染病來寺求診。靡不爲之悉心調治。而力卻其酬。赤貧者且饋藥餌。蓋本我佛慈悲之旨也。由是病者紛至沓來。不遠千里。或住寺中。師輒以佛法相點化。俾清心而寡欲。則攝生而保身。聞者感悟。指不勝摟。事後或就寺布施。以結善緣。數十年來。廣殿宇。添佛像。鄉僻小寺。煥然一新。且具大叢林規模。非師之以善化人。曷克臻此。附近俗家子弟有敏而好學。無力求深造者。輒助以資。俾成大器。受惠者亦歷歷可數。愛護老弱疲癃之僧侶。更覺無微不至。近年擬募化齋田數十畝。以充寺產。迺于民國十八年仲春某日示寂。所願未遂。惜哉。彌留時。神志清明。異香滿室。口宣佛號。詎不異歟。俗壽六十有九。僧臘六十有一。涅槃以後。遐邇僧俗。念師生前韜晦僻處鄉陬。佐如來以闡教利生。而活人無算。其出家之雄乎。屬余傳之。以爲眞實修行之模楷云。

澮禪和尚塔銘　　大壑

有魁梧奇偉之姿。必具經綸拔萃之行。故我佛釋迦。相好無倫。而說法利生。亦不可思議。證之歷祖。比比皆然。法華深譚。莫過十如。而首揭櫫即曰如是相也。以是觀之。形好一端。蓋可忽乎哉。澮禪和尚者。即俊偉大人之相也。諱宏緒。別號詠道人定海金藏薛氏子。母孕師時。夢行脚僧托宿。師誕之後。志行邁於常兒。七八歲時。蛸飛蠕動微生之物。悉知愛護。間有僧侶過門。師必牽裾弄袖。樂與攀談而莫能釋焉。有識者知師性之所近。且曰此兒非薛氏之千里駒。乃佛門之大龍象也。年方志學。見東隣少婦染病忽卒。即慨然曰世相無常。一至於此。吾若不他謀。將何異於是耶。棄俗之心由是決。哀白於母。母憶其托胎之朕。知有夙根。許之。詣里中普濟寺松公上人乞度。上人窺其六根端秀。形貌異常。他日必爲法器。欣然諾。薙髮之後。佛前執掃。誠懇端莊。如事生佛。繼爲授戒。聞闍黎訓誨律範有戒殺等條。始恍悟幼時護生厭殺。及母言夢僧投胎。蓋有由矣。師秉戒後。洞識開遮。精持梵行。秋霜冬雪。無以喻之。雖多年耆宿。一見而敬且憚焉。未幾松公圓寂。衆遂公舉住普濟寺。經營未久。山門增輝。遠近善信。翕然嚮化。嗣聞雪竇慈公爲當代宗匠。卓錫甬江棲神七塔。法輪大轉。海陬馳名。羨道之心。油然勃發。遂躡屩擔簦。趕趨百里。一至席前。即叩道要。慈公知爲不凡品也。語多激發。命入禪堂而參究焉。

師精進心現。晝夜不懈。一日聞擊板聲。豁然有省。始識慈公之道越尋常。名不虛也。次日陳述所見。慈公笑而頷之曰。住行向地同悟此體而位位修證。功用相差。不啻天淵。縱如大鵬一舉九萬。而中間尋尺。亦自歷然。爾宜深修極證。莫作得少爲足人也。遂授心印。錄副寺事。無何慈公入滅。及門諸子。惟師道貌兩俱逾恒。顧命繼席雪竇。師面承屬授。銘感殊深。力擴前規。大興土木。而舉世絕無之說法堂。煇煇煌煌。巃巃嵸嵸。高矗雲際。有若與天人而爭麗也。前後殿廊。凡稍圮者。次第重建。巍然爲一代中興主焉。厥後如京師請大藏。供奉崇樓。以表一寺三寶具足。清皇嘉悅。特賜紫衣。人中之榮。法中之盛。至此殆蔑以加矣。嗚呼偉哉。八年仲夏。驟示微疾。語諸子曰。吾機薪已燼。應火當亡。爾等宜知人命無常。出息不保。努力加修。資粮備足。吾一生修造太多。緣念過甚。到此風刀解體之時。定力缺乏。頗有不自由在。爾等及早圖之。莫作墮宗風人也。言訖奄然而逝。世壽五十八。僧臘四十餘。余曩遊名山。一涉雪竇。初到法堂。驚未曾有。再覩師像。拍案稱奇。問諸淨侶。

曰斯堂即斯人造也。嗚呼。殆所謂貌行相符者歟。至若師之遊藝。工行草。精點染。寸縑尺素。重若拱璧。是年某月日寺衆瘞師於寺之東南若干步。門人朗雲性菴等。均余舊好。以師之行狀相屬。余不敢以譾陋辭。謹將師之犖犖大者。詮其次第。勒諸貞珉。光耀未來云爾。銘曰。

雪山千仞兮。中有至人。瑰貌琦行兮。罕與其倫。精持梵綱兮。皎若冰霜。悟道甬江兮。毛骨清涼。法堂崇廬兮。高若天隣。三藏供奉兮。尊越七珍。末後垂範兮。如遺環漿。藻翰游戲兮。寶逾旃香。衰世孰頑兮。單鳳隻麟。吁嗟茫茫兮。誰知師因。

道階法師行述

邵章

距今二百年以上。閔忠寺改爲法源寺。傳天下僧徒千佛大戒。迎文海法師於江南寶華山。繼法席。闡宗風。十傳而至道階。道階生當清季。佛法中替。廢寺興學之說。蠭起。道階集緇白之流。以一手障之。余之來京師也。識道階。久迄乎戊辰之夏。京師瀕南遷矣。道階航海求法於印度南洋之間。臨行與余握手爲別。庸詎知道階之一去而無東歸之日耶。按略師諱常踐。道階其字也。號曉鐘。別號八不頭陀。俗許氏。湖南衡山人。生於清同治九年庚午七月十五日。幼讀書成童即茹素。光緒十五年二十歲出家。禮衡州東一堂智勝寺眞際爲師。冬從耒陽金錢山碧崖律師受具足戒。次年春即聽律師講法華。授手一日三座。五閱月始畢。夏同衡州瀕行乞律師指示了生脫死法。遂授以狗子無佛性話頭參究半載。因禁語坐禪七。得一入處。請律師證明。謂此是入手工夫。稍有相應之象。再坐七日。方有消息。至六日。忽心地開朗。質之律師。謂是暫現之境。亦未了當。再用工夫自有著落處。未幾。改住岐山仁瑞寺。與田靜覺明二長老參雲門桃花及古來大善知識話頭。次年。詩僧寄禪即自號八指頭陀者來山坐禪七。便請開示。遂參念佛是誰話頭。經四七日。聞禪堂開靜木魚聲。覺身如雲飛。心如月朗。半日絕無妄念。一段白光照徹無礙。寄禪勸入關。謂抱著話頭不輕放手。自有打成一片時。及入關二載。心中開大悟境八次。小悟境數十次。暇則看經。而各宗教觀尙未深究。次年春。南嶽默庵長老來書云。參禪與教觀。皆宜深究。吾老矣。傳未得人。俟汝出關。盡可傳授。遂從默公閱大藏經。學台賢慈并律禪淨各宗奧旨。一日坐次。默公云。今之山河大地高下不平者。實是我心不平。若心平。一切山河大地皆平。隨默公語聲。得大徹悟。回顧禪教諸宗典籍。廓然一貫。口有所辯。如流水之莫禦矣。先是出家時。立有四願。曰十年讀書。十年治事。十年注書。十年念佛。光緒二十一年。二十六歲出家。已踰六載。遂開講法華經。授手於衡州西禪寺。學徒盈室。日講不暇。旋在永興縣龍角山講天台教觀。并注心經玄義詳略各一卷證之。默公呵曰。注書一事。談何容易。古人數十年用心。只得一二部。便將大藏全書理事融成一貫。如天台清涼永明諸大老。輒數十年後方事箸述。汝年未及。言不足法。自宜將平日戒幢高立。行解相應。禪教相融。不立一字。不舍一字。在行止坐臥處。揚眉瞬目處。見個明白。左之右之。俟純淨光境現前。毫無間斷。其時方可下筆。此則事事皆是。否則事事皆非。戒力不堅。龍天不護。即箸書行世。亦是世間狂慧。與了生脫死。全無關屬。

出家爲了生脱死而來。若不詳參及此。轉眼無常一到。如落湯之蟹。又空來一次矣。師聽畢。毛骨爲悚。每日祇靜默看經。不敢他涉。二十七歲。總理衡州羅漢寺戒壇。爲教授師。二十八歲。總管西禪寺修造。並戒壇爲教授師。二十九歲。總理鳫峯寺戒壇爲教授師。三十一歲。爲南嶽上封寺戒壇教授師。又爲培元寺教授師。冬受請爲金錢山住持。三十二歲。在寺講彌陀要解。及二時課誦。凡九十日。冬開壇傳授千佛大戒。得度僧衆三百餘人。三十三歲。爲永興縣西竺庵戒壇教授師。又因建造大殿山門。需資綦巨。募欵浙江。受甯波天童寺請。講彌陀便蒙鈔。三十四歲。受甯波七塔寺請。講成唯識論。冬回金錢山傳千佛大戒。三十六歲。又受天童寺請。講法華經。三十六歲。復在天童講楞嚴經。聽者千餘衆。自光緒三十一年至三十三年。在此三年內。既發起爲金錢山請大藏經。又爲保護各地寺產計。協助寄禪創設杭州甯波南京湖南各佛教教育會。嗣矢志周遊印度。求舍利經。南洋羣島。如檳榔嶼。新嘉坡。緬甸。錫蘭等處。得玉佛六尊。佛牙佛骨各一尊。貝葉經一函舍利一瓶。都四十八粒。經年返國。三十四年年三十九。入京師請頒大藏經。時頗欲遁迹雲山踐十年注書之誓而爲清一長老力挽護教。謂雖有光緒丙午保教之諭。然各省教案疊起。非在京師建立佛法。不能盡護教之責。于是登五臺山。燃頂香九炷。立四大誓。一願保護天下佛像不毁。我願即了。否則盡命不退。二願保護天下寺廟不毁。我願即了。否則盡命不退。三願保護天下寺產不毁。我願即了。否則盡命不退。四願化導天下人民不罵僧徒。我願即了。否則盡命不退。宣統元年。清公爲引緣接北京弘慈廣濟寺志果老人法座。秋大藏印畢。回金錢山傳千佛大戒。次年春受衡州南雲寺請。講彌陀疏鈔。夏盡辭湘省傳戒講經事業。及金錢山住持。一心北上護教。時志果移座法源寺。遂在弘慈廣濟寺立僧自治研究會。又與李翊灼等數十人立佛學研究會。於象坊橋觀音寺講大乘起信論。募設佛經流通所。三年夏受龍泉寺請。講大乘起信論義記。凡九十日。旋發起中央佛教公會。佛教僧林會。冬志老退位。即由僧錄司呈內務府奏請欽定爲法源寺住持。年已四十二矣。民國元年秋。立佛教會於法源寺。寄禪爲總會會長。師爲機關部理事長。僅九日而寄禪圓寂寺中。師親送靈骨回天童安塔。二年夏。與嚴復梁啟超王式通孫毓筠羅惇曧等數十人發起佛誕二千九百四十年紀念大會。會期七日。大衆欣贊。復受七塔寺請。講楞嚴經。冬回金錢山傳千佛大戒。三年春。回法源寺。創辦法師養成所。成就學僧二十餘人。四年秋。接南嶽祝聖寺住持。多爲耒陽雲山天中寺教授師。又爲羅漢寺教授師。清涼寺教授師。五年冬。在祝聖寺傳千佛大戒。又接羅漢寺住持。六年夏。在寺講法華經。授手。接花藥寺住持。又受北京宛平縣選請爲天寧寺住持。七年。受南京毗盧寺請講楞嚴經。八年春。在法源寺發起爲歐戰陣亡將士建三年普濟水陸道場。夏在羅漢寺講法華經。授手。九年冬。傳千佛大戒。接天中寺住持。仍回法源寺。主修續高僧傳。三年成書六十卷。十年春。領北五省災民數百人。在京師周城募化三日。又爲佛教籌賑會總務長。領災民代表數十人往江浙普陀等處募集賑欵。夏在七塔寺講梵網經。冬回法源寺傳千佛大戒。並作圓滿歐戰水陸道場。十一年。復在天中寺傳戒。十二年春。約熊希齡廖名縉王式通莊蘊寬等在法源寺發起二千九百五十年佛誕大會。會期二十五日。感化世俗。更勝於前。十三年在法源寺傳千佛大戒。冬在寶慶點石寺傳千佛大戒。十四年秋。赴日本東亞佛教大會。舉爲副會長。周遊日本臺灣。十五年夏在弘慈廣濟寺講法華經。冬又在點石寺傳千佛大戒。凡此皆在我土之卓卓可紀者。迨十七年秋。師年五十九矣。重發大願。遊印度南洋各地。考尋佛跡。搜譯遺經。以期回國後宣揚大化。利益羣生。不幸功業未竟。於本年二月初一日圓寂於南洋怡保三寶洞。世壽六十有五。僧臘四十有六。總其生平住持道場八處。傳大戒十一壇。講經十四座。各大剎戒期任教授師二十餘座。設維持佛教會及創辦教育共十處。其他特殊靈異事蹟。書不勝書。噫嘻偉已。余於辛未之夏。南遊金陵。宿寶華山隆昌寺。禮銅殿。觀石戒壇。穆然於誌公之遺風。與文海之勝跡。誠爲凡僧寺戒律發源之地。故傳戒莫盛於寶華。而旁衍於法源。雖藉世間法之宣揚。要爲夙緣所定。不可强也。道階承其緒而光之。適當毀寺滅法之交。其艱苦殆有百倍於文海者。而卒能本大無畏之願力。使危者復安。傾者復正。固宜人天共仰。垂聲稱於無窮。惜乎其晚年之宏誓有所未踐也。昔元明間。覺源禪師住持金陵天界寺。洪武三年奉使西域。行一載。至僧迦羅國。國王館師于佛山寺。未幾示寂。五日顏貌如生。王大敬歎。築壇荼毗之。有白烟一道。上燭於天。舍利不可勝數。金華宋潛溪先生爲其衣塔銘。師之行跡。毋乃類是。余不文。重其法孫梵月之請。爰徵其行事。與夫關係于法源寺者。告之世人焉。

建國二十有三年歲在甲戌仲秋之紀古杭邵章撰

道階法師行解相應。清末以來。巍然爲佛門泰斗。其于維持佛法。關係至大。功績至偉。此文敍述詳盡。其言少時用功得力處。更爲眞切。不惟大筆如椽。抑且深入法海。晚近以來巨製也。惟道公以宣統庚戌來甬。留住七塔者數月。得傳慈祖法印。嗣于民國丙辰。復來甬留住七塔者又數月。且開講楞嚴法會。庚午

法門敦請來續祖席。時方駐錫南洋。不克來甬。凡此文皆未及。故謹注于此。以誌與七塔關係本末云。指南謹注

智圓禪師藏眞壽塔銘　陳寥士

師名弘一。字智圓。譜名普達。號了悟。別署眞常。湖南衡陽人。俗姓譚。父諱香芸。母袁氏。育子五女二。師其少子也。師生于清同治十有二年癸酉閏六月四日。自幼不食葷饍。喜匿就僧人讀書。目數行下。年十二。母氏因難產棄養。悲慟逾恒。癡心自思。如何能免此厄。輒用惘惘。翌年。入衡州吉豐泉肆學業。與同學梁交蓁篤。閱唐傳西遊記香山傳等書。心大感動。嘆曰。欲求長生之道。非山深林密處。心修煉安能成就乎。嘗與梁窮究其理。娓娓不倦。每中夜。就肆中人熟睡後。輒潛起趺坐。終年不懈。年十五。由梁導遊羅漢寺。見明果心老和尚。如有夙緣。告以佛之從弟難陀尊者出家因緣故事。即動出家之念。潛赴衡山覺海寺披剃爲僧。彌月之後。始被家人偵悉。勸令回家。越五年。復潛往湘陰達摩山。依明果心老和尚再度披

剃。旋至南嶽上封寺。從寄禪安老和尚受具戒。次年。隨度師赴湘陰之神鼎山。披閱龍藏。並受覺意三昧。坐禪方法。誦楞嚴諸經。始覺前念滅後念生之旨趣。越三載餘。赴長沙總佛寺。晤因靜長老。授以瑜伽觀印之法。翌年。與西竺普悟等。同謁九華普陀諸名山。旋至四明七塔寺。慈運老人見而大器之。授以法印。留寺中。迭任監院知客糾察各職。後十餘年。鄞之施祥寺方廣寺寶巖寺寶福寺。餘姚之隱雲庵。均聘師兼住持之職。一意宏法。十方稱頌。清宣統元年。佐戒師寄禪長老創設甯波僧教育會。入民國後。組織中華佛教總會及鄞慈鎮奉象五縣分會。保產興學。爲之樞導。其所設僧氏小學各一所。至民國六年。邀請諸山會議。改爲甯波佛教孤兒院。選岐昌和尚陳屺懷居士爲院長。而師總其成。又三年。任七塔寺方丈。建玉佛閣。寺之規模。益形壯闊。任滿。回施祥寺。復建觀音閣方丈殿淨業堂及兩廊禪房。同時任佛教孤兒院常務董事。三寶經房經理。復就寺中創辦大乘佛學社。嗣又改辦明心實業公司。製軟蓆草墊。出品精美。亦濟貧惠工之意也。厥後歷任寧波市佛教會鄞縣佛教會及浙江省佛教會主席委員。中國佛教會常務委員。民國二十一年。力與政府交涉收回鄞縣都神殿舊址。奠定佛教機關之基礎。他如創辦永明小學。覺民小學。覺民民衆夜校。中西醫施診所。並建覺民校舍。凡百興造。不勝條舉。度世濟人。力之所逮。惟恐不赴。其勇猛精進。有足多者。剃徒八。法徒十二。皆一時龍象。二十四年冬。營壽塔于鄞東童嶴庚山之巔。額曰藏眞時年六十有三矣。既蕆事。屬余爲之銘。銘曰。

是爲眞常大師藏眞之塔。大慈大悲。拯衆生于苦厄。昔孔子謂不知老之將至。是語也足以銘師之禪德。後之人兮過庚山而瞻拜。永保其圓覺之宅。

僧晙老和尙傳

溥常

僧晙長老。籍居湘省柳縣。法名宏燦。滿淸同治年間人也。時年二十四歲。厭世心切。偕堂弟僧晉投覺否大師薙髮。福嚴寺受具足戒。親近默庵老法師座下。爲嫡親師公。聽講經義。有所心得。募刊楞嚴易知錄行世。禮聖羅漢等諸大名刹。充當綱領要職。其爲人剛正。處事嚴厲。時號僧晙鉄匠。有似南華智㬎禪師。叢林中人。呼名爲㬎鉄面也。自後參訪長江一帶名山大刹。朝普陀。禮觀音。轉來寧波卓錫七塔。爲慈老人所器重。授受心印。當時老人一志創造。臂助需人。及余朝山來此。道階法師講唯識論自眞和尚代理住持。相見如舊相識。有知遇之感。光緒三十二年。余由日本回國過天童留閱藏經。亦蒙老人授記。諸兄弟輩。雍雍肅肅歡聚一堂。均以常住爲己任。會有豪富齋主。作福葷食。自老見之怒。抛棄於地。人號之曰火神。晙老一見不守清規者。舉手便打。人稱曰鉄匠不錯。七塔規模日加清嚴。四方衲子。雲遊往來。道風於以遠播。足與育王天童古刹並峙。皆諸兄弟輔治之力。林下參學者皆知是寺有鉄匠火神之名也。民國七年。晙老爲七塔主席。建造慈祖塔院。改修天王殿。煥然一新。是時見余由南洋回。住持事將告退。相約同上湖南。晙老先去。再任岐山仁瑞寺住持。於民國十一年。五月十九日。溘然西逝。世壽五十有九。築塔於南岳廣濟寺右。法嗣二。寬明潮江寺住持。鉅鏞法王寺住持。

法孫二。能輝回向寺住持。新山在本寺。剃徒二。勛明地藏殿住持。道明在祝聖寺。法姪寬明。於坐談間謂予曰。師叔與吾師相交厚。今修寺志何不於吾師之行狀。發揮片言隻字乎。余曰。唯。自愧年老心弱。此亦義所不容辭。自余主持是寺以來。常以未得鉄匠火神再世爲憾。追念故舊。因濡筆爲之傳。

道亨和尚傳

諦聞

師宏達其名。道亨其字。湖南衡陽清泉縣陳氏子也。幼習商。有異秉。喜聞善言。尤躭禪悅。年弱冠。投衡州東一堂智勝寺依眞際禪師披薙。拾薪汲水。侍師頗摯。八指頭陀闡毘尼於衡州羅漢寺。遂受具焉。出堂後往南岳參默庵老法師。一見知非凡器。教以止觀法門。復傳曹溪微旨。自後芒鞋竹杖。周遊名山。遍訪宗匠。旋詣七塔。親近慈公。朝夕參究。精進不怠。慈公觀其語默動靜。迥異尋常。因厚遇之。授以心印。繼在白衣寺僧教育會任要職多年。後往天童叩禪機於八指頭陀。深有契悟。已而被請爲該寺綱領要職。管理出納者數載。洞澈因果。秋毫不苟。珍視伽藍物如掌珠。衆皆敬憚之。後返七塔銷假。亦被堅邀襄理常住。師一日喟然嘆曰。所事非本分。出家豈爲是耶。遂辭職回至南岳祝聖寺。潛心自修。宵旰不輟。兢兢以己躬大事爲務。民國三年。被衲人雙選任七塔住持。內肅清規。外嚴佛事。增造齋堂雲水堂大寮等。建設殊多。功績逾恒。一時稱爲法門特色。門下法子一人。明枝。現任持慈谿飯佛寺。兼任七塔監院。剃徒一人圓成。現任七塔客堂要職。皆富于參學。爲法門所器重者。民國七年。師圓寂於七塔寺。瘞靈骨於天童青龍崗冷香塔院云。

常西上人傳

陳寥士

上人諱常西。法名宏宗。字眞如。湖南衡陽人。俗姓劉。幼具異稟。夙根未昧。年十九。詣衡山南峯寺出家。師事妙相禪師。旋受具戒于南嶽祝聖寺。時默庵法師爲教授。獨器重之。令任職寺中。旣住衡陽羅漢寺。復遊粵東白雲山宏襄佛事。所至有建樹。光緒甲辰。浮海至普陀山。禮觀音大士。抵鄞。留七塔寺。受慈運長老心印。爲報恩堂第四十二支正宗。其隨默庵法師住大善寺也。勞績最著。民國初元。遂被推爲住持。既滿任。與道階法師朝五台。留舊都法源寺。未幾南返。仍住錫七塔。歲癸亥任住持。三年復退居。虔心淨土。日誦佛號五六萬聲。旦夕頂禮。十餘年如一日。以民國二十五年丙子十二月十三日端坐圓寂。世壽六十有九。僧臘五十。焚化後瘞骨於庾山嶺普同塔。法徒戒恆等九人。

贊曰。自白馬馱經。佛教東漸。薪火綿延。代有名德。迄至輓近。沙門人數之衆。以江浙爲首屈。而浙東名剎。號稱尤盛。七塔慈祖。蔚然爲中興巨擘。座下高僧。法脉宏展。常西上人其一也。壯歲輪蹄南北。投老苦行虔修。其枯澹純美。卓然爲浮屠氏表率。有足多者。余經世多憂患。常詣上人證禪理。忽忽得懸解。別幾何時。竟以寂滅聞。執筆悽然。次其行藏。傳于世。

圓瑛法師事略

王浩然

法師諱宏悟。號韜光。原籍福建古田吳氏子。其母禱觀音大士而生。生時室有祥光。自幼聰穎非常。鄉黨目爲神童。十九歲棄儒學佛。二十歲依鼓山湧泉寺妙蓮地華律師受具足戒。二十四歲參常州天甯寺治開長老。有省。偈云。狂心歇處幻身融。內外根塵色即空。洞澈靈明無罣礙。千差萬別一時通。二十六歲參明州天童寺寄禪敬安師。禪師甚器之。二十八歲嗣七塔報恩禪寺慈運靈慧老人法。三十一歲開座講經。三十二歲住持鄞縣接待寺。重興古剎。民國光復後。涉俗利生。創辦寧波佛教孤兒院。泉州開元慈兒院。重興開元寺。福州法海寺住持閩侯縣大雪峯寺。林陽寺。鄞縣七塔報恩禪寺。天童宏法禪寺。時以國家內憂外侮。惄然憂之。有聯云。出世猶垂憂國淚。居山恒作感時詩。民國十九年。佛教多難。發起組織中國佛教會。主持會務六載。講經海內外垂三十載。著述宏富。有圓瑛法彙。經論講義十餘部行世。緇素多沾法益。有國府林子超主席。戴季陶院長。林璧予部長。張詠霓部長。各要人爲之序。並有一吼堂詩集。恒以詩說法。善能啟發人心。浩然爲法師信徒見聞所及。略記於是。

送圓瑛法師主持報恩禪寺法席序

楊樹莊

夫學佛乃豪傑所爲。出家本丈夫之事。若非久培德本。宿具靈根。豈易擺脫紅塵。誕登白社耶。爰有圓瑛大和尚者。法門龍象也。幼懷貞敏。學富五車。長悟妙明。智通三藏。到處隨機施化。一朝乘願再來。以堅固心。宏法南洋羣島。出廣長舌。談經北部燕京。宗說雙通。緇素競仰。本我佛慈悲妙行。創孤兒院。（寧波佛教孤兒院福建泉州開元慈兒院）而教養兼施。念先哲建設苦衷。興僧伽藍。（重興鄞縣接待寺閩開元寺法海寺）而禪講並重。吹無孔笛。彈沒絃琴。棒喝森嚴。於開口不得處說法。機鋒迅捷。於下手不得處施爲。接引宗徒。提攜學者。法緣溥洽。道化崇隆。和尚其出家之雄乎。故能運慈悲。佐定慧。如來以闡教利生也。邇者人神雙選。龍天推出。爲七塔主人。續報恩法脈。將見高提祖印。振刷佛教精神。大展宗猷。爲作人天眼目。即請圓瑛大和尚喝正。蓋聞具一切智如來所以稱尊。得三摩提。菩薩故能入世。智悲並運。眞俗等觀。爲巨夜之明燈。作迷津之寶筏。至矣哉。佛教之有裨於世道人心也。或謂近於消極。但求出世。

此實未達深源。詎爲確論。夫釋迦闡平等慈悲學說。人我一如。視大地衆生。皆如一己。亡身救世。捨己利他。如地藏云衆生度盡方證菩提。其積極爲何如耶。即質之革命主義。曰犧牲個人者。卽捨己利也。曰益羣衆者。即利他也。則佛教又何嘗不適合於潮流。惟在乎善用與不善用耳。如我圓瑛大法師。應機示現。乘願再來。丱歲窮經。志綜百家之學。華年入道。心超六欲之天。撥草瞻風。擔囊負鉢。初參本來面目。洞明直指之宗。次研圓頓教乘。復得見月之益。由是建法幢於處處。破疑網於重重。宏法爲懷。利生不倦。創恤孤之院。泉甬諸孤。賴其生成。設療病之局。閭侯貧病。蒙其救濟。曩者太白爭迎。去歲雪峯公聘。其道學感人之深。有如此也。東津七塔報恩禪寺。爲法師得法祖庭。前則公舉住持。時在南洋講經。力辭不赴。此次時機既熟。人神雙選。羣情慰悅。四衆懽騰。鈞等誼關桑梓。有不能已於言者。乃爲頌曰。

得正法眼　主梵王宮　衲子雲集　萬派朝東　頻施棒喝　啟聵發聾　心燈續燄　丕振宗風

圓瑛大法師榮任七塔寺方丈誌慶

髮弟 陳鈞 王建三 韋耀德 陳伯臣 章衡青 丁則餘 許道生 陳鉌 歐陽軫 蔡維符 仝謹頌

溥常老和尙七秩大壽序　曹作昭

無泥則通。有泥則塞。通則不凝滯於物。而能壽世壽民。晉釋惠遠集緇素百二十有三人。結白蓮社。其間譽望尤著者。如劉遺民周續之等。爲當世推重。號社中十八高賢。所謂墨名而儒行者。非與晉謝靈運才學爲江左冠。而負才傲物。少所推挹。一見惠遠。遽改容致敬。所謂儒名而墨行者。非與。求其不泥於儒。不泥於墨。通儒與釋爲一貫。上下與天地同流。可以養生。可以延年者。於浮屠中得一異人焉。釋子溥常。原籍湖南湘鄉人士。父武庠生森蔚公。曾在台灣統兵陣亡。母羅氏。有子桂秋早夭。世居邑南之西亨湖洲里。本曹氏子。與作同出大高祖殷也。公之來孫也。年少參禪。離鄉遠遊。四十餘年。際古稀時。垂念先人邱墓。扶杖南旋。家嚴原少同里居。長同學遊。晤談時。均鬚髮頒白。兩不相識。杜工部詩云。乍見翻疑夢。相悲各問年者。可作二老註脚也。小住旬日。邀家嚴周覽鄰封名勝幾遍。苦心孤詣。卜定乃祖乃親宅兆。皆厚封而銘誌之。不遺餘力。旋奉先人栗主入族祠享祀。族中親而困窮者。溫恤之。老而賢明者。分潤之。不少吝。生妻下堂。已垂老矣。呼來話舊。饋贈多金。俾終餘年。凡茲行誼。揆古來仁人孝子。何以加焉。世俗每稱佛門中。棄而君臣。去而父子。禁而相生相養之道。今釋子反此。較墨名而儒行者。有過之無不及也。蓋通則仁。仁則親親。親親仁民所自來也。其獲高年享遐齡而康寧考終。可左券操也。總之不出乎尼山氏所謂仁者壽近是。且觀其所著華嚴綱要淺說一書。主辦報恩佛學院。運慈悲心。伸妙手眼。純是一片救世婆心。更觀其出家行脚。參訪善知識。金山高旻諸大名刹等。及充毘盧寺住持。坐香傳戒講經。親近赤山法老人。講楞伽。受聘揚州僧學校。及湖北蓮溪等處。血筆汗文。婆心熱語。不分疆域。因才而教。子輿氏稱教人以善。謂之忠者。豈其然乎。豈其然乎。再觀其與同志月霞法師。留學生桂伯華君。往日本講經。考察各國宗教異同。游歷南洋羣島。

朝覲大金佛塔。雲南僧界虛雲長老等邀請組織佛教滇藏支部。開辦學校與演說團。省會筇竹大理觀音二次傳戒。最後主席寧波七塔報恩禪寺發起禪堂坐香。亦講經傳戒。不論中華異域。有教無類。韓子曰知而不以告人者不仁也。告而不以實者不信也。又曰孔子之作春秋也。諸侯用夷禮則夷之。夷而進於中國則中國之。釋子教本多術。推諸先聖後賢若合符節。假令韓子而在。不惟不闢之。不以爲嚴師。必以爲畏友也。噫謝康樂自命曰成道須慧業文人。非虛語也。作見釋子能於同分源流人易世疏之中。獨念厥初。愧無話言贈貽。憶先祖銀潢公贈瘦虎上人詩有句云不爲書所囿。未必佛能纏。今釋子事理通達如此。作不能道其萬一。茲際七旬大壽慶典。宏闡毗尼。四衆弟子中西賢流稱詞滿院。謹隨諸君子後。持此二語爲心香之祝。俾如岡陵山阜云爾。是爲序。

中華民國二十三年歲次甲戌孟冬月俗家弟曹作昭籌增氏謹撰

溥常老法師七秩大慶傳戒記

學僧了達

原夫我佛之垂化也。道濟百靈。慈育萬有。故法說四十九年。經談三百餘會。法門無量。教義重要。以宏道利物爲旨歸耳。而其修習次第。則以三學爲要素。三學者戒定慧是也。由戒而定。而慧。則道無不宏。物無不利矣。戒者何。防非止惡之義也。定者何。息慮靜緣之義也。慧者何。破惑斷疑之義也。此三者實入道之門戶。成佛之關要也。而三者之中。尤以戒爲最要。此世尊之所以始自鹿苑。終至鶴林。諄諄教誡叮嚀咐囑者也。吾國初無傳戒之說。至唐麟德二年。勅命道宣律師。於淨業寺開壇說戒。利樂羣黎。而傳戒之名。於是乎始焉。其後海內叢林。繼起效法。大闡戒旨。至今益盛。然一觀其傳戒日期。或一月兩月者有之。十日八日者有之。但無論期之長短。時之暫久。惟然香之日。必依佛誕良辰。其揆一也。考其然香之意。所以本藥王菩薩焚身供佛之誠。而表己之誠敬也。故當春夏傳戒然香者。必在四月初八釋迦誕日。秋季傳戒然香者。必在九月三十藥師誕日。冬季傳戒然香者。必在冬月十七彌陀誕日。茲我七塔擇期臘八傳戒然香者。良有以也。余曾考七塔寺自中興慈祖老和尙。於光緒丙申丙午兩次傳授大戒後。迄今幾三十年。不復舉行傳戒之盛典矣。民國甲戌之秋。本寺檀越戴氏。皈依三寶。篤信佛法。覩七塔之宗風。欣然生慕。瞻溥公之道範。油然起敬。於是樂施鉅金。倡演毗尼。恭祝溥公七旬大慶。藉以廣種福田。普利人天。溥公見其供佛心殷。爲法心切。義不容辭。允其所請。始備報單。通告四方。凡有發心來寺求戒者。無論緇素。免納戒費。並成就三衣鉢具。於是求戒之四衆弟子。紛至沓來。雲水之大德高僧。源源不絕。偌大叢林。幾有人滿之患。齋堂宿舍。遂成問題。特將齋堂前之階道。與大寮後之空屋。改作臨時齋堂。又將土木工匠之臥室。及佛學院講堂寢室。概作求戒四衆之宿舍。迨至冬月一日開堂。延請普陀後寺住持學老和尙爲正訓。覺梵諸師等爲副訓。從此每日領導新戒。演毗尼。教儀規。出恭入敬。威儀整肅。井井有條。見者無不歡喜讚嘆。並請智圓老和尙爲羯磨阿闍黎。圓瑛老法師爲教授阿闍黎。念六日三師臨壇。傳授沙彌淨戒。是日銀鐙玉燭。燦爛輝煌。奇香異花。微妙淸潔。而三師之圓音妙味無窮。有如靈山一會。儼然未散。誠盛舉矣。次日五觀堂內乞戒弟子。習食鉢飯。善信男女前來參觀者。人山人海。頗形熱鬧。臘月三日。請三師及七證阿闍黎。在法堂用十師齋。旋於三聖殿內禮請十師陞座。傳說比丘大戒。四壁懸掛滿堂佛像。陳列各種法物。種種莊嚴。眩目賞心。初六初七兩夜。然香供佛。是時新戒六百餘人。胡跪合掌。仰對佛前。無不誠誠懇懇。一心稱念南無本師釋迦牟尼佛。懺悔業障。希增福慧。次晨又請三師上壇。說圓滿菩薩大戒。畢。即齊詣觀堂應供。食七寶五味之粥。即俗所謂臘八粥是也。至此三聚淨戒。於以演畢。一場勝會。告一段落。回憶開戒期間。歷時數旬。雖在隆冬之際。而天色清朗。氣候溫和。似乎天其有意助此勝緣也。全寺僧衆。計有千餘。護法男女數百人。而內外安寧。上下和睦。苟非溥公道行高隆。曷克臻此。羯磨教授尊證開堂諸大德。皆屬當代高僧。一時上座。咸能惠然蒞臨。輔佐法會。豈非溥公之德不孤。必有鄰者耶。竊以本寺二十餘年來。未經傳戒。一旦場開選佛。大闡毗尼。匪特七塔宗風。爲之一振。即甬江之佛化。增添無限光彩。余於是喜而爲之記。以志不忘云。

溥常長老事略

陳寥士

溥常長老。法名宏鉌。別字夢忍行者。湖南人也。俗姓曹。母羅氏。自髫齡即常曰。爲僧不易南面王樂。父森蔚公怒之。欲淹諸池中。問其尚欲爲僧否。鄰家爲之緩頰曰。其速立誓不做。可貸死。終不肯一言。年十五。患眼疾。父命疏諸觀音像前。許愿喫齋。持之甚虔。夜夢近葷食。即驚覺悔恨。狀魁梧。出語往往有哲理。因有神童之稱。年十七。隨父應童子試。文武兼考。府試得儁。院試時。父因替其名。得中武庠生。先是父已取列第五。及榜發落第。適學使逝世。其中玄虛。不可問矣。其父夙精韜略。爲國効命。清光緒癸未。陣亡于台灣基隆之役。師既痛父喪。又憤國難。丙戌。赴閩投軍。以繼先人之志。而中法議和。荏苒數年。用武無地。乃復動出世之念。投鼓山薙度。時年二十有七也。翌年受具。喜研雲栖法彙。私淑蓮池老人。循誦西方願文。力行不渝。因束包行脚。訪善知識。東南名剎。次弟參謁。壬寅。親炙金陵赤山法忍老人。老人爲當代禪門宗匠。開示永明四料簡。遂悟禪淨雙修之旨。從游終南山。于翠微寺基結茅禮佛。大興善寺坐香打七。偏歷香山五台。轉舊都。下江寧。甲辰任金陵毘盧寺監院。已巳赤山法忍老人示寂。遺言命師與月霞法師繼老人講席。闡揚楞伽筆記。聽者歡喜受持。丙午主講楞嚴于揚州天寧寺普通僧學堂。及湖北蓮溪寺。由是無歲不有講經之會。未幾渡日。講演楞伽。扶桑人士莫不悅服。歸國後。應天童寄禪長老天台諦閑講主。及江寧李梅庵方伯之請。住持毘盧寺。聲教日宏。民初應虛雲和尚之邀。卓錫滇中五六載。創辦僧校。立佛教滇藏支部。大理之觀音省會之筇竹。兩次傳戒。旋以檳榔嶼極樂寺本忠和尚之約。遊南洋羣島。觀仰光大金塔。至歲戊午回甬。上七塔寺。屏絕外緣。禁足靜修。凡六載。甲子日本震災紀念會。我國代表孔雲生請師再度東渡。弘法師率法侶三十餘人抵東京。日僧團歡迎于淺草金龍山。會于災區觀音殿前。師見昔日殿前紙燈一對。依然高懸。島民稱異。我僑胞亦均目擊之。師讚嘆說偈曰。金龍淺草刦火洞天。

寺像靈爽。如在梵天會畢。返七塔。戊辰。主辦七塔報恩佛學院。兼講華嚴。仰體蓮池老人遺訓。洞徹毗盧性海。爲進修歸宿。彌陀淨土。而日以穩健。三年圓滿。夫華嚴大經。釋之者惟棗柏李長者之合論。清涼觀國師之疏鈔。高義玄旨。貫通不易。師爲啟示學人。汲引後覺。擷其綱要。撰作淺說。民國十八年雙十之節。適値己巳重九。正講賢首品時。會主文殊名妙吉祥。而院中吉祥草。忽開花呈瑞。天然感應。嘆爲希有。復三年回湘。修治故塋。奉先人栗主入祠。孝思不匱。佛所許也。癸酉。公推爲七塔主席。甲戌。開堂傳戒。會者千六七百人。得戒者僧俗六百有奇。法席之盛。號稱空前。法徒攸久等十三人。剃徒淳清等八人。乙亥。師以纂輯寺志見屬。丈室麈談。因得聞其行誼。而次其大略如上。

指南和尚述略　　無住

和尚法名戒利。字指南。湖南邵陽李氏子。父濬生。有儒行。師幼穎悟而多病。依父讀。父憐之。嘗寬其讀。師昆弟七人。伯兄中歲出家。道行高潔。歸覲時。師輒就兄詢出世法。大樂之。清嘉道間。邵陽多樸學之儒。咸同朝士多以武功顯。父語以鄉先輩之所爲。師曰世相無常。人生難得。安用逐世俗虛名浮利乎。年十七。父母將爲之完婚。師跪辭。遂詣本邑福壽庵禮志高上人求披薙。其冬受具足戒於毗盧寺。旋詣點石庵依尊美和尙尊公禪宗老宿。曾得桶底脫落者。湘中耆宿皆推重之。師依住二年。於本分事多所啟悟。又從指月老人受經論。歷參祝聖無凡高安兩上人。詣衡州西禪寺。聽耳西法師講楞嚴。於是禪教皆有根底。宣統元年己酉歲。以朝海來甬。遂留七塔。歷事慈運老人及岐昌法師。皆任以要職。凡住七塔者八年。與僧晉首座有緣。得傳法印。鄞南看經寺者。古名刹也。久頹廢。請師住持。師以全力重興。前後役歛鉅萬。凡一瓦一石。必使位置安好。故看經今有彌勒樓閣之稱。師戒律精嚴。行持卓越。曾朝禮四大名山。遍參宗匠。而於培養人才。出自天性。後進志學者。皆獨力資助之。所成就者。多佛門法器。法徒五人。剃度徒一人。皆分別遣之求學。或遠至數千里外。所費歲甚巨。師無少惜。民國念五年冬。繼溥常和尙爲七塔主持。七塔舊有報恩佛學院。以欵絀故。常從簡略。師喟然歎曰。佛法之盛衰。關於教育之得失。今何世也。而可以簡略誤靑年乎。遂一切詳悉攷慮。變更整理之。或以支絀爲言。師毅然以籌欵自任。學僧聞風。自遠方雲集者接踵。師預計三年中將重修大殿。創造延壽堂。改造學院。蓋欲以經營看經之心力移之七塔也。其志願可謂宏矣。師爲人慷慨有大略。凡舉事必期於成。有困難者。雖千金貸之不復追問。而局度雍容。虛懷善下。尤爲圓領中所僅見云。

報恩堂宗譜序

圓瑛

夫拈花一笑。妙契佛心。面壁九年。高提祖印。不立語言文字。教外別傳。直接上根利智。當下頓證。由是一花現瑞。五葉流芳。宗風振丕於中華。法乳遠注於臨濟。而我七塔報恩禪寺傳臨濟正宗第三十九世　先師慈運老和尙。從光緒十六年。入寺中興。甫拾稔而叢林之規模全具。傳法四十八人。或主持法席。多皆爲匠爲師。或分化諸方。到處宏宗宏教。法門既廣。須溯流源。宗譜未成。莫知系統。何幸而有溥常法兄。不惜精神。發心登記編成宗譜。印發執持。俾同系共仰祖庭。常住盡明支派。本寺既定為法門選賢叢林。而宗譜為不可少之事。茲既編成。囑余為序。祇得略敘緣起如此。

民國二十四年春報恩退隱圓瑛宏悟謹序

報恩堂宗譜序

智圓

夫日星之光。俱麗天上。江河之水。同歸海中。是故樹大分枝。終不離乎根本。人多分派。當勿亡其法源。而我七塔報恩寺。創始於唐代心鏡禪師。初名東津禪院。繼號棲心禪寺。宋祥符元年。復賜額崇壽。明洪武年間。又更名補陀。歷千數百年。興衰靡一。廢而復舉者。不知凡幾。迨至清季光緒十六年。我師慈運老人授住以來。力圖建設。百廢俱舉。並親詣都中。請頒龍藏。蒙恩賜額報恩禪寺。自此規模宏偉。足增東浙之美。宗風遠播。悉種西方之因。法門鼎盛。甲於諸方。衣鉢傳繼。已達四十八人。子孫蕃衍。實逾數千百衆。散處他方。各與法席。道德之隆替不一。人物之代謝執稽。若無正當之系統。難期永久之榮譽。此固宗譜之待修。實有不容稍緩也。今者本寺住持溥常法兄。道行高遠。學業宏富。歷主諸方法席。久爲法門欽戴。因有鑒於斯。乃毅然興起。集法衆而會議。行登記之方法。歷時既久。始告成功。復立法規。以杜流弊。俾後進之賢者。有所依據。而邪疵放癖之徒。勿容混跡。斯誠法門之善舉也。余喜本寺宗譜之成立。復感溥兄之偉德。爰不揣鄙陋。略敘數語。以紀其大概云爾。

民國二十四年春月智圓宏一謹述

報恩堂宗譜緒言

溥常

溯吾教主釋迦牟尼佛。應機示現。誕生西域。十九出家。三十成道。始從鹿野苑。終至跋提河。經歷四十九年。演說十二分教。隨根利導。頓漸兼收。迨至法華。普與授記。極暢本懷。復於靈山會上。拈花示衆。迦葉尊者。領悟心宗。傳持正法眼藏。爲西天第一祖。直至二十八代菩提達摩大師。航海而來。宏揚教外別傳之旨。不立語言文字。直指人心。見性成佛。以爲東土第一祖。名曰宗門。傳至六世。而有曹溪大鑑惠能禪師。其法特盛。分爲兩支。其一青原行思。思傳石頭希遷。遷傳天皇道悟。悟傳龍潭崇信。信傳德山宣鑑。鑑傳雪峯義存。存傳雲門匡眞文偃禪師。爲雲門宗。玄沙師備。爲偃同門友。傳地藏桂琛。琛傳清涼法眼文益禪師。爲法眼宗。遷之支出藥山惟儼。儼傳雲巖曇晟。晟傳洞山良价。价傳曹山本寂。爲曹洞宗。其二南嶽懷讓。讓傳江西馬祖道一。一傳百丈懷海。海傳黃檗希運。運傳臨濟慧照義玄禪師。法運更昌。爲臨濟第一代祖。海之支出潙山靈佑。佑傳仰山本寂。父唱子和。爲潙仰宗。以上自曹溪而來。宗門爲五家派別。茲浙江鄞縣江東七塔報恩禪寺。嫡傳臨濟正宗。自臨濟初祖第一世。傳至三十世。明州天童密雲悟禪師。傳林野奇祖。爲第三十一世。述法派偈。行大源遠等十二句。傳至三十九世。我先師慈運慧老人。爲本寺中興。光緒間進北京請藏經。賜寺額。名報恩禪寺。自此報恩堂上。傳宏字四十八支法嗣。各各宏化一方。分燈續燄。綿綿不已。而報恩祖庭。留名登記。爲不可少之事。因立報恩堂宗譜。百丈云見與師齊減師半德。見過於師。方堪傳授。斯時也。法道垂秋。人心不古。其或趨向偏邪。師徒授受。難免有混亂法門處。不得已於民國二十三年夏正十月初六日慈祖誕辰召集諸法門。成立宗譜登記議決法規。杜絕流弊。令後之賢者。遵守毋忽。特述顛末云爾。

報恩堂法規

第一條 報恩堂上嫡傳臨濟正宗。由天童分派。遞傳第三十八世雲龍堂上。普洽皓祖承嗣而來。

第二條 凡求法者。師徒授受。以心印心。相敬相愛。尊崇道德節義。始終誠信不二。經云。信爲道源功德母。長養一切諸善根。

第三條 凡求法者。既付與法卷。當索取報恩堂法規一卷。俾知法派源流。愼重保留。敬遵祖規。

第四條 凡受法者。當向祖庭登記。於中興慈祖像前上供。設如意菜。通白大衆。豐嗇隨便。不可缺少。至若辦齋幾筵。費用太重。有心發心結緣。亦不妨隨喜。

第五條　或有遠方他處授受者。須請代表寄上如意菜上供等費。及四寸小照片寫明通訊處。請方丈登記。付給報恩堂法規一卷。當保留敬重。以爲憑證。

第六條　既得本堂法卷。不敬師尊。再行轉拜本堂法親。擅自收錄。紊亂秩序。失信生嫌。授者受者。悉皆開除法籍。

第七條　得法後有不守淸規。違犯國法者。各自承當。與法門無涉。倘受刑事處分。應由法門審察。從嚴辦理。

第八條　凡有侮慢本師及法派尊長等。當報告方丈。召集法門。秉公理處。輕則議罰。重則開除法籍。

第九條　法門一家。發生細故誤會者。當請公正法長。勸解調停。無傷和氣。或有恃强欺壓良善者。各法長當合力援助。

第十條　法眷中有被外界欺侮侵害者。審其事實情理。尊崇公正。當爲援助而保護之。藉此團結。保障法規。

第十一條　本寺方丈。召集法門公選。凡入門者。均有選舉被選舉之權。倘有品行不端。亦得公議而停止之。

第十二條　凡法門中有隨時發生弊端。損壞祖庭名譽。得由方丈召集法門公同決議而處分之。

第十三條　本法規於民國二十三年。古歷十月初六日。慈祖誕辰。成立宗譜。全體通過發生効力。如有未盡事宜。得由法門會議增改之。

以上法規各宜愼重。

第　　代法嗣　　謹遵

中華民國二十三年國歷十二月十二日／古歷十月初六日公布實行

民國　年國古歷　月　日給

歷任住持年表

慈運長老于清光緒十六年入院。是爲中興第一代。寺務之設施與策劃。悉躬任之。住持一職。則由法子代理。迄至宣統二年。長老圓寂。嗣後住持之地位。始眞除矣。

清光緒十六年	本來
清光緒十七年	本來
清光緒十八年	一禪
清光緒十九年	一禪
清光緒二十年	一禪
清光緒二十一年	達光
清光緒二十二年	達光

清光緒二十三年　達光
清光緒二十四年　本來
清光緒二十五年　賢兆
清光緒二十六年　賢兆
清光緒二十七年　賢兆
清光緒二十八年　蓬萊
清光緒二十九年　蓬萊
清光緒三十年　蓬萊
清光緒三十一年　自眞
清光緒三十二年　自眞
清光緒三十三年　自眞
清光緒三十四年　行規在位八天圓寂

谷莽

清宣統元年　谷莽

清宣統二年　谷莽以上均代理住持

清宣統三年　岐昌

民國元年　岐昌

民國二年　岐昌

民國三年　道亨

民國四年　道亨

民國五年　道亨

民國六年　僧晙

民國七年　僧晙

民國八年　僧晙

民國九年　智圓

民國十年　智圓

民國十一年　智圓

民國十二年　常西

民國十三年　常西

民國十四年　常西

民國十五年　覺圓

民國十六年　覺圓

民國十七年　覺圓

民國十八年　圓瑛　四月上任

民國十九年　圓瑛　冬月改就天童寺方丈選舉本舟繼任

民國二十年　本舟

民國二十一年　本舟

民國二十二年　本舟

民國二十三年　溥常

民國二十四年　溥常

民國二十五年　溥常

民國二十六年　指南

〔附記〕宗譜源流詳記各法眷年籍。出家。受具。授記。事略。唱滅。法嗣七項。已成七塔報恩寺宗譜一書。是卷則略其表系而重于文字。可互相印證也。

七塔寺志卷之五終

七塔寺志卷之六

四明陳寥士纂

志法要

（宋）

天目禮禪師重裝心鏡禪師像開光法語

心鏡僧伽飾舊容。分明五彩畫虛空。要知空作何形段。只在如今一點中。且道是那一點。以筆作點勢云。開眼也着。合眼也着。

（清）

八指頭陀爲慈老人起棺法語

八十年中海內師。趙州古佛德堪追。秋風忽動西歸興。黃菊無情也淚垂。恭維長庚退席。七塔中興。慈公老和尚誕質湘潭。披緇江右。徧參煙水。久歷風霜。卓錫甬東。浮杯海上。莊嚴萬善。總持一心。道俗翹誠。人天推出。宏法太白。中興報恩。清澄碧海。光應形庭。頒請龍藏還山。光揚象教。四衆歡騰。八部交讚。此猶是世諦流布。未足爲老人頌。惟其爲法爲人。慈心濟物。四來不拒。一粒同餐。有求皆應。無願不從。年逾八秩。道播十方。義龍律虎。俱出其門。春蘭秋菊。各擅其美。眞所謂喜捨慈悲皆具足。福德壽考悉俱圓。生榮死哀。舉世無匹。第當此魔强法弱之時。僧寶云亡之際。耆舊彫謝。誠我法門之不幸也。雖然如是。衹今起棺歸天童入壙。又作麽生。更無黃葉隨風舞。惟有青松夾道迎。卓柱云起。

又入壙法語

這座無縫塔。誰能請樣描。浮根俱已謝。神理豈能超、幽坑一以閉。千年不復朔。惟有無影樹。千條復萬條。

又對靈小參法語

如華嚴經所明十地菩薩。於六波羅密。各有偏多。餘非不修。但隨力隨分。敬安則謂我慈老和尚於萬行門中。惟德最勝。更難得者。一生不矜己長。不談人短。喜成人以德。濟人之困。爲人忘己。損自益他。處逆若順。遇險而安。其肚量寬宏。若太虛之廣。不拒諸有。如大海之深。不拒衆流。故能建大道場。作大佛事。福壽全歸。唯德所至。回憶敬安在跨塘庵閉關時。持過午不食戒。時過不吃。惟老人來庵。即爲取表定時。時至親持鉢飯碗羹。送入關房。有病爲調湯藥。慰問備至。此猶令人銘心刻骨。不能忘者。今秋七月。至七塔問疾。老人含笑謂敬安曰。與爾相交四十載。今將長別。嗚呼。不意竟成讖語。桑梓情深。今已矣。雲水年邁。更何依。

又祖堂入牌位法語

一切法無生。一切法無滅。我佛大沙門。常作如是說。於此會得。慈老人八十年前未曾生。八十年後不曾滅。既不曾生。又不曾滅。則昨日靈柩入山。全身入塔。乃成靈設。是故當知聖人於無生滅中。示現生滅。求其生滅之跡。了不可得。譬如日生於東。而沒於西。日果東生而西沒乎。仲尼川上歎曰。逝者於斯。未嘗往也。肇法師又曰。江河競注而不流。即不生滅。亦成剩語。良久云。萬古碧潭空界月。再三撈漉始知休。伏維尚饗。

（民國）

諦閑老法師上堂法語

師拈杖云百歲韶華一刹那。無邊煩惱盡消磨。惟公親證無生忍。大用繁興海湧波。諸上座須知

中興報恩堂上慈運慧祖老和尚原非生而現生。住世八十四年。繼往開來。悲與慈運。太白拈提豎拂。甬東法幢高懸。令未種者種。已種者熟。已熟者脫。堪稱根深果茂。源遠流長。本不滅而示滅。待機一十六載。攝用歸體。入定安禪。先遊方便有餘。次臻實報莊嚴。後入常寂光土。可云惺寂雙流。眞常妙樂。今逢百齡寂慶。諸龍象大德。爲建

法界聖凡水陸普度大齋。所集殊勳。均資恩有。唯冀寂光常照。返駕慈航。接引迷流。同遊覺海。茲當

降誕良辰。乞本上座舉揚箇事。衆中也曾委悉者麽。良久拈拄杖云。老和尚現身了也。卓一卓云。法界藏身隨處現。溪光山色盡遮那。擲杖下座

圓瑛和尚冬至陞座法語

一陰增極一陽回。氣候循環任運推。變化密移人不覺。但看律管動飛灰。諸上座。陰陽遞改。一物不遷。歲序如流。一眞不動。即此不動不遷。爲諸佛之本源。乃衆生之慧命。萬化靡不資始乎此。古德云。有物先天地。無形本寂寥。能爲萬象主。不逐四時凋。若向這裏會得。始信江河競注而不流。日月經天而不動。其或未然。但見雲駛月運。舟行岸移。以輪迴心。起輪迴見。彼圓覺性。即同流轉。然既如是。即今冬至陞座一句。又什麽生說呢。卓拄杖云 當初只道茅長短。斫去原來地不平。

又除夕陞座法語

忙忙又是一年週。內外勤勞未暫休。祇見事從眼底過。不知全在此中收。有說每日從朝至暮。都是空過。與本人分上有何交涉。有說平時燒香換水。都是禪機本

地風光何處不現。據山僧檢點起來。許他各具一隻眼。何以故。動也得。靜也得。動靜雙離恁麽得。若向這裏見個親切。可謂靈光獨耀。法眼雙明。既然如是。即今除夕一句。又什麽生道。卓拄杖云今歲今宵盡。明年明日來。不生分別見。新舊絕安排。

又天童上堂法語

太白巍巍冠海山。紅塵飛不到禪關。天然景物玄機露。水自流兮雲自開。諸上座。水也雲也。與衲僧分上有何交涉。驀顧左右云。如若宗眼未明。法身未見。則水是水。雲是雲。自然打成兩橛。如若摸着向上巴鼻。了知水即性中之水。雲亦心內之雲。肇法師云。天地與我同根。萬物皆吾一體。在這裏見得親切。始信古人老婆心切。將無價寶藏。和盤托出。今者護法特請上堂。舉揚法要。且道作麽生指陳。卓拄杖云白雲豈在青山外。青山常在白雲中。

又七塔禪堂起七法語民國廿四年十二月十五晚

今朝七塔寺。重振舊家風。不落言思路。單提向上宗。葛籐都斬斷。但覓主人翁。忽於無覓處。覿面恰相逢。卓香板云起。

溥常和尚陞座法語民國二十二年古曆十一月十七日進院

和上拈香祝聖畢。斂衣就座。舉如意云。是日彌陀聖誕節。大地善信皆歡悅。新舉住持才陞座。且將如何對衆說。憶前金陵毗盧露醜。今住寧波七塔報恩。未免又作一場賣弄了。古人道。法隨法行。法幢隨處建立。殊屬自笑其不量耳。昔日法燈和尚云。山僧卑志本欲棲身岩竇。隱遁過時。緣因先師有不了底公案。出來爲他了却。時有僧問如何是先師未了底公案。和尚打云。祖稱不了。殃及兒孫。請問諸上座。且道過在甚麼處。還有能檢點得出麼。溥常老朽自愧。既承來賓道賀。兩序珍重久立。據此座。行此令。單單只賣死貓頭。無知咬着冷汗流。將此深心奉塵刹。是則名爲報佛恩。下座

又上禪堂起香法語

民國廿四年。古歷九月廿一日早二板。智圓常西兩退居。佛舟首座。嘉善後堂。圓成深悟智禪三堂主。并兩序僧俗近二百餘衆。分班站立。維那呼悅衆師鳴引磬。迎請和尚。

和上進堂。站中央。舉香板云。般若如大火聚。觸之便燒。又如清涼池。四面皆可入。七塔禪堂。今日宏開般若紅爐。煅煉法界聖凡。正所謂十方同聚會。個個學無爲。此是選佛場。心空及第歸。惟願兩序大衆。同心努力。豎精進幢。披忍辱鎧。舉起金剛王寶劍。一超直往菩提正路行將去。

又貼單法語。十月十四日

和上拈單條云。前月開始坐香。今朝期頭貼單。禪堂圍爐打坐。十方高人聚會。不分人我。彼此同是一眞法界。雖然如是。即今貼單成爲世諦流布。又作麼生。法華經云。是法住法位。世間相常住。和上分東西貼畢。復位。舉如意云。恭喜兩序大衆。謹遵六和遺訓。奮發無畏精神。豁開頂門正眼。下座

又結制法語十月十五日

和上拈拄杖云。今朝十月十五日。七塔寺裏結冬。比較往年大不相同。禪堂既已起香。須與大衆決議、不用諸位兄弟參禪。不用諸位兄弟會理。單單的不欲瞌睡。若也瞌睡。遠承滹陀嫡旨。近遭天童楖頭。一頓痛棒。打出骨髓。莫言不道。果然能得如是。恭喜兩序大衆。一超直入如來地。世界爾。衆生爾。塵塵爾。刹刹爾。念念爾。於恁麼時更無有異法。良久云。動靜閑忙。遮那妙體。卓拄杖下座。

又解七法語十二月廿一日

和尚云。臘月梅花開。經過霜雪來。七塔紅爐韛。煅凡成聖胎。今日選佛場。苦行不容易。天童一楖頭。痛打這箇賊。刀刀見痕。條條見血。賊賊看破汝。即今解七。又作麼說。雪山山下擁簑人。白牛一掣芒繩斷。大家辛苦好洗脚去。

又臘八陞座法語

雪嶺六年。弄巧成拙。出得身來。天空地闊。好事大家知。今朝臘月八。正覺山前明星現時。釋迦與大地衆生。一時成佛。祖師門下踐口道著佛字。漱口三日。先行不到。末後太過。各與三十拄杖。旁有不甘者漢出來本覺與人判斷。也合與三十拄杖。老僧今日與現前上座說。二邊不立。中道不居。正恁麼時作麼生會。要了就要了。瞿曇討煩惱。入山出山。自起自倒。夜來斗轉玉繩橫。不覺全身墮荒草。喝下座。

又元旦陞座法語 民國二十五年

和上執如意云。今朝正月初一日。大家都說彌勒生日。請唱一曲太平歌。摩訶般若波羅密。諸佛與衆生。本無優與劣。祗因迷不覺。妄心生分別。分別若不生。冷煖自知得。所以道彌勒眞彌勒。化身千百億。時時示時人。時人自不識。請問諸上座。那箇是彌勒。若能識得。當下安恬。如其未然。請聽七一老僧說些之乎也者。新年新月新日新時。恭喜兩序大衆。行住坐臥。吉祥如意。

又解制法語 正月十五日

和尚拈拄杖云。今朝新正十五日。且喜日輪正當戶。晝夜明明無間斷。只因時人不解顧。若能解顧。廓徹乾坤全體露。東西南北任縱橫。那事應須沒差互。叢林下衲僧家値此解制時。南天台北五台游歷參訪。聽其自由。且作麽生沒差互去。古人道。一寸光陰一寸金。寸金難買寸光陰。光陰本是非他物。青天白日笑吟吟。恭喜兩序大衆。各自珍重。

又退居辭衆陞座法語民國二十五年十二月十四日

和尙執如意云。念盡智明。玉壺引步。神虛鑑遠。寶鏡含輝。應萬化而無當。不墮諸數。湛一眞而獨照。不外餘塵。衲僧不慧。偶墮蚕緣。出應時去。就無非水雲姿。今日告退歸林壑。得便宜了。且便宜。諸上座。且作麽生是得便宜處。良久云。此後專爲自己事。年老不爲別人憂。

萬年規約目次

萬年規約。釋家憲律。量事區分。博約折中。後列諸目。成於溥常長老任內。並經智圓圓瑛二退居之參酌。終於粲然大備。條文浩繁。不及備載。欲窺全豹。待刊單本。撮其目錄。亦可知其梗概也。

七塔寺志卷之六終

七塔寺志卷之七

四明陳寥士纂

志產業

產業表

慈運老人接管以前之所有產業

置產年	產別	坐落地方	畝　分	附記
失考	宅地	甬東三四兩圖忠介街	〇一八、三〇〇畝	本寺
	田	鄞縣打石弄	〇〇三、五〇〇	
	田	鄞縣橫石橋黃龍港	〇〇六、〇〇〇	
	田	鄞縣大河沿	〇〇四、〇〇〇	
共計	地 田		〇一八、三〇〇 〇一三、五〇〇	

慈運老人接管以後之添置產業

置產年	產別	坐落地方	畝分	附記
光緒三年	田	鄞縣新塘沿	〇一一、九五〇畝	此田係光緒三十三年由岐昌法師助入
	田	鄞縣周家埭何家門口	〇〇九、〇〇〇	仝上
	田	鄞縣永南鄉諧嘉橋	〇一二、七〇〇	仝上
光緒四年	田	仝上	〇〇四、一〇〇	仝上
光緒二〇年	田	鄞東余隘	〇〇一、〇〇〇	
光緒二二年	田	鄞東金價橋	〇〇七、五〇〇	
	田	鄞東大封橋	〇〇三、〇〇〇	
	田	鄞東三眼橋	〇〇四、〇〇〇	

	田	鄞縣二都四圖俞浪岸	○○四、○○○	
	田	鄞縣二都六圖河圖廿港	○○三、○○○	
	田	鄞縣二都三圖楊家漕	○○三、○○○	（以上大封橋至楊家漕共一契）
光緒二五年	宅地	甬東四圖張官房門內後園	○○二、八○○	本寺
光緒二六年	田	鄞縣三都七圖打網壘	○○四、○○○	
光緒二八年	田	甬東七圖楊家墊	○○三、七五○	
	田	甬東七圖葉家漕	○○五、三七○	民國二四年建平房二九間佔地一、○汽車路佔地約八分（以上楊家墊葉家漕共一契）
光緒二九年	田	鄞東舒江岸	○二二、五○○	
	田	又長漕	○○三、○○○	
	田	鄞東上洋	○一一、二五○	

	田	鄞東界牌	〇〇四、〇〇〇	（以上舒江岸至界牌共一契）
	田	鄞東福明橋	〇〇四、〇〇〇	
	田	鄞東史家壩	〇〇四、〇〇〇	
光緒三〇年	田	鄞東低田下	〇〇三、〇〇〇	
民國三年	田	鄞東泗港	〇一〇、二五〇	
	田	鄞東童家橫	〇〇八、〇〇〇	
	田	鄞東葛家漕	〇〇二、〇〇〇	
	田	鄞東泗港前漕	〇〇五、〇〇〇	（以上童家橫至泗港前漕共一契）
	田	鄞東四港	〇二一、〇〇〇	
	田	鄞東洞橋港	〇〇八、八〇〇	

	田	鄞東田野王	○○三、○○○
民國四年	田	鄞東漁郎岸嚴家漕	○○二、五○○
	田	鄞東臯湯何家漕	○○八、○○○
	田	鄞東大繞	○○九、五○○
	田	鄞東樟樹橋	○○七、五○○
	田	鄞東馮家漕	○○三、○○○
	田	鄞東四澤橋	○○一、五○○
	田	鄞東高隆樂家漕	○○四、○○○ |（以上臯湯何家漕至高隆樂家漕共一契）
民國五年	宅地	甬東一圖下灰街	○○○、一九○
民國六年	田	鄞縣二十都四圖長漕頭	○一三、七○○

民國七年	宅地	甬東一圖百丈街	〇〇〇、一〇〇	
	宅地	甬東四圖忠介街本寺東首	〇〇〇、一〇〇	
	宅地	甬東三圖筲箕漕	〇〇〇、一〇〇	本寺
	宅地	仝上	〇〇二、〇〇〇	本寺
	宅地	甬東四圖忠介街本寺東首	〇〇〇、一〇〇	
民國九年	宅地	甬東四圖狀元坊屋後	〇〇〇、六〇〇	本寺
	宅地	甬東一圖新河頭	〇〇〇、一〇〇	
	宅地	甬東四圖狀元坊後	〇〇〇、三七三	本寺
民國一〇年	宅地	甬東一圖百丈街	〇〇〇、一〇〇	
民國一一年	宅地	甬東一圖新河頭教場弄口	〇〇〇、二〇〇	

民國一二年	宅地	甬東一圖小江橋下左首	〇〇〇、一八〇	朝東
	田	鄞東南張家堰	〇六八、五〇〇	
民國一四年	宅地	甬東一圖天后宮後街	〇〇〇、一〇〇	
民國一五年	田	鄞東南廟跟董	〇〇七、一四八	
	田	鄞東南南浦菴	〇〇三、〇〇〇	
	田	鄞東南應袁潘	〇一〇、〇〇〇	
	田	鄞東南畢家埭	〇〇五、七〇〇	
	田	鄞東南毛家漕	〇〇六、九三〇	
	田	鄞東南三橋	〇一一、一〇八	
	田	鄞東南大河沿	〇〇二、一八〇	（以上廟跟董至大河沿共一契）

民國一八年	田	鄞東寶幢鎮東喿庾山	〇一五、六一〇	本寺普同塔
	地	仝　上	〇〇二、四三〇	仝　上
	山	仝　上	一八〇、〇〇〇	仝　上
民國二〇年	宅地	甬東一圖小江橋	〇〇〇、二〇〇	朝西
	宅地	甬東一圖下灰街教場弄口匯角	〇〇〇、二〇〇	
民國二三年	田	鄞東童家橫	〇一二、〇〇〇	
民國二四年	河基	甬東一圖百丈街	〇〇〇、〇二五	
	宅地	甬東大河路	〇〇〇、一〇〇	
	田	甬東大墩徐	〇〇六、〇〇〇	
	田	鄞東寶幢鎮橫喿	〇一〇、九〇〇	

田	鄞東般隘	〇〇五、二五〇	
田	鄞東妙勝橋	〇〇六、五〇〇	
田	鄞東泗港口	〇〇五、九五〇	
田	鄞東陶家漕	〇一〇、六〇〇	
田	鄞東五都王	〇〇二、五〇〇	
田	鄞東徐村	〇〇二、七五〇	
田	鄞東漕河頭	〇〇二、五〇〇	（以上大墩徐至漕河頭共一契）
地	甬東杏楊東巷	〇〇〇、一〇三	
地	仝上	〇〇〇、三〇〇	
田	鄞東般隘	〇〇六、〇〇〇	

民國二五年	地	甬東杏楊東巷	〇〇〇、二五四	
	宅地	甬東四圖忠介街本寺東首	〇〇〇、一〇〇	
	田	鄞東泗港	〇一八、三〇〇	
	田	鄞東田野王	〇〇二、四〇〇	
	田	鄞東童家橫	〇〇七、五〇〇	（以上泗港至童家橫共一契）
	田	鄞東泗港鵝脛匯	〇〇五、五〇〇	
	田	鄞東丁家弄童王	〇〇六、五〇〇	
	田	鄞東田野王	〇〇八、七〇〇	（以上鵝脛匯至田野王共一契）
	田	鄞東鵝脛匯泗港	〇一九、五〇〇	
	田	鄞東童家橫	〇〇四、〇〇〇	（以上鵝脛匯泗港至童家橫共一契）

	田	鄞東鵝脛匯	〇〇六、〇〇〇	
	宅地	甬東三圖筲箕漕	〇〇〇、九四六	本寺
民國二六年	田	鄞東石山弄	〇〇五、三五〇	
	田	鄞東鹿山頭	〇〇三、九〇〇	
	田	鄞東鍾家沙	〇一五、三〇〇	
	田	鄞東田洋村下車橋	〇一三、〇〇〇	（以上石山弄至下車橋共一契）
	田	鄞東五鄉碶	〇一七、四〇〇	
	田	鄞東邁齡	〇一〇、〇〇〇	（以上五鄉碶至邁齡共一契）
	宅地	鄞縣一都十圖	〇〇二、二六九	
共計	地 田		一九三、九七〇 五八〇、三四六	內山一八〇、〇〇〇

管有外埠之產業

置產年	產別	坐落地方	畝分	附記
光緒二〇年	宅地	江蘇上海縣南市二四保方一二圖陳家港	〇〇二、八六五畝	名紫竹菴又名七塔寺下院即現在半淞園之右首
民國二年	田	本省奉化縣忠義鄉武舉洞彌陀菴	〇二〇、〇〇〇	
共計	地 田		〇〇二、八六五 〇二〇、〇〇〇	
三表統計	地 田		二一二、八六六 六一三、八四六	內山地一八〇、〇〇〇

民國二十六年五月　日

七塔寺志卷之七終

七塔寺志卷之八

四明陳寥士纂

志藝文

重陽後一日偕水月上人登慈谿驃騎山　　敬安寄禪

重陽後一日。結伴此登臨。萬壑白雲滿。千山紅葉深。寒潮明遠浦。疏磬散空林。憑眺斜陽裏。茫茫愁古今。

懷明州皈依長老

太白峯前聽法回。寒梅二十度花開。何時七塔橋邊寺。重禮明州布袋來。

寄水月法師

憶昔天台訪赤城。與師芒屨踏雲行。何堪一返衡山錫。草木蒼黃十二更。以上三首見八指頭陀詩集

丁丑春太白慈運長老退歸鎮海萬善寺因贈

芒鞋竹杖歸來日。山色泉聲悵別時。但願人天更推出。長庚依舊侍吾師。

戊寅春日懷慈運長老

春風吹雨日凄凄。風雨懷師欲寄題。遥憶青青江岸上。（用白句）幽齋新築與雲齊。（時師重修萬善寺）

代皈依和尚輓陳建科先生（三首）

陳搏本是地行仙。小謫人間七十年。忽聽秋風動歸思。騎龍飛上太華巔。

苔岑誼重最難忘。倚着斜陽欲斷腸。曾記黃梅細雨節。爲余親到白雲鄉。

尙有行蹤在綠苔。一回相見一回哀。茅堂晝靜松風起。猶似先生杖履來。（以上五首見嚼梅險藁）

寄水月法師

一別明州歲屢更。湘雲海月若爲情。思君直到無聊處。醯利摩訶唱幾聲。（此爲八指頭陀集外稿）

感懷　岐昌水月

六十年前一息孩。今辰初次出娘胎。嗷嗷待哺餘無曉。嗳嗳如言孰可猜。轉眼光陰人面老。回頭世事我心灰。彌陀若現西方境。下品下生亦善哉。

吾人惟壽小陽天。花甲云周月正圓。漫道李君還在腹。若論顏回尚壽延。彭殤由命更何說。順逆自召莫問禪。爲報高明須着意。蓮池多種池中蓮。

娑婆堪忍苦衆生。誰把將身比老彭。得意能經幾歲月。却情不隔一毛莖。眼前未悟刀頭蜜。事後始知暗裏兵。從此是非請莫辯。彌陀句句作章程。

當初一念失圓明。衆苦因緣若作城。順耳惟聞半句好。累身多被三分情。人尊人辱何須論。我是我非仔細評。了覺浮生如幻夢。毋勞濟濟祝長庚。

生日書感　岐昌水月

高賢爲我慶長庚。誰識長庚此日生。還望吾翁臻福壽。法門永永作干城。

靜意焚香拜地藏。爲先考妣託生方。少時課讀功堪竣。行超尊前晉玉觴。

多生輪跡苦娑婆。何必區區廢蓼莪。能把此身歸淨土。蓮胎九品壽彌陀。
原夫生滅本虛空。法性眞如體自同。怎奈幻人多說幻。夢中猶唱大江東。

和岐昌大和尚感懷　向錦峯

秋風蕭颯爲誰來。驚覺鄉思夢一回。最愛虛心如淡竹。調和聖水作鹽梅。慈悲有願惟明性。忠恕無違亦化災。今得清癯除癖法。自慚乏報益徘徊。

題自繪達摩祖師像　蓮生湛然

西來誰信渡江難。波浪蕭蕭一葦寒。面壁十年緣底事。這回丟掉破蒲團。

題自繪觀音像　蓮生湛然

妙圓通體超諸礙。量等虛空含法界。盡十方空一普門。塵塵大悲觀自在。

恭步水月法兄原韻　圓瑛

隻鉢孤身西復東。祇圖及第悟心空。未知那日能如願。翻悔平時少用功。多藉熏陶沾化雨。常承照拂感春風。欲詢歲月蹉跎事。卅度青山綠樹叢。

謝水月法師惠狼毫　無名氏

縱横筆陣向稱雄。曾掃千軍立大功。多少披堅執鋭士。未傳不律不能通。
懷才抱異雖堪誇。恃在中書會一家。莫笑毛錐無用處。古人尚有夢生花。
養得才高道亦高。文情吐馥在揮毫。此時若遇知音賞。能使將軍解佩刀。

謝水月法師惠茶次原韻　無名氏

偶傍深山買樹栽。栽成香味勝於梅。欲知何處名茶採。但見雲迷百尺臺。
多情惠我莫能酬。洗盞深嘗憶蜀州。道是麥顆爲上品。詩人趁此話風流。

恭祝岐昌老人八十冥壽七絕四首　洛陽白馬寺德浩

古刹謫居數十秋。爲傳衣鉢且勾留。年來只恐塵氛染。佛國急歸不掉頭。
屈指歸眞已十年。水光月色兩悠然。一篇貝葉千聲佛。留與名山弟子傳。
人世滄桑幾度更。依稀江左梵鐘聲。茫茫苦海横流急。願化慈航度衆生。
愧我輪迴墮刦灰。神州莽莽等閑來。平生未遂從遊願。聊向圓靈獻壽盃。

祝岐昌老和尚八秩冥壽　北京法源寺　梵月

四明鍾秀。挺生岐昌。靈根夙具。穎悟異常。從聞思修。動靜安庠。聲音和雅。梵韻鏗鏘。醒人迷夢。水月道場。慈運高足。剎海津梁。慷慨輸金。七塔發光。提倡教育。建立經房。救濟貧困。視民如傷。宏宣佛化。整頓僧綱。法音遠播。萬古流芳。十方欽敬。四衆稱揚。八秩冥壽。一瓣心香。瞻彼道景。佛壽無量。

追懷岐昌法師　陳寥士

法師參玄奧。了了明眞義。出家永豐菴。拄錫報恩寺。吾齋近咫尺。麈座常隨侍。冀晉川皖湘。雲遊無不至。涉江復渡河。五嶽橫胸次。蘇浙佳山水。更與通寤寐。光氣被四表。出言有清致。淵淵魏晉文。朗朗蘇趙字。所篤在道行。凡此皆餘事。圓寂忽十年。遺物惟經笥。我苦攖世網。精靈倘啟示。

送溥常和尚住持七塔寺　陳寥士

古剎往經過。高僧舊識多。三江流泙渫，七塔影嵯峨。衣缽傳薪火。聲聞出薛蘿。薜檀煙浮寶座。說法未蹉跎。

贈溥常法師　陳寥士

阿師本湘人。湘水琉璃碧。攜笻上衡山。孤雲曳雙屐。靜觀水簾洞。去住了無迹。聞昔初發願。春秋二十七。一聲阿彌陀。刦消八十億。金陵去毗盧。濵藏賴籌劃。窅窈琪瑯嬛。衣上波痕白。弘法來四明。駐錫到七塔。華嚴極微妙。寶如連城璧。九會說四分。奧窔盡宣斁。善我參法喜。招我飯香積。大年登古稀。講座笑譚劇。形獅行可師。諦公贊不易。諦閑上人曾作溥常法師玉照贊云其形如獅其行可師法門比龍象。白毫光四射。峨峨吉祥光。玄相慰虛寂。

與寥士采泉同游七塔寺訪溥常老人率贈　永嘉趙柏廎百辛

塵塵刹刹現圓通。不見魚龍護梵宮。虛費草鞋錢可惜。海南了不異江東。寺舊名補陀虔禮觀世音亦如南海諸刹

性海心光處處融。宗風能暢辯能雄。千門萬戶從渠指。都在重重帝網中。師通華嚴常以華

十玄六相課門徒博辯宏通在南北法筵中當爲希有事也

水有源頭蓮有根。砂盆無底養兒孫。分來滴滴曹溪乳。始信僧家解報恩。師方創宗譜寺

內設報恩佛學院即師所主持

滄海橫流辨道難。棲心何處覓心安。寺舊名棲心 勞師拈出金剛眼。重向毫端竪刹竿。

時有創修寺志之議

南朝多少名藍盡。塔影頹然恐未知。刦罅光陰原彈指。一千年後我題詩。唐大中十二年

分甯令任景求始捨宅爲寺至是千七十年矣

和作　　陳寥士

緜密人天消息通。誰能捨宅矗禪宮。佛光照徹三千界。讚歎何須吾道東。

偶擷二客證圓融。叅到華嚴大乘雄。一寸心波光弈弈。眞如便出客塵中。

七塔峨峨石作根。傳鐙都是佛兒孫。緜延一脈源流遠。中興從渠說報恩。

傳記荒疎考證難。鉤沈搜逸意初安。一編草創叢林志。邁進當如百尺竿。

壁間五百阿羅漢。刻自沅湘寶可知。文字馨香緣法在。摩崖唐碣共題詩。

和作　溥常

法法圓融無不通。眞風扇動飯王宮。趙州草履錢虛費。（君今應迹趙氏或者古佛再來）纖記大乘讓震東。

華嚴法界盡圓融。參透觀音道更雄。（明朝普陀觀音移此名補陀寺）深入一門能澈底。塵塵刹刹在其中。

學佛原來重信根。門庭設施見兒孫。大王餚膳充禪悅。檀護皈依報四恩。

大海浮漚休話難。身心看破定知安。天龍一指深深意。重進直超百尺竿。

伽藍興替莫奔馳。業感衆生亦自知。文字因緣時節至。請君才筆賦新詩。（本寺志乘正在集議起草）

和作　鄞周湜（采泉）

四望清流與海通。黃金爲闕玉爲宮。當年縱被紅羊刦。塔影依然夕照東。

手注華嚴一貫融。精神矍鑠道方隆。此生悟到前身事。舍利應留石鼓中。寺中有唐代石塔一形如石鼓旁列欵識云是補陀寺前身師既重新佛殿築龕奉塔參拜甚勤舍利事詳心鏡禪師傳

枝枝葉葉護靈根。輪與幽禽長子孫。共託佛門沾雨露。誰言花木未知恩。

自笑芸芸覺世難。心無罣礙尚清安。何當脫去三千刦。妙諦潛參百尺竿。

永嘉居士明州客。待詔風流舉世知。佳句爭傳齊唱和。紗籠應護紀遊詩。

胸中超豁參寥子。頰上蒼髯蘇長公。莫怪老來忘歲月。壁間禪杖已如龍。意有未盡附呈一首

和作　　永嘉　鄭伯熴碧琅

行樹明霞處處通。樓臺七寶梵王宮。悠悠千載莊嚴地。依舊崔巍浙水東。

一顆心光萬炬融，妙蓮舌壓百夫雄。翛然省識闍黎面。宛在毗盧莊海中。師能華嚴玄旨其詮釋精到處一時奉爲圭臬

漫計仲尼眞弟子。達摩畢竟有兒孫。昔饒德操祝髮後贈人詩有要做仲尼眞弟子須參達摩的兒孫句報恩七塔

分明在我媿平生未報恩

我道支持事卻難更誰盜次覓心安寺之初祖心鏡奐禪師當劇寇肆掠祖安坐入定不爲動盜因驚悸而退嗣寺更名爲棲心相看一點傳薪火又仗阿難豎刹竿師近方纂修寺志

前世德雲今我是爲言來去渺難知山僧定罷還長嘯笑指東坡壁上詩百辛夙耽禪悅而牢愁綺思又往往託諸險咏膾炙人口不啻今之東坡

和作　　澹雲

聖境無門道可通行來處處琉璃宮樓臺百八鐘聲裏七佛道場彼岸東

一念精明萬法融惺惺寂寂觀心雄三千妙境宛然具生佛同居空假中

色身虛幻死生根無量刦來作子孫骨肉皮毛徧世界教人何處報親恩

下手工夫誠所難時長月久易心安西風掃盡秋雲影慧日高懸百尺竿

心鐙到處任人續祖意從來非我知秋水長天明月夜不勝千遍讀君詩

余與溥常長老邀同胡蒙子朱別宥楊端盧童次布趙百辛王玄冰王式墉

袁孟純周岐隱周朵泉宋少芬謝岐山楊蟬潛集七塔寺即席分韻得明字　陳豪士

前宵已失中秋月。古刹還同佛火明。遯世高蹤問瓶鉢。漫天涼意透簾旌。早供隔海觀音像。試叩開山祖塔名。文字他年留掌故。曹溪分乳拓源閎。

集七塔寺分韻得侵字　鎮海　宋少芬

梵宮花木閟秋陰。入室同聆微妙音。法界能空人我相。詞流合獻短長吟。擬修寺志生宏願。崇闡華嚴見苦心。一醉上方懽喜甚。歸程何慮夜涼侵。

集七塔寺分韻得機字　象山　謝鳳鳴岐山

風塵回首欲忘機。偶到禪房叩竹扉。悟徹水雲無去住。看來獅象有神威。聽經尚恐天花着。揮麈常聞玉屑飛。此是東南吉祥地。零文墜獻得朝暉。

集七塔寺分韻得尤字　奉化　孫詒兆梅

已過中秋徒月朗。自孤佳約欲誰尤。是夕余因事未到　因緣已許追蓮社。文字相期託緇流。千載東津風未歇。一航南海迹仍留。亂離何處棲心着。還問稀年老比丘。

集七塔寺分韻得青字　鄞　周　湜采泉

亭亭塔影長無恙。穆穆叢林想舊型。再世中興初發願。七旬弘法自延齡。舉頭明月瓊樓冷。獨立蒼茫宇宙青。翰墨姻緣千古事。文星常護老人星。

集七塔寺分韻得中字　鄞　周利川岐隱

幾日秋風秋雨中。蕭條詩意寄疏桐。忽逢勝會招多士。更喜清徽接遠公。滿座靈龕藏舍利。玉毫金粟擁禪宮。東津覺岸猶堪識。七塔斜陽立古紅。

集七塔寺分韻得灰字　鄞　楊貽誠菊庭

須彌彈指見樓臺。一偈能呼石壁開。十二因緣眞亦幻。三千世界坐成灰。心空八垢山同壽。花雨諸天春自來。選佛場中添鶴算。東津七塔共崔嵬。

春信先傳嶺上梅。戒燈續焰不生灰。高山仰止乘風注。流水清潺破浪來。覺路金繩開彼岸。迷川寶筏渡蓬萊。慈悲即是長生術。何必銅盆露一杯。

集七塔寺分韻得筵字　奉化　楊受乾九一子

胡意今宵也列筵。拈來韻字我居先。無心茹素難成佛。有酒放狂且學仙。變化無窮身五百。陰陽不測界三千。相隨一劍淩空去。冲向句東萬里煙。

人到知幾始學禪。坡翁心事我知先。金山玉帶遺元老。丹井銀砂亦散仙。梅月初升標塔影。樓臺直上與雲連。檐前鳥雀常相聚。爲聽眞言繞法筵。

集七塔寺分韻得蕭字　蕭山　朱鼎煦

天風吹葉影蕭蕭。道侶招邀破寂寥。薏苡當珠記遺事。琉璃勝月共秋宵。依然金碧補陀寺。莫念滄桑崇壽橋。鴻雪偶同香積飯。淸言便覺俗塵超。

集七塔寺分韻得元字　鄞　王玄冰

道場花雨散繽紛。歷刧如何報佛恩。杯渡錫飛知有自。海南一脈溯根源。塔影玲瓏涌寺門。眼前突兀現崐崙。開山古蹟分明在。始信靈光魯殿尊。遠公入座留高躅。文暢能文豁智門。緇素品流原一氣。因緣如是夢堪溫。

丈室留賓茗椀溫。筍蔬餘味齒齦存。南衡法席蓮花社。定作華嚴會上論。

集七塔寺分韻得魚字　溥常

且看中秋月影虛。文人邀請蹔停車。素筵暢敘逃禪者。冷句高吟本性如。唐代神僧留古刹。甬東名士續新書。報恩修志時當至。靜聽雲間響木魚。

集七塔寺分韻得鐙字　趙柏廎

眼明初見唐朝寺。欲下南詢拜未能。寺爲初唐古刹舊名補陀主僧溥常長老精究華嚴玄相重重媿未能津逮也公案從頭翻一宿。長老因詢里居因及永嘉直覺禪師化迹毗盧彈指攏千層。溥公曾主金陵毗盧寺深憂錯鑄微塵刦。法喜眞傳無盡鐙。寺有法喜社辛苦閉門分佛火。胸中海嶽尙稜嶒。寥士所居與寺隣修志之議君倡之最力

集七塔寺分韻得虞字　嘉善　胡蒙子

朱霞一片飛天半。禪悅調和香積廚。畢竟元龍有豪氣。拓開丈室灌醍醐。交游方外見眞吾。致說參禪學大蘇。最是雲居元長老。詩壇相與共馳驅。

般若有三文字。從知翰墨梵華俱。莊嚴古刹千秋史。結集因緣熟也無。
金相巍巍丈六軀。現千手眼繞瓔珠。心殷皈命身膜拜。恍入天南示跡圖。
弈葉相承迅似駒。梵宮依舊列康衢。慢云數典先忘祖。靈塔巍然峙德隅。
蜩螗世事付嘻吁。逃墨逃儒作佛徒。學到空王空色相。自他化度兩無虞。

在報恩佛學院觀南嶽志題一絕句　陳寥士

雲開七十二芙蓉。誰曳昌黎去後筇。（韓昌黎有至衡山晦冥默禱開雲故事）萬古南天擎一柱。祝融峯上更無峯。

在報恩佛學院觀九華山志題三絕句　陳寥士

九華四萬三千歲。不遇長庚有若無。自錫佳名成勝境。白雲無際湧浮屠。
九十九峯青未了。考工曾記駐池陽。白綾半臂今何在。日對煙鬟作澹粧。（往歲在池州辦鑛日對九華山）
奇秀當年驚夢得。良知於此發陽明。高僧大哲遺蹤在。一杵鐘聲度化城。（寺名）

禪堂發起坐香 幷引

民國廿四年古歷九月廿一日早二板起香智老等二百餘禪僧雲集一堂偶咏七律錄呈寥士先生賜和　溥常

大冶紅爐是日開。聖凡煆煉脫塵埃。棲心寺額明今古。選佛場中識去來。禪定幽深棱路細。智光澄照夜船回。木樨花放聞香曉。梅子阿誰話熟哉。

七塔寺坐香法會溥常長老有詩索和因次原韻　陳寥士

三寶莊嚴法相開。非非鏡樹絕塵埃。誰同古刹參禪去。欲拜高僧入定來。玄味靜聞香細細。圓光初現影回回。此身寂寞無人我。方外聯吟亦快哉。

溥常上人發起坐香會出示大作文情並茂爰次原韻奉和拜祈溥老指鍼　鎮海 張崇黻

古刹棲心勝會開。唐時寺名棲心 天風吹盡法堂埃。蒲團趺坐從今日。蓮座高登期後來。聞覺花香知佛近。行成路轉悟峯回。待觀八萬四千竅。豁放光明大矣哉。

和溥師方丈禪堂坐香原韻　江寧　黃燧元　夢度

山門彌勒笑顏開。選佛場中絕點埃。身似菩提非有樹。心如明鏡又誰來。惺惺看破娘生面。莫莫了知母夢回。語默法門眞不二。報恩禪坐歎奇哉。

憶七塔寺自眞和尚　慈谿　錢三照　古靈

三生石畔認前緣。一別光陰已六年。（庚午秋自老曾至文溪淨圓寺爲定華書記封關）此後相逢不相識方袍大袖頂圓圓。（近聞自老已圓寂矣因作此詩弔之）

詠七塔寺軼聞　錢三照

木魚聲徹五更天。踏遍江東破曉烟。六十年前七塔寺。周婆護法最心堅。（江東迎春街內周文學之母每夜五更沿路敲木魚爲七塔寺募緣）母賢子孝更難爲。風雨雞聲持傘隨。（周母敲木魚其子持傘隨後護之）十八伽藍添一箇。（伽藍神計十八位今七塔寺當再添一位周婆）還祈秉筆記芳規。（憶余十四五歲在江東親戚家每至五夜親聞周婆敲木魚聲又曾至周宅取外科藥適其鄰人大爭鬧而周文學呵呵大笑勸解之此吾所目睹者里人皆嘖嘖稱贊其賢孝因其籍隸丐戶無人爲之呈請旌表）

題塔乘三首　黃巖 王念劬 松渠

御溝來登勝妙堂。法音朗朗闡蕭梁。永熙散亂前聞佚。誰爲伽藍記洛陽。
普同七級舊嵯峨。一炬宏袾椎也無高杞不來常顯死。畚金五百費支梧。
文字不遭秦火劫。昆明倘有未寒灰。天人一切皆歡喜。曾侍玉皇香案來。

四明七塔寺志敘略 七塔寺即補陀寺寺前有七塔遂呼之以爲名其方丈溥常上人湘籍年逾古稀居甬與余大姪孫伯昂相友善出寺志節略相示徵文於余余閱之因知此寺即棲心寺也爰作詩一章以應之　諸暨 陳錦文

甬江之東有古寺。心鏡大師所創置。師從生時稟慧智。早歲出家抱大志。道曠佛門隆師事。朝嶽受戒三摩地。母念其遠常含淚。一目喪明疾難治。及師歸省來奉侍。瞽而復明若天使。誰謂人倫佛門棄。哀毀廬墓孝思至。院側妖神肆無忌。煽惑漁人任橫恣。師傳誠諭至再四。患絕湖中無他異。身詣五洩受秘記。千秋道統馬祖嗣。節度楊公爲疆吏。請師歸林者數次。建築精舍雲房備。任公捨宅推高誼。預兆異僧將遠蒞。異日迎師詢所自。果與預兆無異致。剡寇率衆二千騎。執兵晝入漫嘗試。師惟冥心參禪義。衆皆悸慑共退避。遠從神龍感異類。威鎮毒蟒澤廣被。天童山僧前生示。長壽宮中證果位。異香滿室天花墜。荼毘山下獲舍利。舍利若干顆聖瑞。白光上貫兼紅翠。弟子述狀請法謚。申奏九重沐恩賜。由是靈蹟傳奇異。香烟繁盛從此始。自唐迄今宏佈施。歷代勅封章纍纍。溥常上人承師意。託鉢補陀高蹤寄。德行高超工文字。創輯寺志求精緻。囑予姪孫書下貢。予也不文深自媿。足不能至心倍企。謹書尺幅相餽貽。

弔崇壽橋 并序　　溥常

本寺宋朝賜額崇壽清賜報恩俗名七塔民國廿三年冬寺前崇壽橋拆毀塡河造屋余於是時年近七十曾過此橋偶占四句以留紀念

崇壽橋中意自閑。兩邊塔湧列仙班。河溝彈指成街道。獨對華嚴解笑顏。對面街名華嚴

弄余於此寺講是經三年

過崇壽橋遺址和溥常上座　　陳寥士

橋名本與寺名同。寺改橋平萬刼空。惟有金剛身不壞。滄桑都在刹那中。

和溥師弔崇壽橋原韻　黃熯元

崇壽橋名莫等閒。宋大中祥符元年賜寺額曰崇壽兩邊七塔列成班。而今河塞關新政。梵宇猶存也改顏。今名七塔報恩寺

溥常老法師冢士老友招集七塔寺方丈室即席賦示同座諸子　王玄冰

暮雲飄瞥過城陰。緇素無嫌共盍簪。丈室茗談圓慧夢。法堂燈味沁禪心。給孤祇樹求多福。寺內附設報恩佛學院覺世迦陵自好音。欲爲靈山搜史實。追隨媿我力難任。

余與夢忍行者邀夢度百辛玄冰集七塔寺玄冰即席賦詩余次其韻　陳冢士

春暘無計破春陰。坎坷生涯筆暫簪。爲七浮圖尋舊獻。從三摩地證初心。醉騷病易貞孤寄。瘦島寒郊自好音。物外欣同香積飯。荒涼墜緒孰能任。

題禪堂起七　民國廿五年古歷十二月十五日　溥常

曹溪一滴水清涼。大地衆生不肯嘗。但把塵緣都放下。管教般若自馨香。拈花笑處心鐙續。擊竹聲中古路揚。今日報恩開巨冶。煅凡煉聖振禪綱。

丙子暮秋圓明講堂落成圓瑛老法師宣講觀世音圓通章出示七塔寺志命題　許聖妙

七塔巍巍峙甬東。香雲華雨護天龍。名藍聖蹟昭唐代。新志雄文紀溥公。圓照十方瞻化日。華拈一笑振宗風。喜聞法座雷音震。勝會靈山儼未終。

七塔寺志輯成孫厚均居士持節略來徵詩於余爰集悲華老人句以應

諸方禪悅浩浩地。圍坐今餘十八賢。嵩山蒲團依石壁。趙州拄杖指蒼天。三傳衣缽無南北。一喝機鋒有後先。撕打任他菩薩鬧。搬柴担水自年年。

贈溥常長老　芝峯

長老菩提偏解空。夜深浩浩月明中。安禪不計天花落。彈指能教頑石聽。佛性無分南與北。水波不別異還同。今人尚作古人事。一喝猶餘三日聾。

題七塔寺　　式昌瑞庵

萬井闐闠軌轍通。長虹橫駕甬江東。靈橋改造鐵質今始落成聲聞遠徹前朝寺。闤闠爭傳古佛宮。傳稱小普陀梵宇莊嚴欽哲匠。光緒年間慈祖重興修詞垂範記羣公。今年溥常和尚等發起創成志書剎竿南北遙相望。無限興亡感慨中。

七塔住持告退感言七首　民國二十五年冬月　溥常

報恩七塔滿三年。椰㮚橫檐去欲前。仰效高庵成古範。安置退居公推起艸載萬年部山非我有且爭先。庚山退居寮我先去住

江東七塔呼聲高。寺宇巍峨獨笑敖。三聖裝金開勝會。那時退隱謝同袍。十一月初八日開光圓滿日退位十七佛誕日新方丈接事

叢林興學說都難。經過八年出院刊。休話僧材容易得。自從主辦亦心寒。

追尋始祖是宗門。廿四年冬復本原。古寺棲心開大冶。典型了了至今存。

慈老冥言不速來。余在七塔寺夢見慈老人二次另行寫出自號夢忍愧通材。萬年規約今成立。宗譜志乘也已該。

傳戒未思震浙東。二十三年冬新戒六百有奇及僧俗護法一千二三百多可憐病苦始終窮。余與陳磬君擬修如意寮未果陳君有意難如願。儲欵希期重德充。開光餘欵存庫房候新方丈發心

住持佛事站人頭。嗔喜交加任去留。秉着良心何所畏。吟風嘯月共悠悠。

五十壽辰口占　圓瑛

自出娘胎五十年。幼專魯誥冠逃禪。未生面目何時悟。如幻身心半世遷。愛國猶垂憂國淚。悲時恒作感時篇。有人問我西來意。雲在青山月在天。

次寄禪長老登太白山韻　圓瑛

振衣臨絕頂。四顧落羣峯。親歷雲間境。誰探物外踪。詩情生遠黛。禪意入孤松。湛湛靈源水。千年有臥龍。

參禪　圓瑛

參禪直下達根源。聖解凡情兩不存。大道休從心外覓。湛然寂照便歸元。
返照心源萬境空。冷湫湫地起清風。忽然摸着娘生鼻。一竅通時竅竅通。
用心切忌妄追求。老實單提死話頭。任運施爲皆這個。騎牛何必去尋牛。
山窮水盡轉身來。迫得金剛正眼開。始識到家無一事。涅槃生死絕安排。

春日　圓瑛

萬象森羅本一心。分明直截報知音。堂堂露出眞消息。春滿人間花滿林。

夏日

綠樹陰濃夏日長。薰風殿閣起微涼。荷香撲鼻靈光耀。大道分明不掩藏。

秋日

梧桐葉落始知秋。佛法休拋世法求。消息不須旁處覓。直於落處究根由。

冬日

梅影橫窗夜氣清。輕風入戶暗香生。一簾月色當空淨。靜裏天機見物情。

七塔禪寺宗譜告成爲溥常法師誌喜　鄞縣陳雲汀

古刹開山溯唐代。鄞志東津禪院在。經歷五季幷四朝。計年於今千百載。開山師來自天童。徙龍鎮蟒顯神通。禪定晏坐折狂寇。寺改棲心旌德功。大中祥符紀元首。敕書賜額曰崇壽。自宋迄明沿革紛。古蹟猶堪尋其舊。永樂宣德迄康熙。大興建築整風規。寺前矗立浮圖七。七塔之名始此時。不幸阨運起洪楊。寇如蜩螗如沸羹。佛舍莊嚴遭洗劫。劫後空餘瓦礫場。善男信女重正始。周氏檀越賢母子。募建寶殿與山門。報功崇德配以祀。天使寶刹創中興。慈運慧祖繼傳燈。海單安衆拓常住。貝葉經繙三百僧。宏願經營大緇造。寺前七塔復完好。房廊殿宇次第新。三十餘年工程浩。叢林選賢廣法系。四十八人傳臨濟。緒統源流譜未成。慧祖大耋旋西逝。溥常上人繼法席。正本清源負其責。宏化分燈各留名。祖庭寶守連城璧。法船大願及吾兒。方便慈悲頌父師。不計工拙抒崖略。珍重長留紀念辭。

送指南和尚住持七塔　竹林聖眞

夫夷水自越城來。武緯文經產異才。咸同之際何雄哉。道人有道別有懷。少薄軒冕超塵埃。誓闡大法親如來。四明奇峯繞四圍。佛光充滿音如雷。道人東來應化機。看經廿載功巍巍。樓閣絕出蘭江隈。往來衲侶歡聲恢。猗歟七塔精藍魁。祖席賡續需良材。惟公天眷人所推。西來大法今式微。要憑龍象大力回。願公一展平生懷。高提祖印登春台。

贈指南和尚住持七塔寺　奉化　袁惠常孟純

僧侶孰風流。指南第一儔。看經皈佛法。七塔繼前修。雨霽雲藏鉢。天清月滿樓。莫論談禪意。鳥雀亦幽幽。

前題　王宇高

釋氏知儒者。於今得指南。談玄心自寂。習靜味能覃。貝葉晨霜秀。曇華宿露涵。鐘聲與梵語。隨意入雲龕。

前題　孫詒

體魄誰無念。指南獨忘身。菩提成善果。彌勒證前因。放唾天花落。揮風野草春。衆生望彼岸。急待渡迷津。

前題　楊受乾

誰氏知途徑。沙門有指南。白雲垓下駐。明月塔尖含。清淨塵根六。皈依摩地三。八功池裏水。應與衆同甘。

前題　陳家士

名著看經。光增七塔。繼武高僧。其儀不忒。心鏡開山。代有明德。我爲之志。略具典則。願公光大。永傳衣鉢。

前題　式昌

寶座高懸待若人。栴檀香透紫衣新。登台一喝雲來集。花雨霏霏大地春。

指南和尚住持七塔進院爲賦長歌　報恩佛學院　諦聞等

院長來。歌棫樸。得人有慶馨香祝。歌棫樸。院長來。莘莘學子心懷開。學子寒。院長煦。學子飢。院長哺。學子迷。院長導之。楩楠杞梓一一親鋤栽。鬱爲他年棟樑材。恢宏大法徧九垓。千秋祖席甬之涯。繼茲席者需雄才。院長出世緇門魁。峨峨七塔生光輝。豈獨學子歡如雷。竚看法雨灑作潮聲豗。

七塔寺志題後 調寄沁園春　大悲

福地明州。心鏡禪師。始飛錫來。仍慈雲古剎。東津寶蓋。香煙大士。南海蓮臺。赤水灰飛。丹山石老。雲梵年年海宇開。領乾淨。棲心精舍。不染塵埃。　崔巍七寶安排。歷唐宋明清跡未衰。喜千年數典。時多聖蹟。一燈傳道。代有人才。臨濟正宗。天童分派。百八鐘聲甬水涯。長僧衆往來雲水。太白天台。

七塔寺志卷之八終

七塔寺志跋

李佩秋

鄞之七塔報恩寺。與延慶天童阿育王稱四大叢林。而開山於唐大中間心鏡大師。詳載乾道四明圖經。乃古道場也。顧寺志闕如。溥常上人誓發弘願。請於陳君寥士。爲之秉筆。成書八卷。以授剞氏。余讀其例言簡而有體。嘗一滴水。如大海味。寥士其今之聞慈泉乎。慈泉撰輯天童大慈延福壽昌海會保慶諸寺志。傳本僅存。爲世稱重。蓋其時丁易代。身爲遺民。耽從方外之游。習作伽藍之記。寥士所遭遇。稍稍不同。而浣心淨域。染筆香林。視慈泉無愻色。逸情雅尚。侗乎遠矣。余舊游句甬。未禮支提。他日手此一編。爲隨喜之導。文字斐亹。引人入勝。必不遙聞鐘聲。攢眉遽去。則又寥士之益我多也。丁丑二月。湖外李洣。

七塔寺志跋

葛夷之

吾友鎮海陳君寥士。淵思雅才。風神遒上。少工詩詞。及游慈谿馮君木先生之門。學乃益邃。稱高第弟子。宦游歸來。息影里居。冥搜幽討。日課一詩。詩名滿天下。一時時士流人。野老名宿。皆折節與交。詩簡往還無虛日。君居密邇七塔寺。爲寧波一大叢林。寺僧請君釐定寺志。郵寄示余。義例整贍。考證賅洽。足爲志乘者之式。不弟爲叢林掌故增重而已。敬跋數語。以志服膺。丙子歲不盡三日同學弟葛暘謹記。

七塔寺志補正

丁丑重九日馬契西

卷之二志金石

棲心寺

故禪大德藏奐和尚焚身五色

色舍利三千粒

時咸通十三年十一月四日進上七粒入內

道場廿九日唐勅賜謚號心鏡大師

塔額壽相之塔　勑奉爲

睿文英武明德至仁大聖廣孝

皇帝延慶節建造此塔伏資

景福時延通十四年歲次癸巳六月甲午朔

廿八日立知造石塔僧惠中

知造舍利殿僧

丁丑重九日。予至七塔寺。住持指南和尚。賜寺志一册。閱至開山祖塔塔文。覩影印眞蹟與謄錄之文。頗多不符。知必有脫文誤字者在。因拈香禮祖。侍者執蠟炬照讀。重將石刻文字抄下。塔文正面計十一行。凡一百一十七字。每行字數雖多寡不同。然文義具足。字跡分明可識。惟末後一行。僧字下被石質殘損。已失名矣。予閱竟。和尚及諸僧同來審閱。所見僉同。謹照原文行數錄書如上。其背刻梵語。實爲佛頂尊勝陀羅尼咒。其石塔因格於龕門。不便檢視。覽其所錄。雖非全文。亦可知也。此咒出佛頂尊勝陀羅尼經。乃世尊告帝釋。消滅業障。增益壽命之法。亦得書寫此陀羅尼。安高幢上。或安高山。或安樓上。乃至安置窣堵波中云。今將此咒全文錄后。藉存參考。

佛頂尊勝陀羅尼咒

那謨薄伽跋帝。一 唏隸路迦。鉢囉底。毗失瑟咤耶。勃陀耶。二 薄伽跋底。三 怛姪他。

四唵。五毗輸馱耶。娑摩三漫多。皤婆娑。六娑破囉拏。揭底伽訶那。七娑婆皤輸秫
地。阿鼻詵者。蘇揭多。伐折那。八阿嚧㗚多。毗曬雞。九阿訶囉。阿訶羅。十阿瑜散陀
羅尼。十一輸馱耶。輸馱耶。十二伽伽那。毗秫提。十三烏瑟尼沙。毗逝耶秫提。十四
娑訶娑囉。喝囉濕弭。珊珠地帝。十五薩婆怛他。揭多。地瑟咤那。頞地薩恥帝。慕嚧
隸。十六跋折囉。迦耶。僧訶多那秫提。十七薩婆伐羅拏。毗秫提。十八鉢羅底。你伐
怛耶。阿瑜秫提。十九薩末那。阿地薩恥帝。二十末禰末禰。廿一怛闥多。部多俱胝。
鉢唎秫提。廿二毗薩普咤。勃地秫提。廿三社耶社耶。廿四毗社耶。毗社耶。廿五薩
末囉。薩末囉。勃陀頞地薩恥。多秫提。廿六跋折梨。跋折囉揭鞞。廿七跋折濫。婆伐
都。廿八麼麼。薩婆薩埵。瀉迦耶。毗秫提。廿九薩婆揭底。鉢唎秫提。三十薩婆怛他
揭多。三摩濕婆娑。遏地瑟恥帝。卅一勃陀勃陀。蒲馱耶。蒲馱耶。三漫多。鉢唎秫提。
卅二薩婆怛他揭多。地薩咤那。頞地薩恥帝。卅三娑婆訶。卅四

卷之四志建置

甲過去之一班

圓通寶殿　明永樂十二年建圓通寶殿。浙江統志卷二百三十引成化四明郡志　志作二十二年。相差十年。

藏經寶閣等　天順三年建藏經閣大悲殿及廊廡。同上志作二年。未知孰是。

乙中興後之概况

開山祖塔　大清光緒丙午。住持慈雲重修。

按祖塔石碑。正中刻唐敕賜心鏡禪師眞身舍利塔十二字外。其上欵尚有大清光緒丙午下欵住持慈雲重修兩行文字照相旣未攝入志中亦未載明錄之以見慈公報本敬祖之意

卷之五志僧譜

唐明州棲心寺藏奐傳

釋藏奐。俗姓朱氏蘇州華亭人也。母方娠及誕。常聞異香。爲兒時。嘗墮井有神人

接持而出。丱歲出家。禮道曠禪師。及弱冠。詣嵩嶽受具。母每思念涕泣。因一目不視。迨其歸省。即日而明。母喪。哀毀廬墓間。頗有徵祥。孝感如是。由此顯名。尋遊方訪道。復詣五洩山。遇靈默大師。一言辨析旨趣。符合顯晦之道。日月之所然也。會昌大中衰而復盛。唯奐居之。瑩不能惑。焚不能爇。溺不能濡者也。洎周洛再構長壽寺。敕度居焉。時內典焚毁。梵夾煨燼。手緝散落。實爲大藏。尋南海楊公收典姑蘇。請奐歸於故林。以建精舍。大中十二年。鄞水檀越任景求捨宅爲院。迎奐居之。剡寇裘甫率徒二千。執兵晝入。奐瞑目宴坐。色且無撓。盜衆皆悸懾。叩頭謝過。寇平。州奏請改額爲棲心寺。以旌奐之德焉。凡一動止。禪者必集。環堂擁榻。堵立雲會。奐學識泉涌。指鑒岐分。詰難排縱之衆。攻堅索隱之士。皆立褰苦霧。坐泮堅冰。一言入神。永破沈惑。以咸通七年秋八月三日現疾。告終。享年七十七。僧臘五十七。預命香水𩯭髮。謂弟子曰。吾七日在矣。及期而滅。門人號慕。乃權窆天童巖。已周三載。一日異香凝空。遠近郁烈。弟子相謂曰。昔師囑累。令三載後當焚我身。今異香若此。乃發塔視之。儼若平生。以其年八月三日。依西域法焚之。獲舍利數千粒。其色紅翠。十三年。弟子戒休賫舍利述行狀。詣闕請謚。奉敕哀誄。易名曰心鑑。塔曰壽相。奐在洛下長壽寺。謂衆曰。昔四明天童山僧曇粹。是吾前生也。有墳塔存焉。相去遼遠。人有疑者。及追驗事實。皆如其言。初任生將迎奐。人或難之。對曰。治宅之始。有異僧令大其門。二十年之後。當有聖者居之。比奐至止。果二十年矣。又奐將離姑蘇。爲徒衆留擁。乃以櫻拂與之。曰。吾在此矣。汝何疑焉。暨乎潛行。衆方諭其深旨。又令寺之西北隅。可爲五百墩以鎮之。或曰。力何可致。奐曰。不然。作一墩植五株柏可也。凡微言奧旨。皆此類也。刺史崔琪撰塔碑。金華縣尉邵朗題額焉。宋高僧傳三集卷十二

按浙江統志卷二九九。天童寺志卷三。傳文並引此。惟天童志中添其遺跡。則徙清關之神龍於太白峯頂。鎮毒蟒於小白嶺上一段因緣云。大師爲七塔開山之祖。天童秉法之宗。其大光明藏。照澈今古。今志中於僧譜內略此傳文。圖

記金石。語焉不詳。使大師得法行化。種種神通妙用。湮沒無聞。未免數典忘祖之失。後之修志者。宜將此傳冠於僧譜之首則得矣。

明智中立法師傳

法師中立。鄞之陳氏。賜號明智。母夢日輪入懷。遂有娠。夜不三浴。則啼號不止。九歲出家於甬東之棲心。受經一誦。永憶不忘。治平中。試經開封府。中選得度。初依廣智學教觀。及神智繼主南湖。復依之。熙寧中。神智開幃設問。答者二百人。無出師右。乃舉居座元。久之去。謁扶宗於永嘉。將歸。宗曰。子行必紹法智之席。及神智謝事。乃俾師爲繼。元祐初。高麗僧統義天遠來問道。甫濟岸。遇師升堂。歎曰。果有人焉。遂以師禮見。傾所學。折其鋒。竟不可得。師令門徒介然。始作十六觀室。以延淨業之士。已而辭去。曰吾年六十。當再來。即退處東湖之隱學。數年。郡太守王公。勉主寶雲。一新棟宇。於伽藍神腹得願文云。後百年當有肉身菩薩。重興此地。聞者異之。後退隱白雲庵。日宣止觀。至不思議境。歎曰。吾道至此極矣。文慧正師亡。

郡請再主延慶。果符六十再來之言。歲懺行江浙。延慶爲最盛。擇其徒修法華懺者七年。行法將圓。禪觀中見一大舟。衆欲乘不可。唯師坐其中。以行。政和五年四月辛亥。謂門人法維曰。吾聞異香。心甚適悅。謂觀堂行人曰。吾當與汝輩長別。即面西坐逝。塔於崇法祖塔之東。陳瑩中嘗讚師曰。嚴奉木叉。堅持靜慮。以身爲舌。說百億事。（佛祖統紀卷十四節錄）

按師出世說法。雖在延慶寶雲兩刹。於棲心並無建樹。然既爲出家之地。錄之亦可見其來有自。師於延慶爲第四代住持。聲光所播。遠及異域。又令其徒介然闢十六觀堂。成今日觀宗弘法之盛。師誠大善知識也哉。淨土聖賢錄三並引此文。

卷之八志藝文

唐明州棲心寺藏奐和尚舍利塔碑刺史崔琪撰（碑文亡）

按此碑所述。必有大可記處。待考。

勘誤表

正	誤	卷	頁	行	字
黼	黻	四	五	十二	三四
隱	靈	五	九	七	十七
聖	座	五	十四	十二	六
	○	五	廿一	六	十一
湖	淺	五	廿六	廿一	十三
發心結緣者	心發心結緣	五	卅六	十三	廿一
禰	稱	六	四	八	廿二
黼	黻	八	九	十	五
擔	檐	八	十二	七	十一

正	誤	卷	頁	行	字
裁	載	四	十	十二	六
衛	衙	五	十一	二	七
固	國	五	十六	六	廿七
郴	柳	五	廿五	十	九
後	復	五	廿七	三	八
盧	靈	六	二	十	一
	上	六	四	十二	二
柳	榔	八	十二	七	八

七塔報恩寺宗譜

達燈敬題

《七塔報恩寺宗譜》是七塔報恩禪寺中興祖師慈運靈慧及法嗣四十八支五代之系譜。慈運長老傳承普洽英皓法脈，為臨濟正宗嫡傳第三十九世孫，其住持七塔寺力圖建設，百廢俱舉，蒙恩敕賜寺額，遂為報恩堂上第一代，其後宗風大振，傳宏字四十八支法嗣，弘化諸方。燈燈相續，傳衍既廣，因而訂立報恩堂宗譜以收族敬宗。宗譜修訂事宜始於民國二十三年（一九三四）七月，兩次登報通告申明以徵集登記信息，二十五年（一九三六）夏始告刷成，九月刊印。書名由寧波鎮海書法家陳修榆題簽，內容有緒言、報恩堂法規、七塔報恩禪寺記、慈運大師塔銘及兩篇傳記、法卷式、法嗣線圖、宗譜源流等，其中法嗣線圖、宗譜源流為主體部分。法嗣線圖用線圖示明自七佛、西天二十八祖、禪宗祖師、臨濟三十八世而報恩堂慈運祖師及法嗣四十八支五代的傳承譜系。宗譜源流詳細記載慈運祖師及各法嗣字、名、號、出生年月、籍貫、出家之時間地點，剃度恩師、受具之時間地點，得戒和尚、授記、事略、唱滅、法嗣等情況。棲心圖書館館藏本《七塔報恩寺宗譜》即民國二十五年（一九三六）鉛印本，該本由廣修長老傳予可祥法師。版式：框高二二點二釐米，寬一六點三釐米，半頁一七行，行三七字，四周單邊。鈐有藏者「廣修」印。

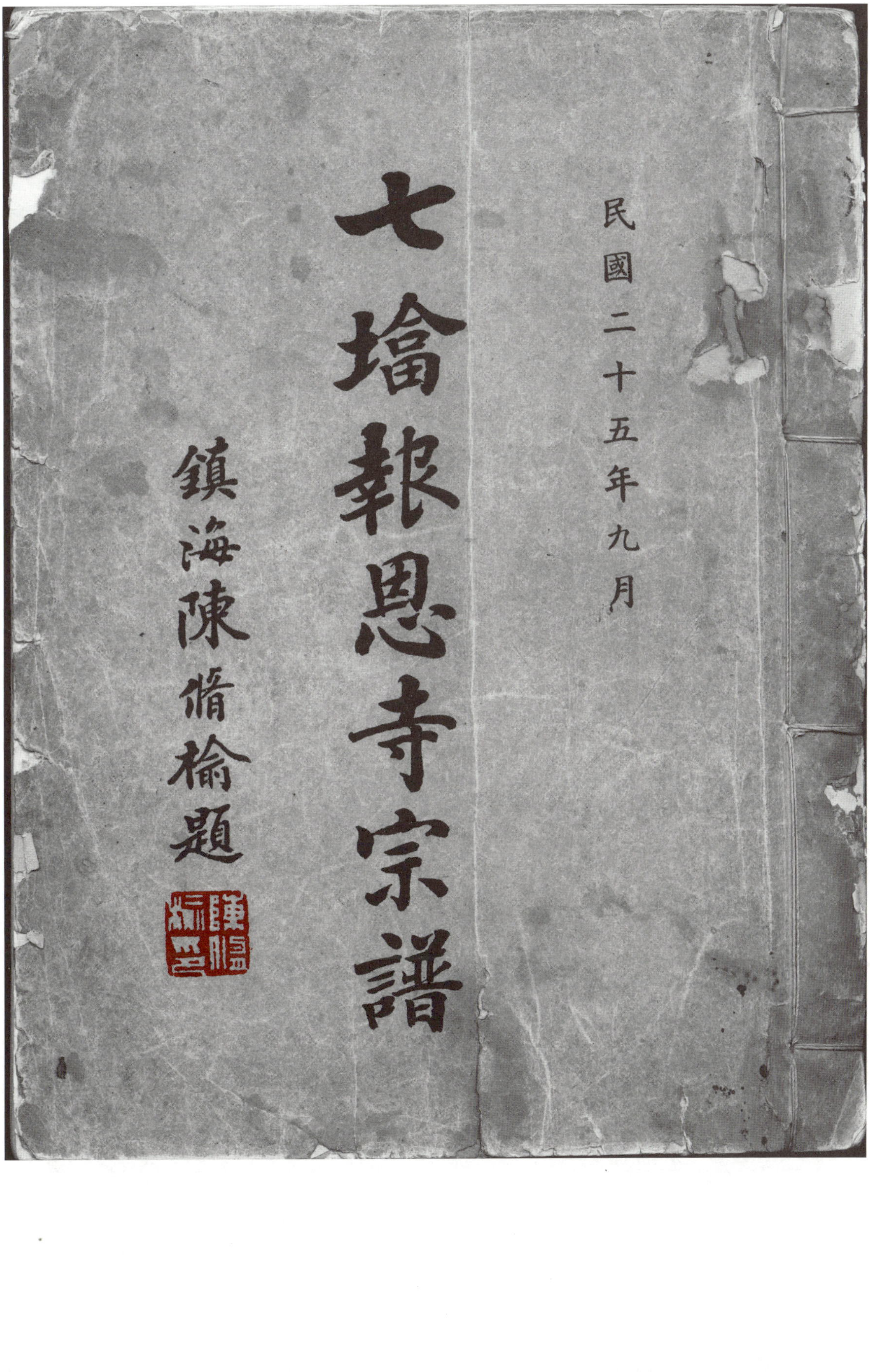

民國二十五年九月

七墖報恩寺宗譜

鎮海陳脩榆題

慈運慧祖遺像

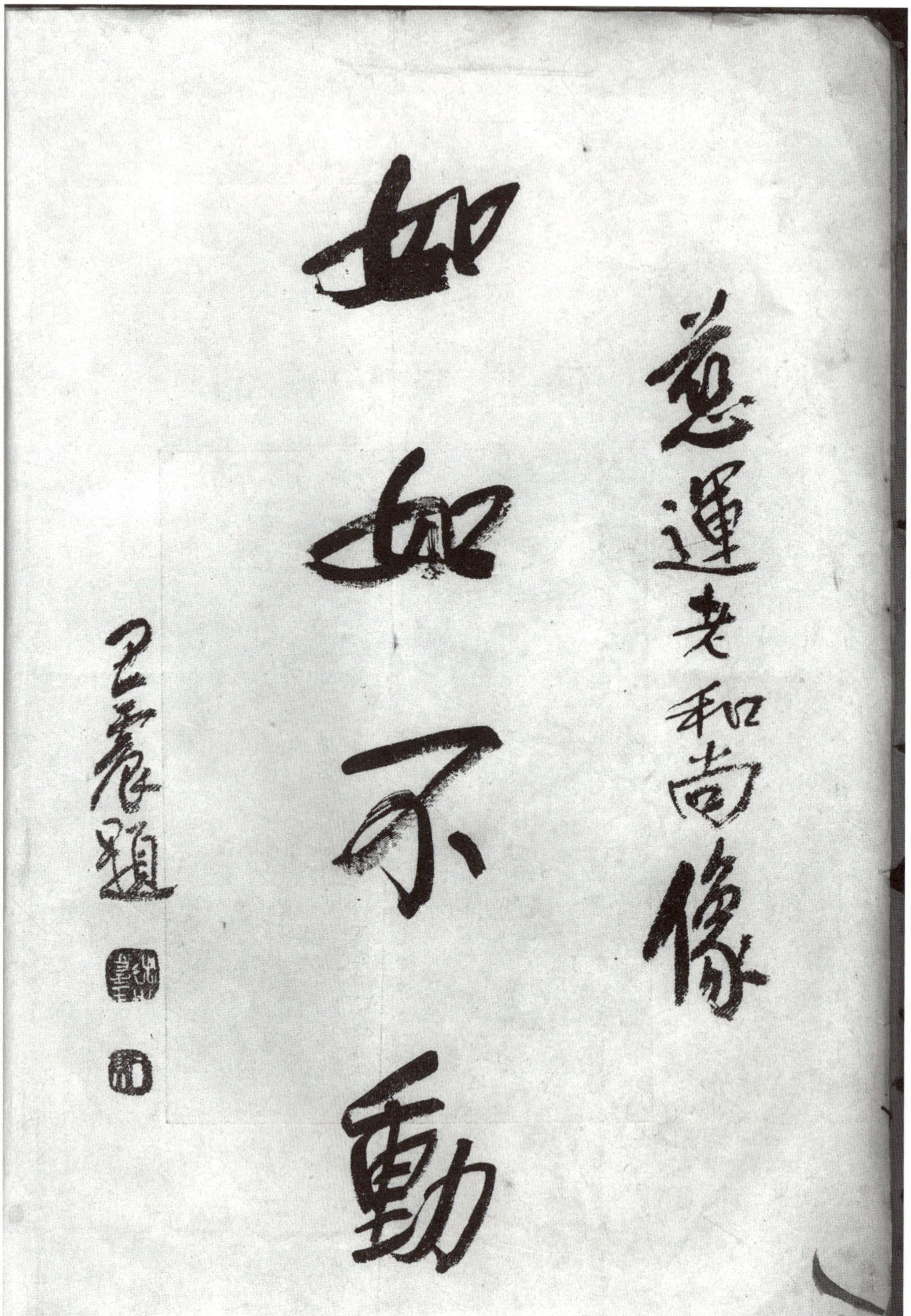
慧運老和尚像
如如不動
己巳春題

僧晉首座

時年六十九

妙宗首座

時年七十五

智圓退居

時年六十四

常西退居

時年六十八

圓瑛退居

時年五十九

溥常住持

時年七十一

慈雲普蔭大地清涼廣施
法乳六八（法嗣四十八人）親嘗分燈續
燄宏化諸方機緣說盡應大
亦已二三（書餘六人）傳各力整紀綱編
成報恩宗譜惟祈實纂流芳

丙子夏退隱園瑛敬題 圓瑛

報恩堂宗譜序 一

夫拈花一笑、妙契佛心、面壁九年、高提祖印、不立語言文字、教外別傳、直接利智上根、當下頓證、由是一花現瑞、五葉流芳、宗風丕振於中華、法乳遠注於臨濟、而我七塔報恩禪寺、傳臨濟正宗第三十九世、 先師慈運老和尚、從光緒十六年入寺中興、甫拾稔而叢林之規模全具、傳法四十八人、或主持法席、多皆爲匠爲師、或分化諸方、到處宏宗宏教、法門既廣、須溯流源、宗譜未成、莫知系統、何幸而有溥常法兄、不惜精神、發心登記、編成宗譜、印發執持、俾同系共仰祖庭、常住盡明支派、本寺既定爲法門選賢叢林、而宗譜爲可不少之事、茲既編成、囑余爲序、祗得略敘緣起如此、

民國二十三年仲春月報恩退隱圓瑛宏悟謹序

報恩堂宗譜序　二

夫日星之光、俱麗天上、江河之水、同歸海中、是故樹大分枝、終不離乎根本、人多分派、當勿望其法源、而我七塔報恩寺、創始於唐代心鏡禪師、初名東津禪院、繼號棲心禪寺、宋祥符元年、復賜額崇壽、明洪武年間、又更名補陀、歷千數百年、興衰靡一、廢而復舉者、不知凡幾、迨至清季光緒十六年、我師慈運老人、接住以來、力圖建設、百廢俱舉、並親詣北京、請頒龍藏、蒙　恩賜額報恩禪寺、自此規模宏偉、足增東浙之美、宗風遠播、悉種西方之因、法門鼎盛、甲於諸方、衣鉢傳繼、已達四十八人、子孫蕃衍、實逾數千百衆、散處他方、各興法席、道德之隆替不一、人物之代謝孰稽、若無正當之系統、難期永久之榮譽、此固宗譜之待修、實有不容稍緩也、今者本寺住持溥常法兄、道行高遠、學業宏富、歷主諸方法席、久爲法門欽戴、因有鑒於斯事、乃毅然興起、集法衆而會議、行登記之方針、歷時既久、始告成功、復立法規、以杜流弊、俾後進之賢者、有所依據、而邪疵放僻之徒、勿容混跡、斯誠法門之善舉也、余喜本寺宗譜之成立、復感溥兄之偉德、爰不揣鄙陋、略敘數語、以紀其大概云爾、

民國二十三年仲春月報恩退居智圓宏一謹述

報恩堂宗譜緒言

溯吾教主釋迦牟尼佛、應機示現、誕生西域、十九出家、三十成道、始從鹿野苑、終至跋提河、經歷四十九年、演說十二分教、隨根利鈍、頓漸兼收、迨至法華、普與授記、極暢本懷、復於靈山會上、拈花示衆迦葉尊者、領悟心宗、傳持正法眼藏、爲西天第一祖、直至二十八代菩提達摩大師、航海而來、宏揚教外別傳之旨、不立語言文字、直指人心、見性成佛、以爲東土第一祖、名曰宗門、傳至六世、而有曹溪大鑑惠能禪師、其法特盛、分爲兩支、其一青原行思、思傳石頭遷、遷傳道悟、悟傳崇信、信傳宣鑑、鑑傳義存、存傳雲門匡眞文偃禪師、爲雲門宗、玄沙師備爲偃同門友、傳地藏桂琛、琛傳清凉法眼文益禪師、爲法眼宗、遷之支出藥山惟儼、儼傳曇晟、晟傳洞山良价、价傳曹山本寂、爲曹洞宗、其二南嶽懷讓、讓傳江西道一、一傳百丈懷海、海傳黃檗希運、運傳臨濟慧照義玄禪師、法運更昌、爲臨濟第一代祖、海之支出潙山靈佑、佑傳仰山本寂、父唱子和、爲潙仰宗、以上自曹溪而來、宗門有五家派別、茲浙江寧波市鄞縣江東七塔報恩禪寺、嫡傳臨濟正宗、自臨濟初祖第一世傳至三十世、明州天童密雲悟禪師、悟傳林野奇祖、爲第三十一世、述法派偈云、行大源遠等十二句、載後法派源流內、傳至三十九世、我先師慈運慧老人、爲本寺中興、光緒間、進北京、請藏經、賜寺額名報恩禪寺、自此報恩堂上傳宏字四十八支法嗣、各各宏化一方、分燈續燄、綿綿不已、而報恩祖庭、留名登記、爲不可少之事、因立報恩堂宗譜、百丈云、見與師齊、減師半德、見過於師、方堪傳受、斯時也、法運垂秋、人心不古、其或趨向偏邪、師徒授受、難免混亂法門、處不得已、於民國二十三年、夏正十月初六日、慈祖誕辰、召集諸法門、成立宗譜登記、議決法規、杜絕流弊、令後之賢者、遵守毋忽、特述顛末云爾、
民國二十三年冬月本寺住持溥常宏鉢謹識

報恩堂法規

第一條　報恩堂上、嫡傳臨濟正宗、由天童分派、遞傳第三十八世、雲龍堂上、普洽皓祖、承嗣而來、

第二條　凡求法者、師徒授受、以心印心、相敬相愛、尊崇道德節義、始終誠信不二、經云、信爲道元功德母、長養一切諸善根、

第三條　凡求法者、既付與法卷、當索取報恩堂法規一卷、俾知法派源流、愼重保留、敬遵祖規、

第四條　凡受法者、當向祖庭登記、於中興慈祖像前上供、設如意菜、通白大衆、豐嗇隨便、不可缺少、至若辦齋幾筵、費用太重、有人發心結緣、亦不妨隨喜、

第五條　或有遠方他處授受者、須請代表寄上如意菜上供等費、及四寸小照片、寫明通訊處、請方丈登記、付給報恩堂法規一卷、當保留敬重、以爲憑證、

第六條　既得本堂法卷、不敬師尊、再行轉拜本堂法親、擅自收錄、紊亂秩序、失信生嫌、公決受者授者、悉皆開除法籍、或得前授法師允許、免生嫌恨、始可融通之、

第七條　得法後、有不守清規、違犯國法者、各自承當、與法門無涉、倘受刑事處分、應由法門審察、從嚴辦理、

第八條　凡有侮慢本師、及法派尊長、等當報告方丈、召集法門、秉公理處、輕則議罰、重則開

除法籍、

第九條　法門一家發生細故誤會者、請當公正法長勸解調停、無傷和氣、或有恃强欺壓良善者、各法長當合力援助、

第十條　法眷中有被外界欺侮侵害者、當審其事實情理、尊崇公正、當爲援助而保護之、藉此團結、保障法規、

第十一條　本寺方丈、召集法門公選、凡入門者、均有選舉被選舉之權、倘有品行不端者、亦得公議而停止之、

第十二條　凡法門中有隨時發生弊端、損壞祖庭名譽、得由方丈、召集法門、公同議决而處分之、

第十三條　本法規於民國二十三年古曆十月初六日、慈祖誕辰、成立宗譜、全體通過、發生效力、如有未盡事宜、得由法門會議增改之、

以上法規各宜愼重、

中華民國二十三年國古曆十二十一月十二初六日公布實行

第　　代法嗣　　謹遵

本寺住持

民國　　年國古曆　　月　　日給

七塔報恩禪寺記

浙江寧波市東五里許、有七塔報恩禪寺者、鄞縣志乘、歷歷可考、溯自唐大中十二年戊寅、分寧令任景求君、捨住宅爲寺、號東津禪院、敦請心鏡奐禪師居之、卽本寺開山第一代也、初禪師主持天童寺時、徙神龍、鎭毒蟒、種種神通妙用、詳載天童寺志、茲不贅述、咸通庚辰元年、浙東剡寇裘甫、掠奪四明、縱兵晝入、禪師晏坐禪定、神色不動、賊衆驚愕、作禮而退、辛已二年、郡紳奏請、改名棲心寺、以旌其德焉、宋大中祥符元年、歲次戊申、賜額崇壽寺、山門前河岸石橋、尙存斯名、至民國二十三年、河塡而橋始毀、明洪武二年已酉、延燬內法堂、所燒隙地、幷開山祖塔後餘地、改創養濟院、現仍舊、二十年丁卯、因梅岑山寶陀寺、(卽普陀山前寺)懸於海邊、徙建寺內餘地、改名補陀寺、殿前香爐鐫名、尙存古蹟、故寧俗尙有本寺卽南海普陀之說、大殿觀音爲主、每逢聖誕日、進香觀禮不絕、直至永樂年間、僧寺俱廢、後幷原留東首空地三分之一、復建棲心寺、永樂二十二年甲辰、建圓通寶殿、宣德壬子七年、建毘盧閣、天順戊寅二年、建藏經閣大悲殿彌勒殿及兩廊等屋、滿淸順治年間、建方丈、康熙間、重修佛殿及鐘樓、二十二年癸亥、建大悲殿、寺前有七浮圖、俗人皆呼七塔寺者、始於此、其最不幸者、咸豐辛酉十一年、悉遭兵燬、至同治辛未十年、里人周文學君母子、募貲重建大雄寶殿與山門、寺中功德堂、奉祀牌位、以留紀念、光緒十六年庚寅、江東紳董耆老等、公請本師慈運慧祖爲主席、時年六十有四、自接住後、開海單以安衆、常住三百餘僧、具大願力、辛苦經營、寺門前七塔古蹟、中央改造天王殿、大雄殿、三聖殿、中興祖堂、新建法堂、藏經樓、及方丈、後有開山祖塔、樓上莊嚴寮、東邊慈蔭堂、樓上玉佛閣、又有穀倉、工作寮、小廁所、小廚房、新庫房、新新庫房、老庫房、老虎灶、上官廳、大客廳、地藏殿、大鐘樓、念佛堂、西邊雲水堂、樓上華嚴閣、又有浴堂、行堂寮、化身窯、泥水工作房、大廚房、監齋殿、五觀堂、如意寮、大廁所、祖堂、客堂、禪堂、禪堂西有餘地爲僧塔僧坟等、近今添設佛學院於藏經樓、施醫藥所於三聖右廂、其工程浩大閱三十餘年始竣事、復於光緒二十一年乙未、進京請頒龍藏、幷勅賜寺額、名七塔報恩禪寺、於丙申及丙午二年、兩次傳授大戒、每年夏季、請法師講經、平目〔日〕禪堂坐香、隨時誦經禮懺念佛、至宣通〔統〕二年庚戌、本師慈老人西逝、世壽八十有四、住持事付囑法門克紹家業、皈信輩、擁護大法、廣種福田、叢林規模粗具、堪壯仁人觀瞻、而與育王天童並峙、回憶我本師慈運慧祖、俗姓朱氏、適與始祖同宗、自同治十三年甲戌、住持天童、又與開山始祖、同出一轍、及由鎭海李儕橋萬善寺住持而來、主持斯寺、推爲中興第一代、遞傳臨濟正宗、心心相印、四十八員法眷、悉皆分化諸方、子孫綿綿、大振宗風、惟願後來賢哲報恩、當紀念天童法脈而弗忘也、追溯本寺歷史由唐代大中十二年戊寅歲起、經五代洎宋元明清四朝、至民國廿五年歲次丙子止、約計一千零七十九年矣、時值國民政府通令、調査僧寺古蹟、爲述其崖略如此、

佛曆二千九百六十三年、國曆民國二十五年仲春、住持溥常述於方丈室、

前清敕建七塔報恩寺方丈慈運大師塔銘

前資政院議員簡任政事堂法制局參事長沙羅　傑撰
浙江高等檢察廳檢察長安化陶思曾書

臨濟第三十九世有法器曰隆安大師者湖南湘潭朱氏子初從昌明禪師披薙受具戒於野禪聲和尚已而徧參江浙善知識普洽長老契其根利爲傳法印遂以號佛爲止念法門久之法席宏展外護交崇推主天童七塔萬善等寺以清之宣統二年八月二十九日示寂於七塔寺安骨於寧波太白山右世歲八十四僧臘六十有六矣其未祝髮時也嘗貿米湖北道洞庭爲盜所掠盜喜師魁梧有智略昂然美丈夫脅藉其黨要以不義之利否則必致之死師誓死不允盜壯其氣自反所奪且曰厥後朱某經此有加害者必罰之初蒞寧波充接待寺苦役時洪楊之役雞犬無存住持等棄而先遁寇至謂師曰諸僧已逸汝胡獨守對曰我非不欲求生我去誰侍佛香火者心不忍耳盜義而與之黃旗且戒其衆曰犯此者殺毋貸當是時全邑精藍焚劫一空而是寺賴以無恙難平住持等歸疑師恃功而戀贈金速行師無一所需而去越五十餘年寺主子孫衰落典是席者爲其法徒蓋亦天之報施善僧也耶其卓錫天童七塔也甫駐天童百廢俱振未幾大水田淹橋裂損及廟貌雖旋規復而檀越希踪重以吏紳阻行法會停建水陸道場四來苾芻饘粥不繼師口苦心誠感孚學官得弛前禁自是禮懺者不絕於道而衣單實利賴焉七塔寺者唐季叢林兵燹迭嬰宇圮僧散雖有周氏母子苦行倡募厥功未竟賫願偕亡師主是寺貧邁天童緇流聞風來以百計於是舉債新營莊嚴諸佛請藏佈法宣戒度僧信施日衆水陸道場同期

競建歲以爲常舊俗凡尸齋者携眷入聚茹葷款客歌姬雜沓師乃撰規痛革肅之至今世稱七塔中興云師字慈運號皈依生平爲人臨禍不怖義利區明住萬善垂二十年艱難創復大率類是至其慈懷濟物不訐不矜在他人所不能者其次爲已法徒四十餘人或性相澄通或專勤頂佛或禪智默照或淨土趨心僧俗欽揄長方丈者已過半矣嗚呼盛哉民國戊午秋余供阿育王寺釋迦舍利道經七塔其弟子方丈嵩畯等曰方君延齡嘗爲先師建窣堵矣今同門諸友釀金廣造請錫之銘余既聞其大凡用貞諸石以告來際乃爲述師事狀且爲銘曰

猗法王之苗裔兮瀕險變而不懼貪嗔癡不可毒兮寺既完而返故住禪侶翩其腹枵兮感財施於功善主樹與鳥共演佛音兮神棲遲於西土播巨德於茲銘兮並住劫而悠久四大儻其壞空兮文與石兮何有性無生惺惺其不滅兮豈與質相兮俱朽

嗣法門人

賢光 谷菴 道亨 蓮生 道階 覺圓

玉忠 果如 介石 妙宗 常西 悉凡

岐昌 達光 體賢 錦西 行規 青幹 圓瑛 甫照

月波 本來 自眞 顯慧 慧源 智圓 嵩畯 薙徒 甫廕 徒孫常靜廣造

友法 了善 靜脩 龍海 樂道 如意 了埃 甫融

蓮芳 澄溪 續源 道清 光明 溥常

僧晉 一禪 演化 法光 文海 蓬萊

中華民國八年己未歲季春月吉日

慈運大師傳

陳道量蓼士撰

大師諱靈慧、字慈運、號皈依、湖南湘潭朱氏子、母郭氏、兄弟三人、師其次也、少時販米湘鄂間、舟出洞庭、遇盜、盜驚其魁梧、欲脅為羽屬、師不可、盜壯之、反其貲、且戒羣盜曰、朱某奇男子、他日邂逅、愼勿害、年十八、忽觸宿願、投義寧昌明禪師披薙、越二年、就野禪聲和尚受具戒、咨決法要、和尚指示宗門向上一着、師即於此決信無疑、嗣後參訪諸方知識、益明禪淨不二之旨、清道光三十年庚戌、朝南海觀音大士、是為師來浙之始、咸同以還、卓錫鄞鎮間、初蒞接待寺、值紅羊之役、市井荒墟、雞犬無聞、比寇至、見師獨在、叱之曰、諸僧皆逸、汝敢獨留、師從容曰、捨佛以求苟生、不如誓死以維香火、寇感其義、授黃旗一、並戒衆勿犯、時邑中精藍、均遭焚刼、而此寺獨無恙、寇退、移錫於鎭之永寧寺、同治二年癸亥、改主萬善寺、庚午、受雲龍寺普洽皓公祖燈、是為臨濟第三十九世正傳、甲戌、主席天童寺、葺殿宇、裝佛像、治水利、講農殖、功德美滿、十方稱讚、他如開佛光、給佛牒、建水陸等、胥師所首倡、光緒三年丁丑、出鉢資修萬善寺、庚寅、徇地方之請、住持七塔報恩寺、時寺遭兵燹、法器蕩然、周文學醫師母子、苦行募化、僅建一二、雅志未償、賫恨西歸、及迎師至、慘淡經營、始復舊觀、古剎中興、師之力也、初修客堂庫房禪堂雲水堂鐘樓、並設監院知客維那各職、規模略具、次年、重塑大殿千手觀音聖像、以湘刻五百羅漢供於周壁、又次年、傳授友法月波岐昌一禪本來玉忠等為法徒、令肩各寮執事、修築三聖殿、新塑三聖法身、高二丈八尺有奇、莊嚴妙相、甲於諸方、又三年、為西方三聖像、及千手觀音聖像開點靈光、翌年、赴都請頒龍藏、勅賜報恩寺額、翌年丙申、師世臘七十、傳授三壇戒法、翌年建藏經閣、重修開山心鏡祖塔、又翌年向湘購置大鐘一口、重一萬八千餘斤、厥後造自流井、建香積廚、凡百工事、不一而足、至歲丙午、師年登八十、復傳壽戒、成就衣鉢具及海青、四方前來乞戒者甚衆、宣統二年庚戌、八月二十九日圓寂、世壽八十有四、僧臘六十有七、築塔於天童玲瓏岩下、門下法眷、化及四方、遠至南洋印度日本台灣、聲聞廣大、余少時常見師、又數從岐昌圓瑛智圓溥常諸上座游、備聞行誼、因次其要者爲之傳、

皈依大師傳

師諱靈慧。字慈運。皈依其號。四明七塔報恩寺主僧也。寺爲唐代古刹。再被火廢。清光緒間。師爲營度建置。凡浮屠所宜有者。無不粲然完具。僧徒來歸日益衆。遂復唐時舊觀。世稱七塔中興第一代云。師故湘潭朱姓。母氏郭。兄弟三人。師次仲。稍長。詣義寧福田庵爲僧。既受具戒。走南北參訪。道光間來浙。謁普陀觀音大士。咸豐時。至四明。居接待寺。同治癸亥。徙萬善寺。庚午。得雲龍寺普治皓公之法。實爲臨濟正宗第三十九世也。甲戌。主天童寺。踰三年。復居萬善。最後爲七塔主僧。光緒庚寅迄宣統庚戌。凡二十年。以八月廿九日卒。葬於天童玲瓏巖之下。年八十四。爲僧六十有六年。初師於接待。爲汎掃香燈。時洪楊之黨入境。寺僧奔竄無一人。獨師留。衆兵見師潔除已。焚香佛前拜跪。氣度閒靜。異焉。圍觀良久。乃問。汝不去。獨不畏死乎。師笑曰。出家兒不知有死生也。其魁出黃旗一。樹寺門。兵遂不復來。是時四明諸寺多被刼。或焚而毀矣。而接待賴師以全。其居萬善。萬善故圮陋不可居。師誅葺其中。有終焉之意。既得臨濟宗傳。道行益高。天童有僧數百人。羣欲保師。師以天童爲東南名刹。既遭水災。時人又唱言廢佛。日益亟。乃入主天童。天童寧謐如故。其興七塔之功爲尤多。紺宮妙相。極莊嚴於廢敗間。而臨濟之教。造就無算。玉忠等四十八人名尤著。宗風被海內外矣。而四明天童育王觀宗雪竇施祥接待總持龍聖看經德雲大隱等大小數十百寺。其主僧迄於今。大抵師之門弟子也。

贊曰。余未嘗見師。而與師門弟子圓瑛智圓覺圓常西溥常僧晉及本舟寶靜指南輩往還。聞道其師未棄家時。嘗販米過洞庭湖。湖中盜刼持之。欲與昆弟盟。師從容開說。盜皆感泣。卒爲良民。旣主七塔。數數歸湘潭。省父母墳墓。其季佑琳讀書能文。余觀佑琳所爲頌師八十文。其篤於父子兄弟間。爲尤可慕也。嗚呼。有爲者不擇地而成。若師之建樹。倘得以空門寂滅而覞之哉。

奉化王宇高式墉拜撰

法卷式

正法源流

夫求法者、不可以身求、不可以心求、不從佛求、不從法求、即無所求、即無所得、是爲正求、是爲正得、教外之旨人天罔測、迦葉微笑、如來印可、西天四七、東土二三、皆默契而得、百千法門、悉從此出、恒沙功德、本自具足、恭唯我

本師釋迦如來、昔在靈山會上、拈花示衆、衆皆默然、惟迦葉尊者破顔微笑、

世尊曰、吾有正法眼藏、涅槃妙心、實相無相、微妙法門、不立文字、教外別傳、付囑於汝、是爲西天第一代祖也、由是心心相印、燈燈相續、二十八傳至菩提達磨大師、航海而來、是爲東土初祖、祖於少林面壁九載、法傳慧可大師、可傳僧燦大師、燦傳道信大師、信傳弘忍大師、忍傳惠能大師、能傳南嶽讓、讓傳馬祖一、一傳百丈海、海傳黃檗運、運傳臨濟義玄禪師、玄爲臨濟正宗第一代、義玄傳

興化存奬奬傳　寶應慧顒顒傳　風穴延沼沼傳　首山省念念傳

汾陽善昭昭傳　石霜楚圓圓傳　楊岐方會會傳　白雲守端端傳
五祖法演演傳　圓悟克勤勤傳　虎邱紹隆隆傳　天童曇華華傳
密庵咸傑傑傳　臥龍祖先先傳　徑山師範範傳　雪巖祖欽欽傳
高峯原妙妙傳　中峯明本本傳　千巖元長長傳　萬峯時蔚蔚傳
寶藏普持持傳　東明慧旵旵傳　海舟普慈慈傳　寶峯明瑄瑄傳
天琦本瑞瑞傳　絕學正聰聰傳　月心德寶寶傳　禹門正傳傳傳
密雲圓悟悟傳　林野通奇奇傳　無礙行徹徹傳　紀安大經經傳
悟性源達達傳　界清遠信信傳　雲光化正正傳　純經導琇琇傳
普洽英皓皓傳　慈運靈慧慧傳

我今將此正法眼藏傳汝　爲臨濟正宗第四十一世法嗣汝當善自護持毋令斷絕聽吾偈曰

民國　年　月　吉旦

寺　手卷

林野奇祖法派

行大源遠　化導英靈　弘戒定慧　宗正傳燈　眞如法界　本無所能
了空妙悟　菩提心生　光揚祖道　有德同賡　千賢萬聖　永繼培增

法嗣綫圖

（七佛）
毘婆尸佛
尸棄佛
毘舍浮佛
拘留孫佛
拘那含牟尼佛
迦葉佛
釋迦牟尼佛
（西天初祖）
摩訶迦葉尊者
阿難尊者
商那和修尊者
優波毱多尊者
提多迦尊者

彌遮迦尊者
婆須蜜尊者
佛陀難提尊者
伏馱蜜多尊者
脇尊者
富那夜奢尊者
馬鳴尊者
迦毘摩羅尊者
龍樹尊者
迦那提婆尊者
羅睺羅多尊者
僧伽難提尊者
伽耶舍多尊者
鳩摩羅多尊者

闍夜多尊者
婆修盤頭尊者
摩拏羅尊者
鶴勒那尊者
師子尊者
婆舍斯多尊者
不如蜜多尊者
般若多羅尊者
西天二十八祖卽東土初祖
菩提達摩尊者
慧可大祖禪師
僧璨鑑智禪師
道信大醫禪師
弘忍大滿禪師

慧能大鑒禪師

六祖下第一世

南嶽懷讓禪師

馬祖道一禪師

百丈懷海禪師

黃檗希運禪師

第五世即臨濟第一世

臨濟義玄

興化存奬

寶應慧顒

風穴延昭

首山省念

汾陽善昭

石霜楚圓

楊岐方會

白雲守端

五祖法演

圜悟克勤

虎邱紹隆

天童曇華

密庵咸傑

臥龍祖先

徑山師範

雪巖祖欽

高峯原妙

中峯明本

千岩元長

萬峯時蔚

寶藏普持

東明慧旵

海舟普慈

寶峯明瑄

天奇本瑞

絕學正聰

月心德寶

禹門正傳

密雲圓悟

林野通奇

無礙行徹

紀安大經

悟性源達

界清遠信

雲光化正

純經導琇

普治英皓

法嗣綫圖

第一代

報恩堂上 慈運靈慧

第二代

玉忠宏傳
月波宏源
有法宏演
岐昌宏蓮
靜修宏濟
了善宏法
道清宏淨
蓮芳宏秀
續源宏教

第三代

果建戒清
善清戒淨
紹來戒成
常靜戒能
念性戒
勤修戒
成妙戒
可亮戒性
本舟戒濟
圓安戒
體明戒瑤
蓮齋戒
清遠戒
成法戒住
信善戒
慧性戒
無逸戒
善定戒成
式堂戒悳
月良戒明
修圓戒

第四代

妙龍定朗
性悟定慧
梵雲定悟
妙勝定慧
本慧定觀
大乘定能
瑞蓮定智
諦慧定光
永眞定傳
悟靜定安
性超定
妙安定觀
普周定祥

第五代

戒常慧明
德源慧鏡

本來宏淳
谷莽宏訓
一禪宏禪
達光宏輝
果如宏緒

森演戒
瑞林戒成
勵遜戒
雪峯戒慧
本性戒明
海雲戒
定法戒
源巃戒隆
諦道戒德
達慧戒
朗雲戒
摩法戒
原了戒
祥林戒
寶蓮戒
文鶴戒
瑩照戒
華林戒
透禪戒
常定戒心
則寬戒
靈聰戒

寶蓮定修
萬德定
慧甄定
普峯定
大喜定
可衾定光
如海定開
善智定禪
寶靜定
燈清定蓮
雨成定圓
最培定

修峯慧清
宗風慧蓮

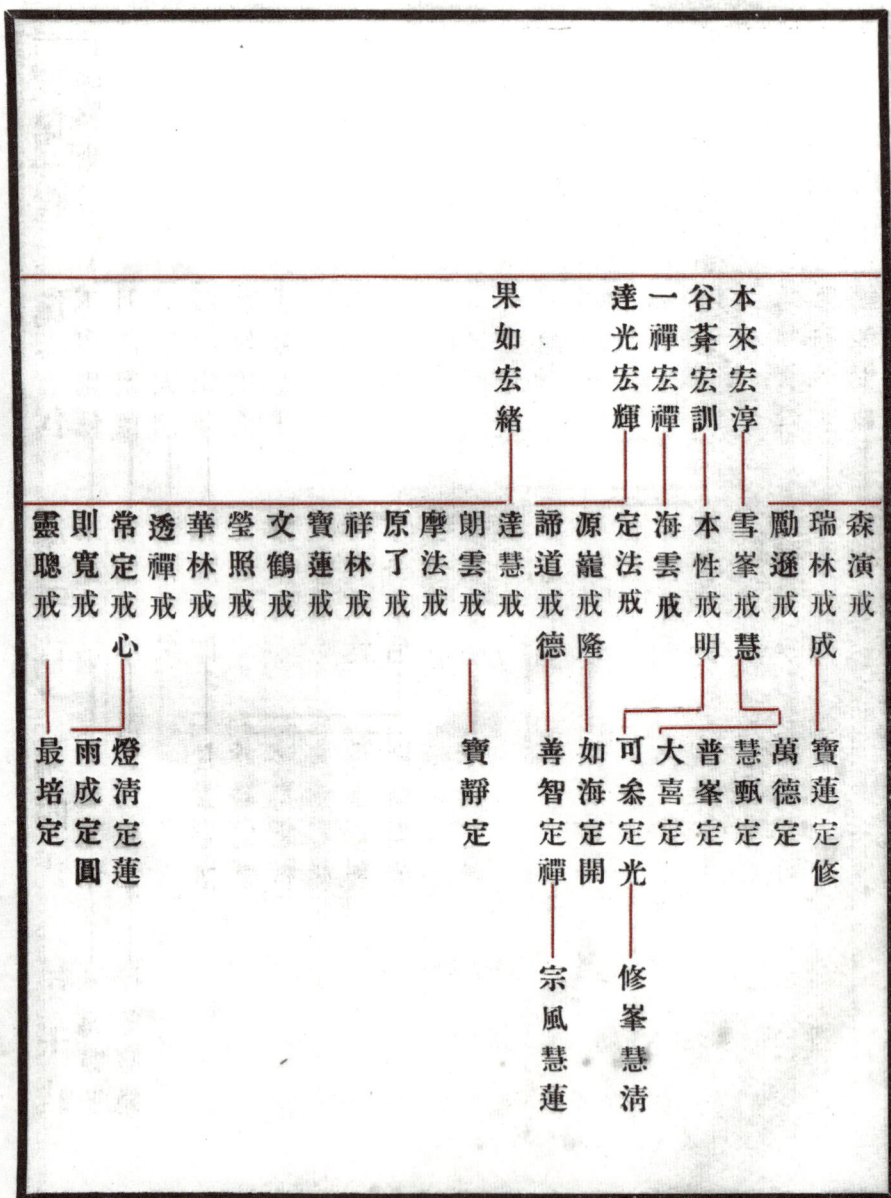

法嗣綫圖

僧晉宏普　澄溪宏清　文海宏光　妙宗宏綱　蓮生宏成　蓬萊宏道　錦西宏壽　獻惠宏化　賢兆宏修　法光宏耀　演化宏詮　自眞宏權　青幹宏揚

摩塵戒　朗清戒　德軒戒慈　指南戒利　法舟戒悟　見雲戒覺　妙禪戒慧　從有戒禪　錦堂戒德　明性戒本　智曦戒智　別塵戒　瑞巖戒　妙旨戒圓　修懷戒清　得一戒淨　普洲戒嚴　妙潔戒本　月峯戒慧　大智戒道　興道戒　清禪戒澄

常學定智　妙道定悟　常空定如　寶成定覺　智根定修　照順定開　明峯定德　碧林定禪　靜蓮定　湘源定叅　演法定禪　法悟定道　皓明定環　常樂定悅　德宗定得　能聖定圓　性慧定如

了悟慧鎔　朝安慧燈　寬融慧靜　果潤慧宗　法忍慧旭　聖瑝慧綸

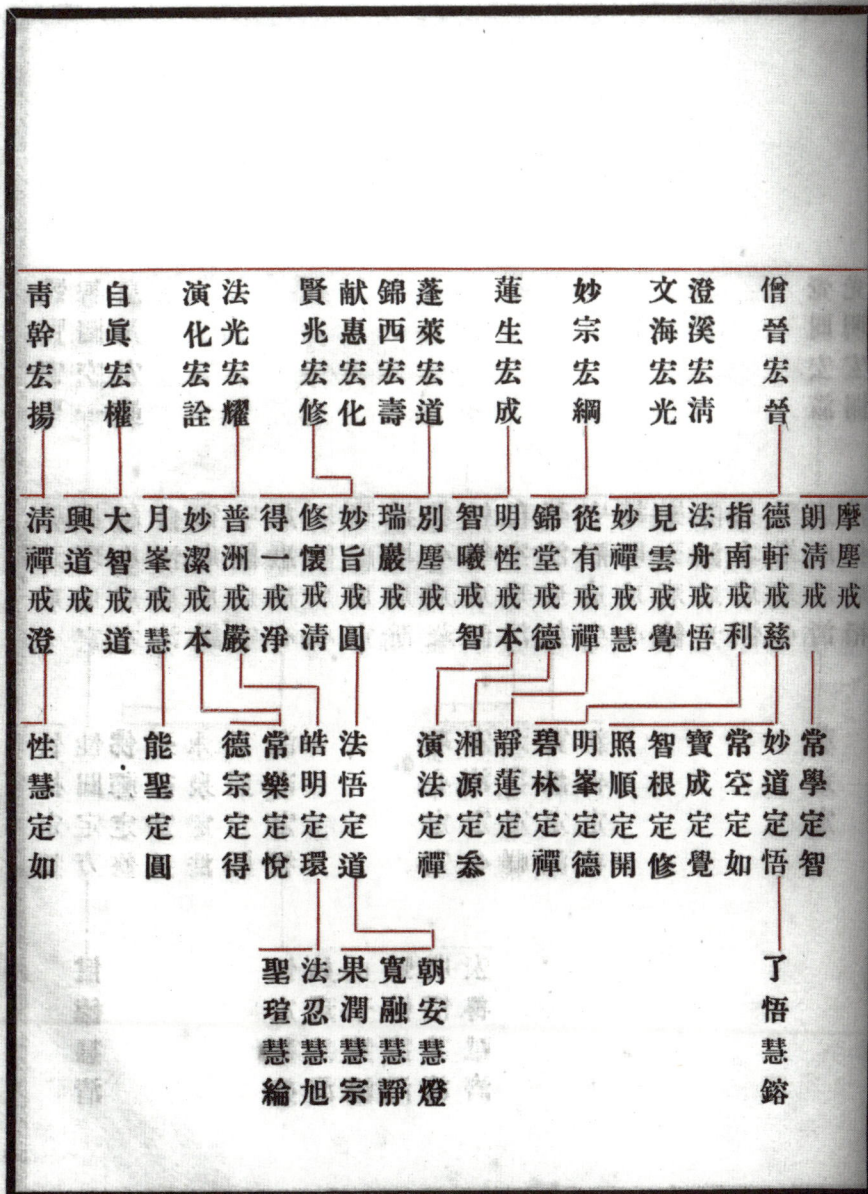

體賢宏聖
智圓宏一
息凡宏眞
覺圓宏滿
光明宏開

乾元戒
眞理戒定
超凡戒本
自悟戒清
密庵戒嚴
空觀戒空
如惠戒心
聖修戒心
覺福戒定
道增戒淨
發心戒藏
松年戒源
自空戒法
苾法戒如
守靜戒生
培明戒心
樂天戒德
靜源戒光
英才戒性
雪峯戒心
遠塵戒清
常林戒相

竹林定慧
性圓定方
佛禪定修
碧霞定慧
永泉定法
月照定嚴
海霞定智
淨心定安
安清定心
天喜定祥
寬忍定源
新善定善
載通定

信德慧清
性定慧榮
妙理慧潤
止于慧澄
野僧慧澤
明悟慧清
宏善慧濟

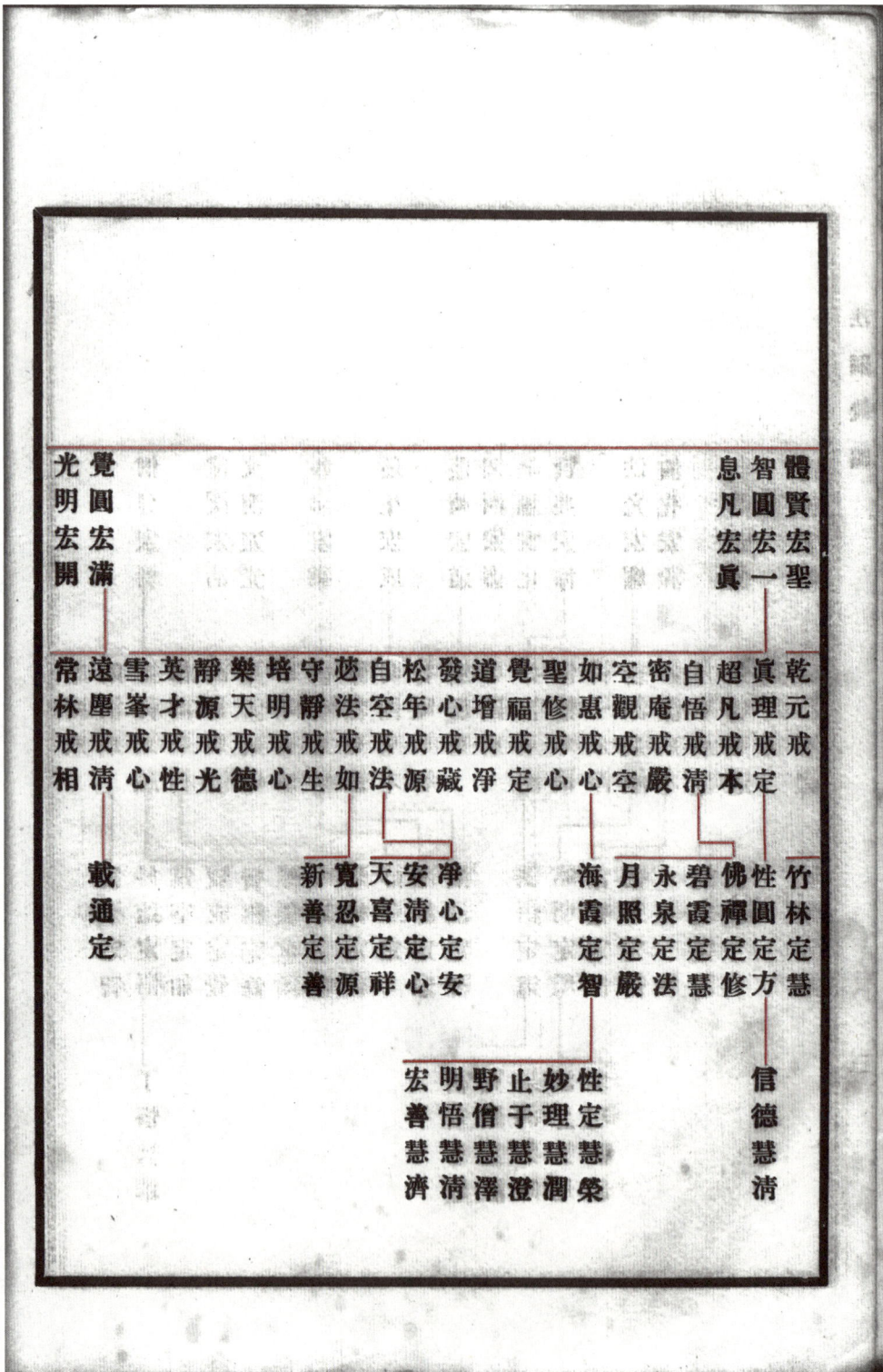

法嗣綫圖

僧晙宏燦
樂道宏來
介石宏覺
道亨宏達
了埃宏引
龍海宏珠
慧源宏琛

桑池戒品
靜明戒德
圓明戒遠
嵩庭戒高
慈航戒渡
常靜戒明
妙悟戒明
固源戒明
廣種戒田
永明戒慧
寬明戒明
鉅鏞戒演
寬厚戒謙
海蓮戒
果成戒明
萬緣戒岸
竹筠戒蔭
妙梵戒成
明棪戒道
世復戒藏
常慧戒恒
月潭戒浪

新山定圓
果靜定慧
能輝定覺
現權定修
西復定助
梵行定行
常信定慧
佳衍定
大倫定

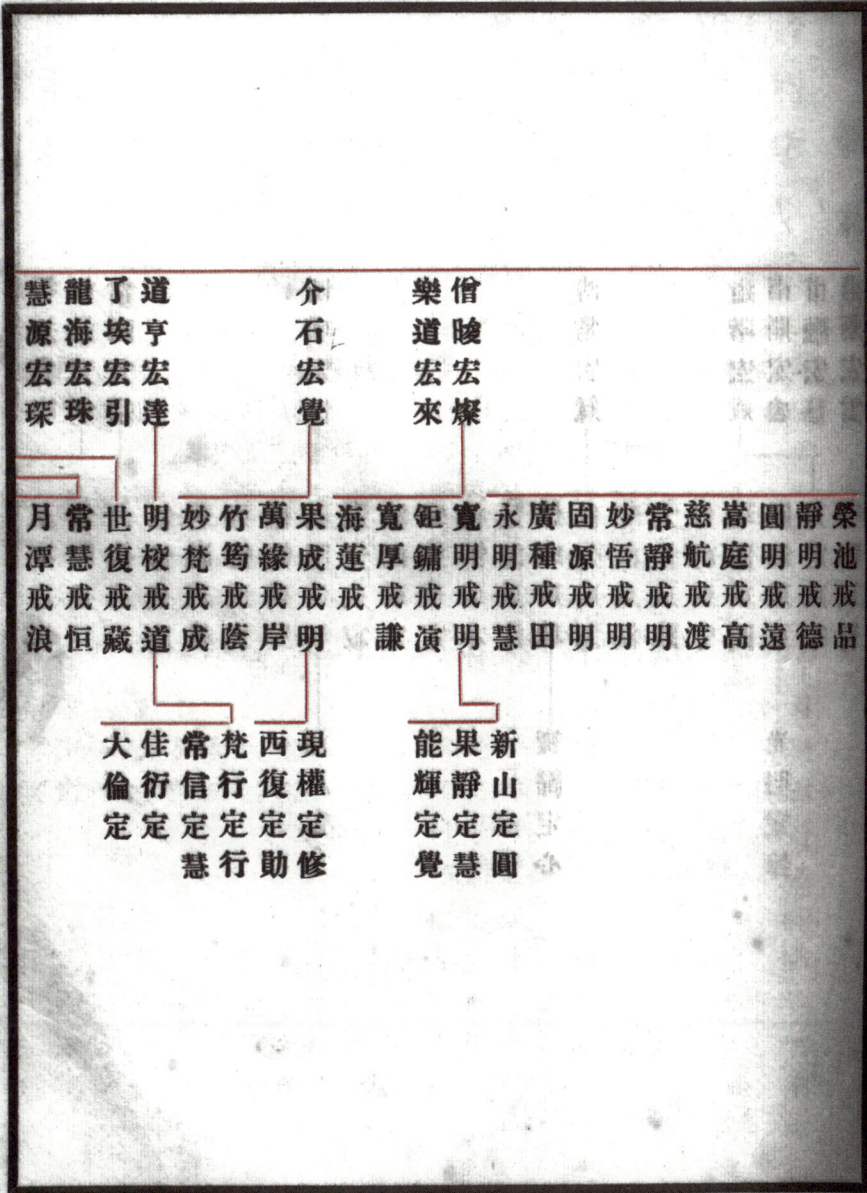

行規宏圓
如意宏定
常西宏宗
圓瑛宏悟
溥常宏鉌
道階宏戒
甫照宏忝
甫融宏慧
甫蔭宏雲

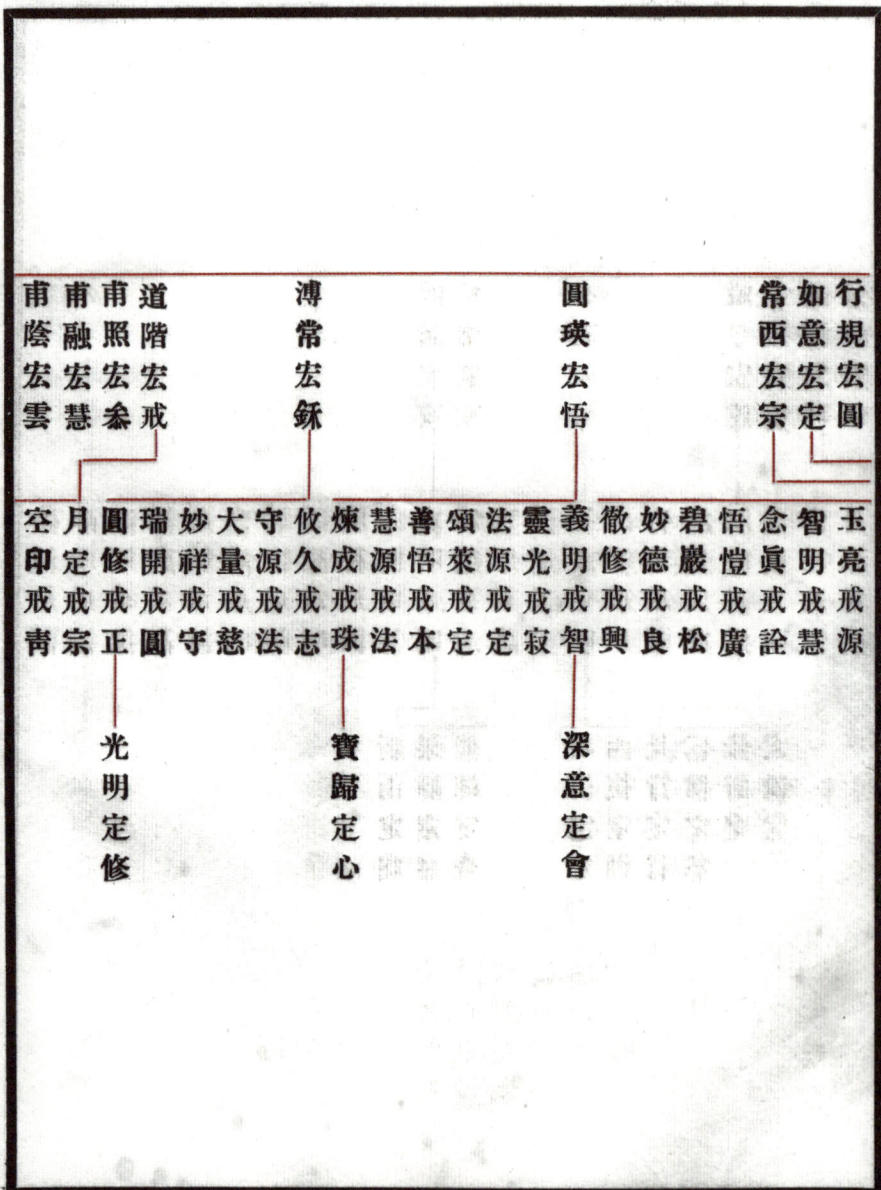

玉亮戒源
智明戒慧
念眞戒詮
悟愷戒廣
碧巖戒松
妙德戒良
徹修戒興
義明戒智
靈光戒寂
法源戒定
頌萊戒定
善悟戒本
慧源戒法
煉成戒珠
攸久戒志
守源戒法
大量戒慈
妙祥戒守
瑞開戒圓
圓修戒正
月定戒宗
空印戒青

深意定會
寶歸定心
光明定修

宗譜源流

普報字年籍
治恩慈出家
英堂運受具
皓上名授記
傳第靈事略
一慧
代號唱滅
傳飯法嗣
臨依
濟派
正名

生於道光七年丁亥十月初六日未時湖南省湘潭縣
朱氏子
二十四年甲辰年十八江西省義寧縣福田寺上昌下
明爲剃度恩師
二十六年丙午年二十江西省義寧縣五竺寺上野下
禪爲得戒和尚
同治九年庚午年四十四於浙江省鄞縣雲龍寺授記

同治二年癸亥年三十七住持鎮海萬善寺十三年甲
成年四十八住持天童寺光緒十六年庚寅年六十四
住持七塔寺爲中興第一代又前奉化雪竇寺住持

宣統二年庚戌八月二十九日辰時世壽八十四歲僧
臘六十有七塔於天童寺玲瓏巖下

一 玉忠宏傳　二 月波宏源　三 有法宏演
四 岐昌宏蓮　五 靜修宏濟　六 了善宏法
七 道清宏淨　八 蓮芳宏秀　九 續源宏教
十 本來宏淳　十一 谷莽宏訓　十二 一禪宏禪
十三 達光宏輝　十四 果如宏緒　十五 僧晉宏晉
十六 澄溪宏清　十七 文海宏光　十八 妙宗宏綱
十九 蓮生宏成　二十 蓬萊宏道　二一 錦西宏壽
二二 獻惠宏化　二三 賢兆宏修　二四 法光宏耀

宗第三十九世

隆安

二五 演化宏詮
二八 體賢宏聖
三一 覺圓宏滿
三四 樂道宏來
三七 了埃宏引
四十 行規宏圓
四三 圓瑛宏悟
四六 甫照宏叅

二六 自眞宏權
二九 智圓宏一
三二 光明宏開
三五 介石宏覺
三八 龍海宏珠
四一 如意宏定
四四 溥常宏鉌
四七 甫融宏慧

二七 青幹宏揚
三十 息凡宏眞
三三 僧晙宏燦
三六 道亨宏達
三九 慧源宏琛
四二 常西宏宗
四五 道階宏戒
四八 甫蔭宏雲

慈報字年籍　生於道光己丑年十月初十日　時安徽省桐城縣王氏子

運恩玉出家　年　歲安徽省桐城縣定安寺上性下源爲剃度恩師

慧堂忠受具　年　歲安徽省桐城縣定安寺上性下源爲得戒和尚

傳上名授記　年　歲浙江省鄞縣七塔寺於　年　月　日來本寺登記

第宏事略　中興九華山無相寺　大通普濟寺住持

二傳

代號

正問唱滅　光緒十六年十二月廿三日　時世壽　歲塔於　肉身裝金

宗山法嗣　一果建戒清二

第四

十一

支世

玉報字 年籍
忠恩果 出家
傳堂建 受具
傳上名 授記
第戒 事略
三清
代號
正 唱滅
宗 法嗣
四
一
世

生於道光戊申年十二月廿五日 時安徽省桐城縣
氏子
年 歲安徽省 縣無相寺上 下 爲剃度
恩師
年 歲江蘇省江寧縣 寺上 下 爲得戒
和尚
年 歲安徽省 縣普濟寺於 年
月 日來本寺登記
大通普濟寺住持
民國十六年四月廿四日 時世壽 歲塔於
一妙瓏定朗二

果報字年籍
建恩妙出家
清堂瓏受具
傳上名授記
第定事略
四朗
代號
正常唱滅
宗貴法嗣
四
二
世

生於同治庚午年六月初十日時江西省臨川縣周氏子
年　歲安徽省　縣普濟寺上果下建爲剃度恩師
年　歲安徽省　縣普濟寺上果下建爲得戒和尙
年　歲安徽省　縣普濟寺於　年　月　日來本寺登記
大通普濟寺住持
年　月　日　時世壽　歲塔於
一戒常慧明二

妙報字年籍
瓏恩戒出家
朗堂常受具
傳上名授記
第慧事略
五明
代號
正懶唱滅
宗菴法嗣
四
三
世

生於　　年　　月　　日　時江西省贛　縣
氏子
年　　歲安徽省　　縣普濟寺上妙下瓏爲剃度
恩師
年　　歲安徽省　　縣普濟寺上果下建爲得戒
和尙
年　　歲安徽省　　縣普濟寺於　　年
月　　日來本寺登記
大通普濟寺住持

民國廿一年十月十六日　時世壽　　歲塔於
一　　二

慈報字　年籍　生於　氏子　年　月　日　時　省　縣

運恩月　出家　年　恩師　歲　省　縣　寺　上　下　爲剃度

慧堂波　受具　年　和尚　歲　省　縣　寺　上　下　爲得戒

傳上名　授記　年　月　日來本寺登記　歲　省　縣　寺於　年

第宏　事略

二源

代號

正　唱滅　年　月　日　時世壽　歲塔於

宗　法嗣　一善清戒淨二

第四

二十

支世

月報字年籍
波恩善出家
源堂清受具
傳上名授記
第戒事略
三淨
代號
正唱滅
宗法嗣
四
一
世

生於　年　月　日　時　省　縣
氏子
年　歲　省　縣　寺上　下　爲剃度
恩師
年　歲　省　縣　寺上　下　爲得戒
和尚
年　歲浙江省慈谿縣跨塘寺於　年
月　日來本寺登記
慈谿跨塘寺住持
年　月　日　時世壽　歲塔於
一性悟定惠二

善報字年籍 生於同治庚午年十一月初六日　時浙江省慈谿縣勵氏子

清恩性出家 年　歲浙江省慈谿縣跨塘寺上常下照爲剃度恩師

淨堂悟受具 年　歲浙江省鄞縣天童寺上淨下心爲得戒和尚

傳上名授記 年　歲浙江省慈谿縣跨塘寺於　年　月　日來本寺登記

第定事略 慈谿跨塘寺住持

四惠

代號

正 唱滅 年　月　日　時世壽　歲塔於

宗 法嗣 一德源惠鏡二

四

二

世

性報字年籍
悟恩德出家
惠堂源受具
傳上名授記
第慧事略
五鏡
代號
正唱滅
宗法嗣
四
三
世

生於光緒癸巳年五月十七日辰時浙江省慈谿縣勵
氏子
年三十歲浙江省慈谿縣跨塘寺上性下悟爲剃度恩
師
年三十歲浙江省鄞縣天童寺上文下質爲得戒和尚
年四十二歲浙江省慈谿縣跨塘寺於　　年
一月　日來本寺登記
鎮海高山寺住持
慈谿跨塘寺住持

年　　月　　日　時世壽　　歲塔於

一　　二

慈報字年籍
運恩有出家
慧堂法受具
傳上名授記
第宏事略
二演
代號
正唱滅
宗法嗣
第四
三十
支世

生於道光己酉年正月初四日時浙江省山陰縣
氏子
年　歲　省　縣　寺上下爲剃度
恩師
年　歲　省　縣　寺上下爲得戒
和尚
年　歲　省　縣　寺於　年
月　日來本寺登記
年　月　日　時世壽　歲塔於
一紹來戒成二

有報字年籍
法恩紹出家
演堂來受具
傳上名授記
第戒事略
三成
代號
正唱滅
宗法嗣
四
一
世

生於　　年　　月　　日　時　　省　　縣
氏子
年　　歲　　省　　縣　　寺上　下為剃度
恩師
年　　歲　　省　　縣　　寺上　下為得戒
和尚
年　　歲　　省　　縣　　寺於　　年
月　　日來本寺登記

一
二

年　　月　　日　時世壽　　歲塔於

慈報字年籍
運恩歧出家
慧堂昌受具
傳上名授記
第宏事略
二蓮
代號
正　唱滅
宗　法嗣
第四
四十
支世

生於咸豐甲寅年十月十五日　時浙江省鄞縣錢氏
子
年　歲浙江省鄞縣永豐寺上下爲剃度
恩師
年　歲　省　縣　寺上下爲得戒
和尚
年　歲浙江省鄞縣七塔寺於　年
月　日來本寺登記
鄞縣永豐寺住持
七塔報恩寺住持

民國己未年八月二十三日　時世壽六十六歲塔於
鄞南麗山寺西崗

一常靜戒能性戒　二念性戒　三勤修戒　四成妙戒
五可亮戒性　六本舟戒濟　七圓安戒　八體明戒瑤
九蓮齋戒　十清遠戒　十一成法戒住　十二信善戒
十三慧性戒　十四無逸戒　十五善定戒成

岐昌蓮傳
報恩堂上第三代正宗四一世
字常靜　名戒能　號

年籍	生於咸豐庚申年十月十二日戌時湖南省湘鄉縣　氏子
出家	年　歲　省　縣　寺上　下　爲剃度恩師
受具	年　歲　省　縣　寺上　下　爲得戒和尚
授記	年　歲浙江省鄞縣永豐寺於　年　月　日來本寺登記
事略	鎮海萬善寺住持
唱滅	年　月　日　時世壽　歲塔於
法嗣	一梵雲定悟二

岐昌蓮傳

報恩堂上第三代正宗四一世

字本舟　名戒濟　號晉載

年籍　出家　受具　授記　事略　唱滅　法嗣

生於戊子年十一月二十日丑時湖北省松滋縣嚴氏子

年八歲湖北省枝江縣東嶽寺上性下明為剃度恩師

年十四歲湖北省枝江縣東山寺上滌下塵為得戒和尚

年二十五歲浙江省鄞縣七塔寺於癸亥年十月初六日來本寺登記

奉化彌陀寺住持

鄞縣七塔寺住持

年　月　日　時世壽　歲塔於

一妙勝定慧　二本慧定觀　三大乘定能　四瑞蓮定智

五諦慧定光

岐報字 年籍
昌恩體 出家
蓮堂明 受具
傳上名 授記
第戒 事略
三瑤
代號
正 唱滅
宗 法嗣
四
一
世

生於 年 月 日 時 省 縣
氏子
年 歲 省 縣 寺 上 下 爲剃度
恩師
年 歲 省 縣 寺 上 下 爲得戒
和尚
年 歲 省 縣 寺於 年
月 日來本寺登記
鎭海華嚴寺住持
年 月 日 時世壽 歲塔於
一永眞定傳二

歧報字年籍
生於光緒丙子年　月　日　時浙江省奉化縣
毛氏子
昌恩成出家
年二十六歲浙江省奉化縣白雀寺上見下源爲剃度
恩師
蓮堂法受具
年二十七歲浙江省定海縣法雨寺上　下　爲得戒
和尚
傳上名授記
年三十歲浙江省鄞縣永豐寺於　年　月
日來本寺登記
第戒事略
奉化白雀寺住持
三住
代號
正唱滅
民國癸酉年九月　日　時世壽五八歲塔於
白雀寺東崗
宗法嗣
一悟靜定安二
四
一
世

宗譜源流　九

岐報字年籍　生於光緒庚辰年七月十二日卯時湖南省寶慶縣張氏子

昌恩善出家　年　歲湖南省衡山縣南峯寺上　下　爲剃度恩師

蓮堂定受具　年　歲湖南省　縣祝聖寺上　下　爲得戒和尚

傳上名授記　年　歲浙江省鄞縣七塔寺於　年　月　日來本寺登記

第戒事略　鄞縣永豐寺住持

三成

代號

正唱滅　民國丁卯年三月初四日酉時世壽　歲塔於

宗法嗣　一妙安定觀二

四

一

世

常報字年籍　生於光緒壬寅年十二月廿八日子時湖南省衡陽縣李氏子

靜恩梵出家　年　歲　省　縣　寺上　下　爲剃度恩師

能堂雲受具　年　歲　省　縣　寺上　下　爲得戒和尚

傳上名授記　年三十二歲浙江省鎮海縣萬善寺於　年　月　日來本寺登記

第定事略

四悟

代號

正唱滅　年　月　日　時世壽　歲塔於

宗法嗣　一　二

四

二

世

本	報字年籍
舟	恩妙出家
濟	堂勝受具
傳	上名授記
	第定事略
	四慧
	代號
	正唱滅
	宗法嗣
	四
	二
	世

年籍	生於光緒乙巳年十月十三日巳時湖北省武昌縣馬氏子
出家	年十九歲湖北省棗陽縣準提寺上月下禪爲剃度恩師
受具	年十九歲湖北省武昌縣古德寺上印下清爲得戒和尚
授記	年二十九歲浙江省鄞縣七塔寺於民國甲戌年十一月吉日來本寺登記
事略	
唱滅	年　月　日　時世壽　歲塔於
法嗣	一　二

本報字年籍
生於民國壬子年正月十八日巳時湖北省施南縣陳
氏子

舟恩本出家
年八歲湖北省來鳳縣太平寺上達下宏爲剃度恩師

濟堂慧受具
年十一歲湖南省澧縣不二寺上能下全爲得戒和尚

傳上名授記
年二十二歲浙江省鄞縣七塔寺於　年
月　日來本寺登記

第定事略

四觀

代號

正唱滅
年　月　日　時世壽　歲塔於

宗法嗣
一
二

四

二

世

本報字年籍
生於光緒甲辰年十二月二十五日申時湖北省當陽縣王氏子

舟恩大出家
年十一歲湖北省當陽縣玉泉寺上成下修爲剃度恩師

濟堂乘受具
年　歲湖北省當陽縣如來寺上福下慧爲得戒和尚

傳上名授記
年三十歲浙江省鄞縣七塔寺於　年　月日來本寺登記

第定事略

四能

代號

正唱滅
年　月　日　時世壽　歲塔於

宗法嗣
一
二

四

二

世

本報字年籍 生於光緒戊申年十月十三日午時江蘇省泰縣王氏子

舟恩瑞出家 年十七歲江蘇省泰縣永慶寺上石下點爲剃度恩師

濟堂蓮受具 年 歲江蘇省江寧縣獅林寺上本下渡爲得戒和尚

傳上名授記 年二十六歲浙江省鄞縣七塔寺於民國癸酉年月 日來本寺登記

第定事略

四智

代號

正唱滅 一 二 年 月 日 時世壽 歲塔於

宗法嗣

四

二

世

體報字年籍

明恩永出家

瑤堂眞受具

傳上名授記

第定事略

四傳

代號

正唱滅

宗法嗣

四

二

世

生於光緒癸卯年正月初八日寅時湖南省來陽縣謝氏子

年十六歲湖南省零陵縣隆興寺上正下道爲剃度恩師

年十七歲湖南省衡山縣福嚴寺上寶下元爲得戒和尚

年二十八歲浙江省鎭海縣華嚴寺於民國甲戌年十月吉日來本寺登記

鎭海華嚴寺住持

年　　月　　日　時世壽　　歲塔於

一　二

成報字年籍
法恩悟出家
住堂靜受具
傳上名授記
第定事略
四安
代號
正唱滅
宗法嗣
四
二
世

生於光緒壬午年六月十六日子時江蘇省江陰縣王氏子
年二十八歲湖南省衡山縣大善寺上明下亮爲剃度恩師
年二十八歲湖南省長沙縣上林寺上雪下泉爲得戒和尚
年三十歲浙江省奉化縣白雀寺於民國甲戌年十月吉日來本寺登記
宣統三年住持白雀寺　民國六年接住茅山寺
民國六年嗣任住持南嶽南台寺
民國八年傳戒畢退席　民國八年復住持茅山寺白雀寺

年　月　日　時世壽　歲塔於

一　二

善報字定恩妙年籍

定恩妙出家

成堂安受具

傳上名授記

第定事略

四觀

代號

正唱滅

宗法嗣

四

二

世

生於光緒辛卯年正月初十日戌時湖南省零陵縣唐氏子

年十八歲湖南省祈陽縣大華寺上靜下禪爲剃度恩師

年十八歲湖南省湘潭縣海會寺上印下傳爲得戒和尚

年二十四歲浙江省鄞縣永豐寺於民國甲寅年月日來本寺登記

鄞縣永豐寺住持

年　月　日　時世壽　歲塔於

一　二

慈報字　年籍
運恩靜　出家
慧堂修　受具
傳上名　授記
第宏　事略
二濟
代號
正　唱滅
宗　法嗣
第四
五十
支世

生於　年　月　日　時　省　縣
氏子
年　歲　省　縣　寺上　下爲剃度
恩師
年　歲　省　縣　寺上　下爲得戒
和尚
年　歲　省　縣　寺於　年
月　日來本寺登記

年　月　日　時世壽　歲塔於
一　二

慈報字年籍
運恩了出家
慧堂善受具
傳上名授記
第宏事略
二法
代號
正唱滅
宗法嗣
第四
六十
支世

生於道光丙午年正月初六日卯時湖南省清泉縣
氏子
年　歲　省　縣　寺上　下　爲剃度
恩師
年　歲　省　縣　寺上　下　爲得戒
和尚
年　歲　省　縣　寺於　年
月　日來本寺登記

年　月　日　時世壽　歲塔於
一　二

慈報字年籍　生於同治癸酉年十一月初五日午時　　省江夏縣　氏子

運恩道出家　年　歲　省　縣　寺上　下爲剃度　恩師

慧堂清受具　年　歲　省　縣　寺上　下爲得戒　和尙

傳上名授記　年　歲　省　縣　寺於　年　月　日來本寺登記

第宏事略

二淨

代號

正唱滅　年　月　日　時世壽　歲塔於

宗法嗣　一式堂戒惠二

第四

七十

支世

道報字年籍
清恩式出家
淨堂堂受具
傳上名授記
第戒事略
三惠
代號
正唱滅
宗法嗣
四
一
世

生於光緒丙子年十月十五日時浙江省奉化縣陳
氏子
年二十二歲浙江省鄞縣龍聖寺上僧下晉爲剃度恩
師
年二十二歲浙江省鄞縣天童寺上西下峯爲得戒和
尚
年四十一歲浙江省鄞縣七塔寺於　年
月日來本寺登記
鎮海普慶寺住持
鄞縣七塔寺監院

年　月　日　時世壽　歲塔於
一普周定祥二

式報字年籍
堂恩普出家
惠堂周受具
傳上名授記
第定事略
四祥
代號
正唱滅
宗法嗣
四
二
世

生於光緒壬辰年十一月初五日子時湖南省永興縣
王氏子
年六歲湖南省永興縣玉泉寺上松下定爲剃度恩師
年十歲湖南省來陽縣金錢寺上道下階爲得戒和尚
年三十三歲浙江省鎮海縣普慶寺於民國甲戌年
一月日來本寺登記
鄞縣梅墟寧遠寺住持

年　月　日　時世壽　歲塔於

一
二

慈報字年籍　生於道光辛丑年六月初一日卯時湖南省衡山縣　氏子

運恩蓮出家　年　歲　省　縣　寺上下爲剃度　恩師

慧堂芳受具　年　歲　省　縣　寺上下爲得戒　和尚

傳上名授記　年　歲　省　縣　寺於　年　月　日來本寺登記

第宏事略

二秀

代號

正唱滅　年　月　日　時世壽　歲塔於

宗法嗣　一月良戒明二

第四

八十

支世

慈報字年籍
運恩續出家
慧堂源受具
傳上名授記
第宏事略
二教
代號
正唱滅
宗法嗣
第四
九十
支世

生於道光丙午年十一月二十五日午時湖南省衡山
縣何氏子
年二十六歲湖南省衡山縣大善寺上與下了爲剃度
恩師
年　歲　省　縣　寺上　下　爲得戒
和尚
年　歲　省　縣　寺於　年
月　日來本寺登記
最初主席南嶽祝聖寺清涼寺安徽迎江寺後主席奉
化雪竇寺鄞縣茅山寺以上五寺均曾開期傳戒二次
頒請龍藏
光緒丁未年正月初五日　時世壽六十二歲塔於茅
山寺後西崗
一修圓戒　二森演戒　三瑞林戒成　四勵遜戒

續報字年籍
源恩瑞出家
教堂林受具
傳上名授記
第戒事略
三成
代號
正唱滅
宗法嗣
四
一
世

生於　　年　　月　　日　　時浙江省鄞縣
氏子
年四歲浙江省鄞縣耕雲寺上友下法爲剃度恩師
年十八歲浙江省鄞縣天童寺上德下清爲得戒和尙
年二十八歲浙江省鄞縣普安寺於　　年
月　日來本寺登記
住持天童寺耕雲堂

年　　月　　日　　時世壽　　歲塔於
一寶蓮定修二

續報字年籍
源恩勵出家
教堂遜受具
傳上名授記
第戒事略
三
代號
正唱滅
宗法嗣
四
一
世

生於光緒丁亥年五月初九日卯時湖南省衡山縣邊氏子
年二十歲浙江省慈谿縣赭山寺上心下愷爲剃度恩師
年二十歲浙江省鄞縣七塔寺上慈下運爲得戒和尚
年二十歲浙江省鄞縣七塔寺於　年　月日來本寺登記
二十三歲至三十歲監院赭山清果寺時建三笑堂九蓮居栴檀菴龍王堂上海通州路購地五分六厘三造心安寺三十歲至四十八歲丁巳年重建慈谿永明寺羅漢殿庚午年在上海華德路遼陽路購地基二畝三分六厘開建福壽寺壬申年主席南岳祝聖寺同時開期傳戒
年　月　日　時世壽　歲塔於
一　二

慈報字年籍

生於咸豐丙辰年三月二十九日　時湖南省寧鄉縣

氏子

運恩本出家

年　　歲　　省　　縣　　寺上下為剃度

恩師

慧堂來受具

年　　歲　　省　　縣　　寺上下為得戒

和尚

傳上名授記

年　　歲　　省　　縣　　寺於　　年

月　日來本寺登記

第二代宏淳號事略

七塔寺住持

正唱滅

光緒乙巳年七月初四日　時世壽　歲塔於

宗法嗣

一雪峯戒慧二

第四十十世支

本報字來恩雪淳堂峯傳上名第三代正宗四一世

字年籍　來恩雪出家　淳堂峯受具　傳上名授記　第戒事略　三慧　代號　正如唱滅　宗艮法嗣　四一世

生於同治癸亥年八月十五日亥時浙江省鄞縣黃氏子

年　歲浙江省鄞縣雲龍寺上悅下輝爲剃度恩師

年　歲浙江省蕭山縣隆興寺上明下慧爲得戒和尚

年三十一歲浙江省鄞縣七塔寺於　年月　日來本寺登記

鄞東廣靈寺住持　奉化雪竇寺都監

鄞西天王寺住持　鄞西接待寺監院

鎮海善濟寺住持　鄞城觀宗寺都監

年　月　日　時世壽　歲塔於

一萬德定　二慧甄定　三普峯定　四大喜定

慈報字年籍
運恩谷出家
慧堂蒼受具
傳上名授記
第宏事略
二訓
代號
正唱滅
第宗法嗣
十四
一十
支世

生於咸豐丁巳年五月初三日時湖南省衡陽縣
氏子
年　歲　省　縣　寺上下為剃度
恩師
年　歲　省　縣　寺上下為得戒
和尚
年　歲　省　縣　寺於　年
月　日來本寺登記
鄞縣七塔寺住持

民國丁巳年　月　日　時世壽　歲塔於奉
化雪竇寺
一本性戒明二

谷報字年籍
莽恩本出家
訓堂性受具
傳上名授記
第戒事略
三明
代號
正唱滅
宗法嗣
四
一
世

生於　年　月　日　時　省　縣
氏子
年　歲　省　縣　寺上　下為剃度
恩師
年　歲　省　縣　寺上　下為得戒
和尚
年　歲　省　縣　寺於　年
月　日來本寺登記
寺住持

年　月　日　時世壽　歲塔於
一可系定光二

本報字年籍
性恩可出家
明堂忝受具
傳上名授記
第定事略
四光
代號
正唱滅
宗法嗣
四
二
世

生於　年　月　日　時　省　縣
氏子
年　歲　省　縣　寺上下　爲剃度
恩師
年　歲　省　縣　寺上下　爲得戒
和尚
年　歲　省　縣　寺於　年
月　日來本寺登記

年　月　日　時世壽　歲塔於
一修峯慧清二

可豢光傳
報恩堂上第五代正宗四三世
字修峯 名慧清 號

年籍：生於　　年　　月　　日　　時　　省　　縣　　氏子

出家：　　年　　歲　　省　　縣　　寺　上　下　爲剃度恩師

受具：　　年　　歲　　省　　縣　　寺　上　下　爲得戒和尚

授記：　　年　　歲　　省　　縣　　寺於　　年　　月　　日來本寺登記

事略：廣福寺住持

唱滅：一　　年　　二　　月　　日　　時　世壽　　歲　塔於

法嗣：

慈報字年籍 生於咸豐已未年十二月十二日時江西省萍鄉縣
氏子

運恩一出家 年 歲 省 縣 寺上下爲剃度
恩師

慧堂禪受具 年 歲 省 縣 寺上下爲得戒
和尚

傳上名授記 年 歲 省 縣 寺於 年
月 日來本寺登記

第宏事略

二禪

代號

正唱滅 光緒甲午年九月初九日戌時世壽 歲塔於

第宗法嗣 一海雪戒 二

十四

二十

支世

慈報字年籍
運恩達出家
慧堂光受具
傳上名授記
第宏事略
二輝
代號
正唱滅
第宗法嗣
十四
三十
支世

生於咸豐己未年十二月二十一日　時江西省萍鄉
縣　氏子
年　歲　省　縣　寺上下　爲剃度
恩師
年　歲　省　縣　寺上下　爲得戒
和尚
年　歲　省　縣　寺於　年
月　日來本寺登記

光緒乙巳年十月二十二日戌時世壽　歲塔於
鎮海永福寺
一定法戒　二源寵戒隆　三諦道戒德

達報字 年籍
光恩源 出家
輝堂龍 受具
傳上名 授記
第戒 事略
三隆
代號
正覺 唱滅
宗性 法嗣
四
一
世

生於光緒丁亥年正月二十四日酉時浙江省定海縣
氏子
年　歲浙江省鄞縣育王寺上　下　爲剃度恩
師
年二十一歲浙江省鄞縣天童寺上達下光爲得戒和
尙
年　歲　省　縣　寺於　年
月　日來本寺登記
鄞縣阿育王寺住持

年　月　日　時世壽　歲塔於
一如海定開二

源報字年籍　生於光緒辛丑年四月十四日戌時湖北省松滋縣田氏子

龍恩如出家　年八歲湖南省石門縣夾山寺上眞下守爲剃度恩師

隆堂海受具　年十歲湖南省澧縣品元寺上沛下道爲得戒和尚

傳上名授記　年三十歲浙江省鄞縣育王寺於　年　月日來本寺登記

第定事略　鎮海金蓮寺住持

四開

代號

正唱滅　年　月　日　時世壽　歲塔於

宗法嗣　一　二

四

二

世

達報字年籍
生於同治己巳年十月初八日戌時湖南省零陵縣唐氏子

光恩諦出家
年三十歲湖南省祈陽縣仁瑞寺上清下修爲剃度恩師

輝堂道受具
年三十歲湖南省衡陽縣雁峯寺上豁下僧爲得戒和尚

傳上名授記
年四十歲浙江省鎮海縣永福寺於　　年
月　　日來本寺登記

第戒事略

三德

代號

正唱滅
年　　月　　日　　時世壽　　歲塔於

宗法嗣
一善智定禪二

四

一

世

諱報字年籍
道恩善出家
德堂智受具
傳上名授記
第定事略
四禪
代號
正明唱滅
宗行法嗣
四
二
世

生於光緒庚寅年五月二十六日卯時湖南省東安縣
李氏子
年十二歲湖南省東安縣圓通寺上普下會爲剃度恩
師
年十五歲湖南省衡陽縣羅漢寺上悟下眞爲得戒和
尚
年四十三歲浙江省鎮海縣永福寺於民國壬申年四
月八日來本寺登記
上海靈峯東院住持　鎮海永福寺住持

年　月　日　時世壽　歲塔於
一宗風慧蓮二

善報字年籍
智恩宗出家
禪堂風受具
傳上名授記
第慧事略
五蓮
代號
正唱滅
宗法嗣
四
三
世

生於光緒丙午年年三月十八日丑時湖南省辰州縣石
氏子
年十八歲湖南省祈陽縣天台寺上道下圓爲剃度恩
師
年十八歲湖南省常寧縣菩提寺上福下慧爲得戒和
尚
年二十九歲浙江省鎮海縣永福寺於　　年
月　日來本寺登記

年　　月　　日　時世壽　　歲塔於
一　二

慈報字年籍
運恩果出家
慧堂如受具
傳上名授記
第宏事略
二緒
代號
正澹唱滅
第宗禪法嗣
十四
四十
支世

生於同治壬戌年九月初三日巳時浙江省定海縣薛
氏子
年七歲浙江省定海縣普濟寺上松下齡爲剃度恩師
年　歲浙江省鄞縣天童寺上　下　爲得戒和
尙
年　歲浙江省鄞縣七塔寺於　年
月　日來本寺登記
定海普濟寺住持　奉化雪竇寺住持　創辦上海雪
竇寺分院　定海金山寺住持　定海化成寺住持
中興奉化雪竇寺　頒請龍藏傳戒
民國已未年六月二十日申時世壽五十八歲塔於奉
化雪竇寺造像於定海普濟寺
一達慧戒　二朗雲戒　三摩法戒　四原了戒
五祥林戒　六寶蓮戒　七文鶴戒　八瑩照戒
九華林戒　十透禪戒　十一常定戒心　十二則寬戒
十三靈聰戒　十四摩塵戒　十五朗清戒

果報字年籍

生於　　年　　月　　日　　時　　省　　縣
氏子

如恩朗出家

年　　歲　　省　　縣　　寺上下爲剃度
恩師

緒堂雲受具

年　　歲　　省　　縣　　寺上下爲得戒
和尚

傳上名授記

年　　歲　　省　　縣　　寺於　　年
月日來本寺登記

第戒事略

鄞縣觀宗寺首座　奉化雪竇寺住持

三代號

正宗唱滅

民國　　年　　月　　日　　時世壽　　歲塔於奉
化雪竇寺

宗法嗣

一寶靜定　二

四十世

果報字年籍
如恩常出家
緒堂定受具
傳上名授記
第戒事略
三心
代號
正性唱滅
宗莽法嗣
四
一
世

生於光緒庚辰年十二月初九日午時浙江省奉化縣汪氏子

年二十六歲浙江省定海縣普濟寺上果下如爲剃度恩師

年二十六歲浙江省鄞縣七塔寺上慈下運爲得戒和尙

年三十歲浙江省奉化縣雪竇寺於　年　月日來本寺登記

定海化成寺住持　奉化雪竇寺監院　定海普濟寺住持　定海普濟寺閉關六年

年　月　日　時世壽　歲塔於

一燈清定蓮二雨成定圓

果報字年籍
如恩朗出家
緒堂清受具
傳上名授記
第戒事略
三號
代
正唱滅
宗法嗣
四
一
世

生於　　年　　月　　日　　時　　省　　縣
氏子
年　　歲　　省　　縣　　寺上　　下　　爲剃度
恩師
年　　歲　　省　　縣　　寺上　　下　　爲得戒
和尚
年　　歲　　省　　縣　　寺於　　年
月　　日來本寺登記
奉化雪竇寺住持

年　　月　　日　　時世壽　　歲塔於
一常學定智二

朗報字年籍　生於光緒乙巳年十二月初一日亥時湖北省　縣
胡氏子
清恩常出家　年十四歲浙江省鄞縣地藏寺上蓮下峯爲剃度恩師
傳堂學受具　年十七歲浙江省定海縣慧濟寺上德下靈爲得戒和
尚
上名授記　年二十五歲浙江省奉化縣雪竇寺於　　年
月　日來本寺登記
第定事略　佈金寺住持
四智
代號
正宏唱滅　　年　　月　　日　　時世壽　　歲塔於
宗慧法嗣　一　　二
四
二
世

慈報字年籍　生於同治戊辰年四月十九日　時湖南省永興縣
氏子
運恩僧出家　年　歲　省　縣　寺上下爲剃度
恩師
慧堂晋受具　年　歲　省　縣　寺上下爲得戒
和尙
傳上名授記　年　歲　省　縣　寺於　年
月　日來本寺登記
第宏事略　鄞縣龍聖寺住持　七塔寺都監
二晋
代號
正唱滅　年　月　日　時世壽　歲塔於
第宗法嗣　一德軒戒慈　二指南戒利　三法舟戒悟　四見雲戒覺
五妙禪戒慧
十四
五十
支世

僧　報　字　年籍
晋恩德　出家
晋堂軒　受具
傳上名　授記
第　戒　事略
三慈
代號
正　唱滅
宗　法嗣
四
一
世

生於　氏子　年　月　日　時　省　縣
年　歲　省　縣　寺上　下爲剃度　恩師
年　歲　省　縣　寺上　下爲得戒　和尚
年　歲　省　縣　寺於　年
月　日來本寺登記
鄞縣水月菴住持　七塔寺監院　天童寺監院
開建德雲精舍

年　月　日　時世壽　歲塔於

一妙道定悟　二常空定如　三寶成定覺　四智根定修
五昭順定開

僧報字年籍
晋恩指出家
晋堂南受具
傳上名授記
第戒事略
三利
代號
正仲唱滅
宗法法嗣
四
一
世

生於光緒丙戌年正月三十日卯時湖南省寶慶縣李氏子

年十九歲湖南省寶慶縣福壽寺上志下高爲剃度恩師

年十九歲湖南省寶慶縣毘盧寺上悟下剛爲得戒和尚

年二十四歲浙江省鄞縣龍聖寺於　　年　月　日來本寺登記

鄞縣看經寺住持

年　　月　　日　　時世壽　　歲塔於

一明峯定德二碧林定禪

僧報字年籍 生於光緒辛卯年十一月初五日辰時湖南省衡山縣邊氏子

晉恩法出家 年十四歲浙江省慈谿縣楮山寺上心下愷爲剃度恩師

晉堂舟受具 年二十歲安徽省　縣迎江寺上是下岸爲得戒和尚

傳上名授記 年四十三歲浙江省鄞縣龍聖寺於民國甲戌年月日來本寺登記

第戒事略 上海心安寺住持

三悟

代號

正唱滅 年　月　日　時世壽　歲塔於

宗法嗣 一　二

四

一

世

僧報字年籍　生於光緒甲辰年八月十五日未時溫州省樂清縣　氏子

晉恩見出家　年十八歲浙江省慈谿縣集福寺上如下聽爲剃度恩師

晉堂雲受具　年　歲　省　縣　寺上　下　爲得戒和尚

傳上名授記　年　歲　省　縣　寺於　年　月　日來本寺登記

第戒事略

三覺

代號

正性唱滅　年　月　日　時世壽　歲塔於

宗覺法嗣　一　二

四

一

世

僧報字　年籍　生於光緒庚子年十二月十五日丑時湖北省江陵縣劉氏子

晉恩妙　出家　年十歲（宣統三年）湖北省公安縣報慈寺上宗下清爲剃度恩師

晉堂禪　受具　年十二歲湖北省荆州縣如來寺上體下洲爲得戒和尚

傳上名　授記　年三十六歲浙江省鄞縣龍聖寺於民國廿四年一月廿八日來本寺登記

第戒　事略　杭縣開元寺住持　慈谿護龍寺住持

三慧

代號

正　唱滅　年　月　日　時世壽　歲塔於

宗　法嗣　一　二

四

一

世

德報字軒恩常慈堂空傳上名定如號

第四代正宗四二世

年籍
生於光緒庚寅年十一月十五日未時湖南省衡陽縣劉氏子

出家
年十八歲湖南省衡陽縣北斗寺上妙下義爲剃度恩師

受具
年　歲　省　縣　寺上　下　爲得戒和尚

授記
年四十一歲浙江省鄞縣水月寺於　年　月日來本寺登記

事略
民國十三年定海金塘宏濟寺住持
民國二十年鄞縣水月寺住持

唱滅
年　月　日　時世壽　歲塔於

法嗣
一
二

德報字年籍　生於光緒已亥年正月初五日酉時湖南省寶慶縣羅氏子

軒恩寶出家　年十七歲湖南省寶慶縣東土寺上妙下心爲剃度恩師

慈堂成受具　年十七歲湖南省衡陽縣西禪寺上寶下生爲得戒和尚

傳上名授記　年三十六歲浙江省鄞縣德雲寺於　年月　日來本寺登記

第定事略

四覺

代號

正唱滅　年　月　日　時世壽　歲塔於

宗法嗣　一　二

四

二

世

德報字年籍
軒恩智出家
慈堂根受具
傳上名授記
第定事略
四修
代號
正唱滅
宗法嗣
四
二
世

生於民國戊午年正月初六日丑時浙江省黃巖縣張
氏子
年七歲浙江省鄞縣鐵佛寺上于下定爲剃度恩師
年十六歲浙江省鄞縣天童寺上圓下瑛爲得戒和尚
年十七歲浙江省鄞縣七塔寺於　　年
月　日來本寺登記

年　月　日　時世壽　歲塔於

一　二

德軒慈傳

報恩堂上第四開代正宗四十二世

字昭順名定開號

年籍　生於光緒廿八年　月　日　時湖南省東安縣楊氏子

出家　年三十二歲湖南省　縣百子寺上增下明爲剃度恩師

受具　年十七歲　省　縣大佛寺上福下蓮爲得戒和尙

授記　年三十二歲浙江省鄞縣七塔寺於民國廿五年二月十九日來本寺登記

事略

唱滅　年　月　日　時世壽　歲塔於

法嗣　一　二

指報字年籍　生於光緒己亥年五月初一日酉時湖南省寧遠縣歐氏子

南恩明出家　年十二歲湖南省寧遠縣福泉寺上能下佾爲剃度恩師

利堂峯受具　年十九歲湖南省藍山縣塔下寺上小下顯爲得戒和尚

傳上名授記　年三十歲浙江省鄞縣看經寺於民國甲戌年十月六日來本寺登記

第定事略　鄞縣看經寺副寺

四德

代號

正唱滅　年　月　日　時世壽　歲塔於

宗法嗣　一　二

四

二

世

指報字年籍
生於宣統己酉年十一月十七日酉時湖南省武岡縣
劉氏子

南恩碧出家
年十九歲湖南省武岡縣洪覺寺上端下效爲剃度恩
師

利堂林受具
年十九歲湖南省武岡縣洪覺寺上端下效爲得戒和
尚

傳上名授記
年二十四歲浙江省鄞縣看經寺於民國甲戌年十月
六日來本寺登記

第定事略

四禪

代號

正唱滅
年　月　日　時世壽　歲塔於

宗法嗣
一　二

四

二

世

慈報字年籍　生於咸豐癸丑年六月十二日時江蘇省鎮江縣　氏子

運恩澄出家　年　歲　省　縣　寺上　下　爲剃度　恩師

慧堂溪受具　年　歲　省　縣　寺上　下　爲得戒　和尚

傳上名授記　年　歲　省　縣　寺於　年　月　日來本寺登記

第宏事略

二清

代號

正唱滅　年　月　日　時世壽　歲塔於

第宗法嗣　一　二

十四

六十

支世

慈報字年籍
運恩文出家
慧堂海受具
傳上名授記
第宏事略
二光
代號
正唱滅
第宗法嗣
十四
七十
支世

生於　　年　　月　　日　　時　　省　　縣
氏子
年　　歲　　省　　縣　　寺　上　下　爲剃度
恩師
年　　歲　　省　　縣　　寺　上　下　爲得戒
和尚
年　　歲　　省　　縣　　寺於　　年
月　　日來本寺登記

年　　月　　日　　時世壽　　歲塔於

一　二

慈報字年籍
運恩妙出家
慧堂宗受具
傳上名授記
第宏事略
二綱
代號
正久唱滅
第宗悟法嗣
十四
八十
支世

生於同治壬戌年閏八月二十一日戌時浙江省寧海
縣郭氏子
年三十歲浙江省天台縣拈花寺上明下全爲剃度恩
師
年三十歲浙江省鄞縣天童寺上慧下修爲得戒和尚
年三十三歲浙江省鄞縣七塔寺於光緒甲午年七月
三日來本寺登記
慈谿永慶菴住持　鄞縣七塔寺監院
年　月　日　時世壽　歲塔於
一從有戒禪ニ錦堂戒德

妙報 字 年籍
宗恩 錦 出家
綱堂 堂 受具
傳上 名 授記
第 戒 事略
三 德
代 號
正 唱滅
宗 法嗣
四
一
世

生於光緒甲申年十一月初五日丑時浙江省鄞縣陳氏子
年十八歲浙江省鄞縣施祥寺上智下圓爲剃度恩師
年二十二歲浙江省鄞縣七塔寺上慈下運爲得戒和尚
年二十四歲浙江省慈谿縣永慶寺於　年　月　日來本寺登記
鄞城大隱菴住持

年　月　日　時世壽　歲塔於

一湘源定叅二

錦堂德傳

報恩堂上第四代正宗四二世

字湘源名定衾號

年籍 生於光緒庚子年八月三十日子時浙江省鎮海縣
氏子

出家 年八歲浙江省鎮海縣廣慧寺上水下月爲剃度恩師

受具 年十六歲浙江省鄞縣觀宗寺上諦下閑爲得戒和尚

授記 年十八歲浙江省鄞縣大隱寺於　　年
月　日來本寺登記

事略 杭縣覺苑寺住持

唱滅 年　月　日　時世壽　歲塔於

法嗣 一　二

慈運慧傳第十九支
報恩堂上第二代正宗四十世
字蓮生名宏成號

年籍：生於　氏子　年　月　日　時　省　縣

出家：恩師　年　歲　省　縣　寺上　下　爲剃度

受具：和尚　年　歲　省　縣　寺上　下　爲得戒

授記：年　歲　省　縣　寺於　年　月　日來本寺登記

事略：

唱滅：年　月　日　時世壽　歲塔於

法嗣：一明性戒本　二智曦戒智

蓮報字年籍　生於　　氏子　　年　月　日時　省　縣

生恩明出家　　年　歲　省　縣　寺上　下　爲剃度恩師

成堂性受具　　年　歲　省　縣　寺上　下　爲得戒和尚

傳上名授記　　年　歲　省　寺於　年　月　日來本寺登記

第戒事略

三本

代號

正唱滅　　年　月　日　時世壽　歲塔於

宗法嗣　一演法定禪二

四

一

世

明報 字 年籍
生於光緒己亥年十二月初十日酉時江蘇省甘泉縣
盧氏子

性恩演 出家
年十一歲浙江省鄞縣廣善寺上明下性爲剃度恩師

本堂法 受具
年十六歲浙江省鄞縣天童寺上淨下心爲得戒和尚

傳上名 授記
年三十三歲浙江省鄞縣廣善寺於　　年
月　　日來本寺登記

第定 事略

四禪

代號

正 唱滅
年　　月　　日　　時世壽　　歲塔於

宗 法嗣
一
二

四

二

世

慈報字年籍

運恩蓬出家

慧堂萊受具

傳上名授記

第宏事略

二道

代號

正唱滅

第宗法嗣

二四

十十

支世

生於　　年　　月　　日　　時　　省　　縣　　氏子

年　　歲　　省　　縣　　寺上下　　爲剃度恩師

年　　歲　　省　　縣　　寺上下　　爲得戒和尚

年　　歲　　省　　縣　　寺於　　年　　月　　日來本寺登記

年　　月　　日　　時世壽　　歲塔於

一別塵戒　二瑞巖戒

慈報字年籍
運恩錦出家
慧堂西受具
傳上名授記
第宏事略
二壽
代號
第正唱滅
二宗法嗣
十四
一十
支世

生於　　年　　月　　日　　時浙江省樂清縣
氏子
年　　歲　　省　　縣　　寺上　　下　　爲剃度
恩師
年　　歲　　省　　縣　　寺上　　下　　爲得戒
和尚
年　　歲　　省　　縣　　寺於　　年
月　　日來本寺登記

年　　月　　日　　時世壽　　歲塔於

一
二

慈報字年籍
生於　年　月　日　時浙江省樂清縣
氏子

運恩獻出家
年　歲　省　縣　寺上　下　爲剃度
恩師

慧堂惠受具
年　歲　省　縣　寺上　下　爲得戒
和尚

傳上名授記
年　歲　省　縣　寺於　年
月　日來本寺登記

第宏事略

二化

代號

第正唱滅
年　月　日　時世壽　歲塔於

二宗法嗣
一　二

十四

二十

支世

慈報字年籍
運恩賢出家
慧堂光受具
傳上名授記
第宏事略
二修
代號
第正融唱滅
二宗春法嗣
十四
三十
支世

生於同治癸亥年九月初七日卯時湖南省寧鄉縣潘
氏子
年二十一歲四川省峨嵋縣大峨寺上先下溶爲剃度
恩師
年二十三歲四川省新都縣寶光寺上　下　爲得戒
和尚
年三十三歲浙江省鄞縣七塔寺於　年
月　日來本寺登記
鄞縣七塔寺住持　鎮海總持寺住持　定海化成寺
住持　天童古翠樓住持
民國十六年二月二十日子時世壽六五歲塔於鎮海
崇邱鄉普慶寺山
一妙旨戒圓　二修懷戒清　三得一戒淨

賢報字年籍
生於同治庚午年九月初九日吉時江西省　　縣
氏子

兆恩妙出家
年　　歲　　省　　縣　　寺上下　為剃度
恩師

修堂旨受具
年　　歲　　省　　縣　　寺上下　為得戒
和尚

傳上名授記
年　　歲　　省　　縣　　寺於　　年
月　　日來本寺登記

第戒事略
鎮海總持寺住持

三圓

代號

正玉唱滅
光緒戊申年十一月二十三日子時世壽三八歲塔於
天童寺普同塔

宗田法嗣
一法悟定道二

四

一

世

賢報字年籍
光恩修出家
修堂懷受具
傳上名授記
第戒事略
三清
代號
正身唱滅
宗寶法嗣
四
一
世

生於光緒戊子年三月十五日午時四川省開江縣詹
氏子
年二十二歲四川省開江縣金剛寺上勤下濟爲剃度
恩師
年二十二歲四川省開江縣金山寺上有下明爲得戒
和尚
年三十歲浙江省鎮海縣總持寺於　年
月日來本寺登記
四川開江金剛寺住持　浙江定海金塘化成寺住持

年　月　日　時世壽　歲塔於

一　二

賢報字年籍

生於光緒壬辰年十一月二十三日亥時湖南省寧鄉縣周氏子

光恩得出家

年十四歲湖南省湘陰縣達摩寺上妙下聞爲剃度恩師

修堂一受具

年二十歲湖南省長沙縣開福寺上光下明爲得戒和尚

傳上名授記

年三十一歲浙江省鄞縣七塔寺於　　年　　月　　日來本寺登記

第三淨代號戒事略

十九歲住持長沙白霞寺　民國六年朝禮普陀山
民國九年住七塔寺任職

正唱滅

年　　月　　日　　時世壽　　歲塔於

宗四一世法嗣

一

二

妙報字年籍
生於光緒壬辰年十一月十五日戌時浙江省奉化縣汪氏子

旨恩法出家
年二十六歲浙江省定海縣普濟寺上性下葊爲剃度恩師

圓堂悟受具
年二十七歲浙江省鄞縣天童寺上淨下心爲得戒和尚

傳上名授記
年三十二歲浙江省鎮海縣總持寺於民國十四年正月吉日來本寺登記

第定事略
民國九年定海金塘普濟寺住持
民國十三年鎮海總持寺住持

四道

代號

正演唱滅
年月日時世壽歲塔於

宗道法嗣
一朝安慧燈 二寬融慧靜 三果潤慧宗

四

二

世

法報字年籍
悟恩朝出家
道堂安受具
傳上名授記
第慧事略
五燈
代號
正唱滅
宗法嗣
四
三
世

生於光緒庚子年正月十七日寅時湖南省澧縣　氏
子
年　歲湖南省澧縣欽山寺上下爲剃度恩
師
年　歲　省　縣　寺上下　爲得戒
和尚
年二十五歲浙江省鎮海縣總持寺於民國二十二年
正月吉日來本寺登記
鎮海總持寺副寺　湖南澧縣欽山寺住持

年　月　日　時世壽　歲塔於

一　二

法悟道傳
報恩堂上第五代正宗四三世
字寬融名慧靜號

年籍：生於光緒戊申年三月二十一日子時四川省新都縣王氏子

出家：年二十歲四川省新都縣　寺上　下　爲剃度恩師

受具：年二十一歲四川省　縣昭覺寺上　下　爲得戒和尚

授記：年二十五歲浙江省鎮海縣總持寺於民國二十二年正月吉日來本寺登記

事略：鄞縣育王寺書記

唱滅：民國二十二年七月二十九日戌時世壽二十六歲塔於育王寺普同塔

法嗣：一　二

法報字年籍
悟恩果出家
道堂潤受具
傳上名授記
第慧事略
五宗
代號
正川唱滅
宗澤法嗣
四
三
世

生於宣統庚戌年十二月二十四日辰時四川省忠州
縣劉氏子
年十四歲四川省忠州縣廣積寺上克下安爲剃度恩
師
年十九歲四川省梁山縣雙桂寺上中下道爲得戒和
尚
年二十四歲浙江省鎮海縣總持寺於民國二十二年
正月望日來本寺登記
鎮海總持寺副寺

年　月　日　時世壽　歲塔於
一
二

慈報字年籍
運恩法出家
慧堂光受具
傳上名授記
第宏事略
二耀
代號
第正唱滅
二宗法嗣
十四
四十
支世

生於道光丙午年正月初一日　時　省　縣
氏子
年　歲　省　縣　寺上　下　爲剃度
恩師
年　歲　省　縣　寺上　下　爲得戒
和尚
年　歲　省　縣　寺於　年
月　日來本寺登記
鎭海總持寺住持

年　月　日　時世壽　歲塔於
一普洲戒嚴二妙潔戒本三月峯戒慧

法報字年籍
光恩普出家
耀堂洲受具
傳上名授記
第戒事略
三嚴
代號
正唱滅
宗法嗣
四
一
世

生於咸豐庚申年四月十五日時浙江省鎮海縣吳氏子
年二十五歲浙江省鄞縣天童寺上道下成爲剃度恩師
年二十五歲浙江省鄞縣天童寺上淨下禪爲得戒和尚
年三十歲浙江省鎮海縣總持寺於年月日來本寺登記
鎮海總持寺監院
鄞縣七塔寺副寺
鄞縣天童古翠樓住持

年月日時世壽歲塔於
一皓明定環二

法報字年籍

光恩妙出家

耀堂潔受具

傳上名授記

第戒事略

三本

代號

正唱滅

宗法嗣

四

一

世

生於同治壬申年二月二十八日時江西省豐成縣熊氏子

年十六歲福建省普成縣等覺寺上佛下喜爲剃度恩師

年十六歲浙江省定海縣法雨寺上立下山爲得戒和尚

年三十歲浙江省鎮海縣廣濟寺於　年　月　日來本寺登記

民國十八年鎮海茅洋寺住持

民國二十三年重修等覺寺任住持

年　月　日　時世壽　歲塔於

一常樂定悅　二德宗定得

法報字光恩月耀堂峯傳上名	第三代正宗四一世
年籍	生於　　年　　月　　日　　時　　省　　縣　　氏子
出家	年　　歲　　省　　縣　　寺上　　下　　為剃度恩師
受具	年　　歲　　省　　縣　　寺上　　下　　為得戒和尚
授記	年　　歲　　省　　縣　　寺於　　年　　月　　日來本寺登記
戒慧號	
事略	
唱滅	年　　月　　日　　時世壽　　歲塔於
法嗣	一能聖定圓二

普報字洲恩皓嚴堂明傳上名第定四環代號正宗四二世

年籍：生於光緒壬辰年十月十三日寅時浙江省武義縣
氏子

出家：年二十九歲浙江省長興縣顯聖寺上諦下禪爲剃度
恩師

受具：年二十九歲江蘇省江寧縣慧居寺上浩下淨爲得戒
和尚

授記：年三十九歲浙江省鄞縣天童寺於古翠樓同年九月
十日來本寺登記

事略：鄞縣天童寺監院　開建慈谿淨圓寺　淨圓寺住持

唱滅：年　月　日　時世壽　歲塔於

法嗣：一 法忍慧旭　二 聖瑄慧綸

妙報字　年籍　生於光緒己丑年八月初八日亥時四川省青神縣　氏子

潔恩常　出家　年十三歲四川省青神縣中巖寺上永下福爲剃度恩師

本堂樂　受具　年十八歲四川省青神縣中巖寺上常下安爲得戒和尚

傳上名　授記　年四十五歲浙江省鎮海縣茅洋寺於　年　月　日來本寺登記

第定　事略

四悅

代號

正　唱滅　年　月　日　時世壽　歲塔於

宗　法嗣　一　二

四

二

世

月報字年籍
峯恩能出家
慧堂聖受具
傳上名授記
第定事略
四圓
代號
正唱滅
宗法嗣
四
二
世

生於光緒己卯年　月　日　時浙江省樂清縣　氏子

年　歲　省　縣　寺上　下爲剃度恩師

年　歲　省　縣　寺上　下爲得戒和尚

年　歲浙江省鎮海縣永慶寺於　年　月　日來本寺登記

鎮海永慶寺住持

年　月　日　時世壽　歲塔於

一　二

皓報字年籍
明恩法出家
環堂忍受具
傳上名授記
第慧事略
五旭
代號
正宏唱滅
宗達法嗣
四
三
世

生於光緒己亥年　月　日　時浙江省臨海縣
張氏子
年三十歲浙江省杭縣虎跑寺上誓下弘爲剃度恩師
年三十歲浙江省鄞縣天童寺上禪下定爲得戒和尚
年三十四歲浙江省慈谿縣淨圓寺於　年
月　日來本寺登記
慈谿盧山寺住持

年　月　日　時世壽　歲塔於
一　二

皓報字年籍 生於民國癸丑年六月十六日戌時山東省即墨縣林氏子

明恩聖出家 年十一歲山東省即墨縣華嚴寺上蓮下橋爲剃度恩師

環堂瑄受具 年十九歲奉天省營口縣楞嚴寺上禪下定爲得戒和尚

傳上名授記 年二十一歲浙江省慈谿縣淨圓寺於　年　月　日來本寺登記

第慧事略 慈谿淨圓寺副寺

五綸

代號

正顯唱滅 年　月　日　時世壽　歲塔於

宗衡法嗣 一 二

四

三

世

慈報字年籍
生於道光癸卯年三月二十八日辰時湖南省祁陽縣
氏子

運恩演出家
年　歲　省　縣　寺上下為剃度
恩師

慧堂化受具
年　歲　省　縣　寺上下為得戒
和尚

傳上名授記
年　歲　省　縣　寺於　年
月　日來本寺登記

第宏事略

二詮

代號

第正唱滅
年　月　日　時世壽　歲塔於

二宗法嗣
一
二

十四

五十

支世

慈報字年籍
運恩自出家
慧堂眞受具
傳上名授記
第宏事略
二權
代號
第正唱滅
二宗法嗣
十四
六十
支世

生於同治乙丑年四月二十二日亥時湖南省耒陽縣
氏子
年　歲　省　縣　寺上　下　爲剃度
恩師
年　歲　省　縣　寺上　下　爲得戒
和尚
年　歲　省　縣　寺於　年
月　日來本寺登記
鄞縣七塔寺住持

民國辛未年五月二十七日巳時世壽六十七歲塔於
庚山嶺普同塔
一大智戒道二興道戒

自報字年籍　生於光緒辛巳年十一月十一日辰時湖南省耒陽縣胡氏子

眞恩大出家　年二十二歲湖南省耒陽縣華嚴寺上守下一爲剃度恩師

權堂智受具　年二十二歲湖南省耒陽縣金錢寺上道下階爲得戒和尚

傳上名授記　年三十二歲浙江省鄞縣七塔寺於　年　月　日來本寺登記

第戒事略

三道

代號

正唱滅　年　月　日　時世壽　歲塔於

宗法嗣　一　二

四

一

世

慈報字年籍	生於同治已己年八月二十五日申時　省　縣　氏子
運恩青出家	年　歲　省　縣　寺上　下　為剃度恩師
慧堂幹受具	年　歲　省　縣　寺上　下　為得戒和尚
傳上名授記	年　歲　省　縣　寺於　年　月　日來本寺登記
第宏事略	
二揚	
代號	
第正唱滅	民國辛酉年五月二十六日申時世壽六六歲塔於
二宗法嗣	一清禪戒澄　二乾元戒
十四	
七十	
支世	

青報字年籍 生於光緒丙戌年十二月二十四日午時湖南省衡山縣陳氏子

幹恩清出家 年十五歲湖南省衡山縣石潭寺上笑下凡爲剃度恩師

楊堂禪受具 年十六歲湖南省衡山縣祝聖寺上長下松爲得戒和尚

傳上名授記 年四十九歲浙江省鄞縣永壽寺於民國甲戌年月日來本寺登記

第戒事略

三澄

代號

正唱滅 年 月 日 時世壽 歲塔於

宗法嗣 一性慧定如二竹林定慧

四

一

世

慈報字年籍
運恩體出家
慧堂賢受具
傳上名授記
第宏事略
二聖
代號
第正唱滅
二宗法嗣
十四
八十
支世

生於　年　月　日　時湖北省　縣
氏子
年　歲　省　縣　寺上　下　爲剃度
恩師
年　歲　省　縣　寺上　下　爲得戒
和尚
年　歲　省　縣　寺於　年
月　日來本寺登記

年　月　日　時世壽　歲塔於

一
二

慈報字年籍
運恩智出家
慧堂圓受具
傳上名授記
第宏事略
二一
代號
第正了唱滅
二宗悟法嗣
十四
九十
支世

生於同治癸酉年閏六月初四日丑時湖南省衡州縣
譚氏子
年二十歲湖南省湘陰縣達摩寺上明下果爲剃度恩
師
年二十歲湖南省衡山縣上封寺上寄下禪爲得戒和
尚
年二十六歲浙江省鄞縣七塔寺於光緒二十六年正
月二十四日來本寺登記
鄞縣七塔寺住持施祥寺中興住持三寶經房經
理明心蔗廠經理方廣寺中興寶岩寺住持
鄞縣佛教會主席寧波佛教孤兒院院長

年　月　日　時世壽　歲塔於

一眞理戒定　二超凡戒本　三自悟戒清　四密庵戒嚴
五空觀戒空　六如惠戒心　七聖修戒心　八覺福戒定
九道增戒淨　十發心戒藏　十一松年戒源　十二自空戒法
十三苾法戒如　十四守靜戒生　十五培明戒心　十六樂天戒德
十七靜源戒光　十八英才戒性　十九雪峯戒心

智圓一傳
報恩堂上第三代正宗四一世
字眞理名
戒定號

年籍
出家
受具
授記
戒事略
唱滅
法嗣

生於　年　月　日　時　省　縣
氏子
年　歲　省　縣　寺上　下　爲剃度
恩師
年　歲　省　縣　寺上　下　爲得戒
和尚
年　歲　省　縣　寺於　年
月　日來本寺登記
一性圓定方二
年　月　日　時世壽　歲塔於

智報字年籍
圓恩自出家
一堂悟受具
傳上名授記
第戒事略
三清
代號
正唱滅
宗法嗣
四
一
世

生於光緒癸未年十月十七日寅時湖南省清泉縣王氏子

年十九歲湖南省常寧縣千華寺上逢下安爲剃度恩師

年十九歲湖南省永興縣太平寺上智下道爲得戒和尚

年二十五歲浙江省鄞縣方廣寺於民國甲戌年十月二十日來本寺登記

翠山寺住持　方廣寺住持　潮江寺中興住持

中靈峯中興住持　西方寺中興住持

年　月　日　時世壽　歲塔於

一佛禪定修二碧霞定慧三永泉定法四月照定嚴

智報字年籍 生於同治甲戌年十二月十二日辰時湖南省常寧縣劉氏子

圓恩密出家 年十九歲湖南省常寧縣太泉寺上恒下淸爲剃度恩師

一堂庵受具 年二十七歲湖南省耒陽縣獅嶺寺上妙下竺爲得戒和尚

傳上名授記 年四十四歲浙江省鄞縣施祥寺於　年　月　日來本寺登記

第戒事略 鄞西福壽寺住持

三嚴

代號

正唱滅 　年　月　日　時世壽　歲塔於

宗法嗣

四

一

世

智報字年籍
圓恩空出家
一堂觀受具
傳上名授記
第戒事略
三空
代號
正唱滅
宗法嗣
四
一
世

生於光緒丁丑年九月十三日亥時湖南省常寧縣鄒
氏子
年十九歲湖南省衡山縣祝聖寺上越下塵爲剃度恩
師
年二十歲湖南省衡山縣祝聖寺上覺下否爲得戒和
尚
年　　歲　　省　　縣　　寺於　　年
月　　日來本寺登記
永寧菴住持

年　　月　　日　　時世壽　　歲塔於
一　二

智圓一傳
報恩堂上第三代正宗四一世
字如惠名戒心號

年籍
生於　　年　　月　　日　　時　　省　　縣
氏子

出家
年　　歲　　省　　縣　　寺　上　下　爲剃度
恩師

受具
年　　歲　　省　　縣　　寺　上　下　爲得戒
和尚

授記
年　　歲　　省　　縣　　寺於　　年
月　　日來本寺登記

事略

唱滅
年　　月　　日　　時世壽　　歲塔於

法嗣
一海霞定智二

智報字年籍　生於光緒丙申年　月　日　時湖南省澧縣　氏子

圓恩覺出家　年　歲　省　縣　寺上下　爲剃度恩師

一堂福受具　年　歲　省　縣　寺上下　爲得戒和尚

傳上名授記　年二十六歲浙江省鄞縣施祥寺於　年　月　日來本寺登記

第戒事略

三定

代號

正唱滅　年　月　日　時世壽　歲塔於

宗法嗣　一　二

四

一

世

智報字年籍
圓恩發出家
一堂心受具
傳上名授記
第戒事略
三藏
代號
正唱滅
宗法嗣
四
一
世

生於光緒丙戌年十一月初九日未時湖南省澧縣余
氏子
年二十五歲湖南省澧縣高興寺上光下勝爲剃度恩
師
年二十五歲湖南省澧縣不二寺上明下松爲得戒和
尚
年三十五歲浙江省鄞縣七塔寺於　年
月　日來本寺登記

年　月　日　時世壽　歲塔於

一
二

智報字年籍	生於光緒辛巳年正月十九日寅時江蘇省清河縣徐氏子
圓恩自出家	年四十歲浙江省鄞縣茅山寺上悟下靜爲剃度恩師
一堂空受具	年四十歲浙江省鄞縣天童寺上文下質爲得戒和尚
傳上名授記	年四十七歲浙江省鄞縣七塔寺於　　年　月　日來本寺登記
第戒事略	鄞縣茅山寺監院　重建三聖殿　重塑全堂佛像 鄞縣佛教會執行委員
三法	
代號	
正唱滅	年　月　日　時世壽　歲塔於
宗法嗣	一淨心定安　二安清定心　三天喜定祥
四	
一	
世	

智報字圓恩慈一堂法傳上名第三如戒代號正宗四十一世

年籍：生於　年　月　日　時　省　縣　氏子

出家：年　歲　省　縣　寺　上　下　爲剃度恩師

受具：年　歲　省　縣　寺　上　下　爲得戒和尚

授記：年　歲　省　縣　寺於　年　月　日來本寺登記

事略：鎭海慧日寺住持

唱滅：年　月　日　時世壽　歲塔於

法嗣：一寬忍定源　二新善定善

智報字年籍
生於光緒癸未年九月初七日巳時湖南省華容縣華
氏子

圓恩守出家
年三十歲湖南省華容縣華藏寺上石下峯爲剃度恩
師

一堂靜受具
年三十一歲湖南省長沙縣古唐寺上了下意爲得戒
和尚

傳上名授記
年　歲浙江省鄞縣施祥寺於　年
月　日來本寺登記

第戒事略
鄞西寶巖寺住持

三生

代號

正唱滅
年　月　日　時世壽　歲塔於

宗法嗣
一
二

四

一

世

智報字年籍　生於　　年　　月　　日　　時湖南省　　縣　氏子

圓恩培出家　年　　歲　　省　　縣　　寺　上　下　爲剃度恩師

一堂明受具　年　　歲　　省　　縣　　寺　上　下　爲得戒和尚

傳上名授記　年　　歲浙江省鄞縣施祥寺於　　年　　月　　日來本寺登記

第三代正宗四一世

戒事略

心號

唱滅　　年　　月　　日　　時世壽　　歲塔於

法嗣　一　二

智報字年籍　生於光緒庚子年三月初三日申時四川省渠縣游氏子

圓恩樂出家　年七歲四川省渠縣護國寺上大下空爲剃度恩師

一堂天受具　年十六歲四川省滎陽縣滴水寺上了下塵爲得戒和尚

傳上名授記　年二十五歲浙江省鄞縣施祥寺於民國乙丑年四月八日來本寺登記

第戒事略

三德

代號

正唱滅　年　月　日　時世壽　歲塔於

宗法嗣　一　二

四

一

世

智報字年籍
圓恩靜出家
一堂源受具
傳上名授記
第戒事略
三光
代號
正唱滅
宗法嗣
四
一
世

生於　　年　　月　　日　　時　　省　　縣
氏子
年　　歲　　省　　縣　　寺上　　下爲剃度
恩師
年　　歲　　省　　縣　　寺上　　下爲得戒
和尚
年　　歲　　省　　縣　　寺於　　年
月　　日來本寺登記
鎭海妙勝寺住持
寧波新建龍華寺又住持

年　　月　　日　　時世壽　　歲塔於

一
二

智報字年籍
圓恩薙出家
一堂才受具
傳上名授記
第戒事略
三性
代號
正草唱滅
宗澤法嗣
四
一
世

生於光緒癸巳年十一月十一日辰時浙江省黃岩縣李氏子
年十二歲浙江省象山縣等慈寺上傳下榮爲剃度恩師
年十六歲浙江省奉化縣岳林寺上學下賢爲得戒和尚
年四十四歲浙江省鄞縣七塔寺於民國二十五年又三月十二日來本寺登記

一　二

年　月　日　時世壽　歲塔於

智報字年籍

生於光緒辛丑年七月二十四日辰時浙江省鄞縣俞氏子

圓恩雪出家

年五歲浙江省鄞縣慶雲寺上慧下鍔爲剃度恩師

一堂峯受具

年十九歲浙江省鄞縣天童寺上文下質爲得戒和尚

傳上名授記

年三十五歲浙江省鄞縣七塔寺於民國二十五年閏三月十二日來本寺登記

第戒事略

三心

代號

正隆唱滅

年　月　日　時世壽　歲塔於

宗山法嗣

一　二

四

一

世

眞報字年籍　生於光緒庚辰年七月二十一日丑時廣西省全縣伍氏子

理恩性出家　年二十歲廣西省全縣舊林寺上大下蓮爲剃度恩師

定堂圓受具　年二十一歲湖南省衡山縣上封寺上法下道爲得戒和尚

傳上名授記　年二十九歲浙江省鄞縣寶福寺於　　年　　月　　日來本寺登記

第定事略　民國十七年鄞西灌頂寺住持
民國十八年鄞西寶福寺住持

四方

代號

正唱滅　年　　月　　日　　時世壽　　歲塔於

宗法嗣　一信德慧清二

四

二

世

如報字年籍：生於光緒壬辰年七月十七日巳時湖南省武陵縣歐氏子

惠恩海出家：年十六歲湖南省龍山縣太平寺上宏下慧爲剃度恩師

心堂霞受具：年二十歲湖南省永定縣普光寺上深下願爲得戒和尚

傳上名授記：年三十九歲浙江省鄞縣觀音寺於民國庚午年月日來本寺登記

第定事略：鄞縣觀音寺住持

四智

代號

正本唱滅：年　月　日　時世壽　歲塔於

宗受法嗣：一性定慧榮　二妙理慧潤　三止于慧澄　四野僧慧澤　五明悟慧清　六宏善慧濟

四

二

世

自報字年籍
空恩淨出家
法堂心受具
傳上名授記
第定事略
四安
代號
正唱滅
宗法嗣
四
二
世

生於宣統庚戌年八月二十二日寅時湖南省澧陵縣張氏子
年十八歲湖南省湘潭縣開利寺上西下輝爲剃度恩師
年二十歲湖南省長沙縣上林寺上祇下修爲得戒和尚
年二十二歲浙江省鄞縣茅山寺於　年
月　日來本寺登記

一　二

年　月　日　時世壽　歲塔於

自報字年籍
生於宣統辛亥年十月二十二日戌時浙江省溫嶺縣
郭氏子

空恩安出家
年　歲　省　縣白雲寺上　下爲剃度
恩師

法堂清受具
年　歲　省　縣　寺上　下爲得戒
和尚

傳上名授記
年　歲浙江省鄞縣茅山寺於　年
月　日來本寺登記

第定事略

四心

代號

正唱滅
年　月　日　時世壽　歲塔於

宗法嗣
一　二

四

二

世

自報字年籍　生於光緒甲辰年　月　日時　省　縣　氏子

空恩天出家　年　歲　省　縣　寺上　下　爲剃度恩師

法堂喜受具　年　歲　省　縣　寺上　下　爲得戒和尚

傳上名授記　年　歲浙江省鄞縣茅山寺於　年　月　日來本寺登記

第定事略

四祥

代號

正定唱滅　年　月　日　時世壽　歲塔於

宗法嗣　一　二

四

二

世

海報字年籍　生於光緒乙巳年五月二十三日戌時貴州省貴陽縣文氏子

霞恩性出家　年十歲貴州省貴陽縣弘福寺上如下松爲剃度恩師

智堂定受具　年十一歲貴州省貴陽縣弘福寺上悟下空爲得戒和尚

傳上名授記　年二十九歲浙江省鄞縣觀音寺於民國甲戌年十月六日來本寺登記

第慧事略

五榮

代號

正唱滅　年　月　日　時世壽　歲塔於

宗法嗣　一　二

四

三

世

海報字年籍　生於民國甲寅年八月二十五日子時貴州省遵義縣王氏子

霞恩妙出家　年八歲貴州省遵義縣萬華寺上仲下榮爲剃度恩師

智堂理受具　年十三歲貴州省遵義縣萬華寺上崇下學爲得戒和尚

傳上名授記　年二十一歲浙江省鄞縣觀音寺於民國甲戌年十月六日來本寺登記

第慧事略

五潤

代號

正唱滅　年　月　日　時世壽　歲塔於

宗法嗣　一　二

四

三

世

海報字年籍
霞恩止出家
智堂于受具
傳上名授記
第慧事略
五澄
代號
正唱滅
宗法嗣
四
三
世

生於光緒乙巳年十二月十五日辰時湖南省永順縣彭氏子
年十八歲湖南省永定縣天門寺上得下樂爲剃度恩師
年二十歲湖南省永定縣天門寺上自下懷爲得戒和尚
年三十歲浙江省鄞縣觀音寺於民國甲戌年十月六日來本寺登記

年　月　日　時世壽　歲塔於

一
二

海報字年籍
生於光緒甲午年三月二十四日巳時湖南省湘潭縣李氏子

霞恩野出家
年三十五歲湖南省衡山縣大善寺上六下念爲剃度恩師

智堂僧受具
年三十五歲湖南省衡山縣大善寺上善下果爲得戒和尚

傳上名授記
年四十一歲浙江省鄞縣觀音寺於民國甲戌年十月六日來本寺登記

第慧事略
定光寺住持

五澤

代號

正唱滅
年 月 日 時世壽 歲塔於

宗法嗣
一
二

四

三

世

海報字年籍 生於民國甲寅年二月二十一日子時貴州省貴陽縣氏子

霞恩明出家 年六歲貴州省貴陽縣大覺寺上超下庸爲剃度恩師

智堂悟受具 年十二歲貴州省貴陽縣棲霞寺上崇下學爲得戒和尚

傳上名授記 年二十一歲浙江省鄞縣觀音寺於民國甲戌年十月六日來本寺登記

第慧事略

五清

代號

正 唱滅 年 月 日 時世壽 歲塔於

宗 法嗣 一 二

四

三

世

海報字年籍 生於民國癸丑年十月初九日寅時湖南省龍山縣 氏子

霞恩宏出家 年十二歲湖南省龍山縣 寺 上照下瑞爲剃度恩師

智堂善受具 年十五歲湖南省辰州縣善興寺 上達下高爲得戒和尚

傳上名授記 年二十二歲浙江省鄞縣觀音寺於民國甲戌年十月 六日本來寺登記

第慧事略

五濟

代號

正唱滅 年 月 日 時世壽 歲塔於

宗法嗣 一 二

四

三

世

慈報字年籍
生於　　年　　月　　日　　時湖南省衡州縣
氏子

運恩息出家
年　　歲　　省　　縣　　寺上　　下　爲剃度
恩師

慧堂凡受具
年　　歲　　省　　縣　　寺上　　下　爲得戒
和尚

傳上名授記
年　　歲　　省　　縣　　寺於　　年
月　　日來本寺登記

第宏事略

二眞

代號

正唱滅
年　　月　　日　　時世壽　　歲塔於

第宗法嗣
一
二

三四

十十

支世

慈報 字 年籍 生於咸豐已未年十二月初二日 時陝西省 縣

氏子

運恩 覺 出家 年 歲 省 縣 寺上 下 爲剃度

恩師

慧堂 圓 受具 年 歲 省 縣 寺上 下 爲得戒

和尚

傳上 名 授記 年 歲 省 縣 寺於 年

月 日來本寺登記

第宏 事略 鄞縣七塔寺住持

二滿

代號

第正 唱滅 民國壬申年八月十七日未時世壽七四歲塔於庚山

嶺普同塔

三宗 法嗣 一遠塵戒清 二常林戒相 三榮池戒品 四靜明戒德

五圖明戒遠 六嵩庭戒高 七慈航戒渡 八常靜戒明

九妙悟戒明 十固源戒明 十一廣種戒田 十二永明戒慧

十四

一十

支世

覺報字年籍
圓恩遠出家
滿堂塵受具
傳上名授記
第戒事略
三清
代號
正唱滅
宗法嗣
四
一
世

年籍：生於同治戊辰年八月十三日時浙江省寧海縣鄔氏子

出家：年二十六歲浙江省鄞縣育王寺上源下芳爲剃度恩師

受具：年二十六歲浙江省鄞縣育王寺上明下眞爲得戒和尚

授記：年三十歲浙江省鄞縣永明寺於民國甲戌年十月六日來本寺登記

事略：鄞縣育王寺首座

唱滅：年　月　日　時世壽　歲塔於

法嗣：一載通定　二

覺報字年籍　生於光緒庚辰年　月　日丑時四川省遂寧縣
氏子
圓恩常出家　年二十五歲四川省遂寧縣龍懷寺上本下安爲剃度
恩師
滿堂林受具　年二十六歲四川省峨眉縣大佛寺上德下璽爲得戒
和尚
傳上名授記　年三十六歲浙江省鄞縣七塔寺於　年
月日來本寺登記
第戒事略　定海金塘彌陀寺住持
三相
代號
正唱滅　年　月　日　時世壽　歲塔於
宗法嗣　一　二
四
一
世

覺報字　年籍　生於光緒己亥年十月二十日丑時湖南省耒陽縣梁氏子

圓恩靜　出家　年十六歲湖南省耒陽縣華嚴寺上梅下溪爲剃度恩師

滿堂明　受具　年十六歲湖南省耒陽縣天中寺上潭下月爲得戒和尚

傳上名　授記　年二十八歲浙江省鄞縣七塔寺於　年　月　日來本寺登記

第三代正宗四一世

戒德號

事略

唱滅　年　月　日　時世壽　歲塔於

法嗣　一　二

覺報字年籍

圓恩圓出家

滿堂明受具

傳上名授記

第戒事略

三遠

代號

正唱滅

宗法嗣

四

一

世

生於光緒甲申年十月二十一日酉時湖南省寧遠縣李氏子

年十六歲湖南省藍山縣黃龍寺上自下虔爲剃度恩師

年十九歲湖南省藍山縣塔下寺上清下源爲得戒和尚

年四十五歲浙江省鄞縣七塔寺於　　年月日來本寺登記

光緒三十二年湖南藍山西河洞住持

年　　月　　日　　時世壽　　歲塔於

一　　二

覺報字年籍　生於光緒癸未年三月初六日丑時湖南省澧陵縣彭氏子

圓恩嵩出家　年三十七歲湖南省衡山縣大善寺上正下信爲剃度恩師

滿堂庭受具　年三十七歲湖南省衡州府雁峯寺上朗下悟爲得戒和尚

傳上名授記　年四十五歲浙江省鄞縣七塔寺於　　年　月　日來本寺登記

第戒事略

三高

代號

正唱滅　年　月　日　時世壽　歲塔於

宗法嗣　一　二

四

一

世

覺報字年籍　生於光緒乙巳年正月二十日酉時湖南省寶慶縣楊氏子

圓恩慈出家　年十三歲湖南省寶慶縣金紫寺上朗下禪爲剃度恩師

滿堂航受具　年十三歲湖南省寶慶縣毘盧寺上端下梭爲得戒和尚

傳上名授記　年二十一歲浙江省鄞縣七塔寺於　年　月　日來本寺登記

第　戒事略

三　渡

代　號

正　唱滅　年　月　日　時世壽　歲塔於

宗　法嗣　一　二

四

一

世

覺報字年籍　生於光緒己丑年正月二十四日卯時湖南省新化縣劉氏子

圓恩常出家　年二十歲湖南省新化縣慧龍寺上含下圓爲剃度恩師

滿堂靜受具　年二十歲湖南省衡山縣南台寺上愼下初爲得戒和尚

傳上名授記　年三十九歲浙江省鄞縣七塔寺於民國戊辰年十二月八日來本寺登記

第戒事略

三明

代號

正唱滅　年　月　日　時世壽　歲塔於

宗法嗣　一　二

四

一

世

慈報字年籍
運恩光出家
慧堂明受具
傳上名授記
第宏事略
二開
代號
第正唱滅
三宗法嗣
十四
二十
支世

生於　　年　　月　　日　　時福建省　　縣
氏子
年　　歲　　省　　縣　　寺上下　　爲剃度
恩師
年　　歲　　省　　縣　　寺上下　　爲得戒
和尚
年　　歲　　省　　縣　　寺於　　年
月　　日來本寺登記
年　　月　　日　　時世壽　　歲塔於
一　　二

慈報字年籍	生於同治癸亥年五月十一日丑時湖南省郴州縣鄧 氏子
運恩僧出家	年二十四歲湖南省衡山縣極樂寺上覺下否爲剃度 恩師
慧堂晙受具	年二十四歲湖南省衡山縣福嚴寺上海下岸爲得戒 和尚
傳上名授記	年　歲浙江省鄞縣七塔寺於　年 月　日來本寺登記
第宏事略	民國七年戊午歲七塔寺住持 民國十一年壬戌歲岐山住持
二燦	
代號	
第正唯唱滅	民國十一年五月十六日申時世壽五九歲塔於湖南 廣濟寺
三宗燦法嗣	一寬明戒明 二鉅鏞戒演 三寬厚戒謙 四海蓮戒
十四	
三十	
支世	

僧報字年籍　生於光緒己丑年二月二十二日戌時四川省夾江縣龔氏子

晙恩寬出家　年十四歲四川省峨眉縣沉香寺上演下倫爲剃度恩師

燦堂明受具　年十六歲四川省峨眉縣接引寺上德下楊爲得戒和尚

傳上名授記　年十九歲浙江省鄞縣七塔寺於　年　月日來本寺登記

第戒事略　鎮海𢌞向寺住持

三明

代號

正唱滅　年　月　日　時世壽　歲塔於

宗法嗣　一新山定圓二果靜定慧三能輝定覺

四

一

世

僧報字年籍　生於光緒壬午年年正月初八日亥時四川省梁山縣鄺氏子

晙恩鉅出家　年六歲四川省梁山縣接龍寺上蓮下玉爲剃度恩師

燦堂鏞受具　年十四歲四川省萬縣彌陀寺上曉下圓爲得戒和尚

傳上名授記　年三十歲浙江省鄞縣七塔寺於宣統庚戌年四月初八日來本寺登記

第戒事略　民國九年鄞縣法王寺住持
民國二十四年七塔寺監院

三演

代號

正唱滅　年　月　日　時世壽　歲塔於

宗法嗣　一　二

四

一

世

僧報字年籍　生於光緒癸未年十月二十七日戌時湖南省　縣劉氏子

晙恩寬出家　年　歲　省　縣觀音寺上　下　爲剃度恩師

燦堂厚受具　年　歲　省　縣　寺上　下　爲得戒和尚

傳上名授記　年　歲浙江省鄞縣七塔寺於　年　月　日來本寺登記

第戒事略

三謙

代號

正唱滅　年　月　日　時世壽　歲塔於

宗法嗣　一　二

四

一

世

寬報字年籍　生於光緒丁未年正月二十日卯時江蘇省泰縣張氏子

明恩新出家　年十六歲江蘇省如皋縣觀音寺上慶下源爲剃度恩師

明堂山受具　年十七歲江蘇省江寧縣棲霞寺上若下訓爲得戒和尚

傳上名授記　年十九歲浙江省鄞縣七塔寺於民國乙丑年十月望日來本寺登記

第定事略

四圓

代號

正　唱滅　年　月　日　時世壽　歲塔於

宗　法嗣　一　二

四

二

世

寬報字年籍　生於　　年　　月　　日　時　　省　　縣　　氏子

明恩果出家　年　　歲　　省　　縣　　寺上　　下　　爲剃度恩師

明堂靜受具　年　　歲　　省　　縣　　寺上　　下　　爲得戒和尚

傳上名授記　年　　歲　　省　　縣　　寺於　　年　　月　　日來本寺登記

第定事略

四慧

代號

正唱滅　年　　月　　日　時世壽　　歲塔於

宗法嗣　一　　二

四

二

世

寬報字　年籍　生於光緒庚子年十一月二十三日午時四川省青神縣余氏子
明恩能　出家　年八歲四川省青神縣玉泉寺上松下性爲剃度恩師
明堂輝　受具　年十七歲四川省成都縣文珠寺上德下峯爲得戒和尚
傳上名　授記　年三十二歲浙江省鎮海縣回向寺於民國二十年四月八日來本寺登記
第定　事略　鎮海回向寺住持
四覺
代號
正　唱滅　年　月　日　時世壽　歲塔於
宗　法嗣　一　二
四
二
世

慈運慧傳　　　第三十四支
報恩堂上第二代正宗四十世
字樂道名宏來號

年籍：生於　年　月　日　時湖南省　縣
氏子

出家：年　歲　省　縣　寺上　下　爲剃度
恩師

受具：年　歲　省　縣　寺上　下　爲得戒
和尚

授記：年　歲　省　縣　寺於　年
月　日來本寺登記

事略：

唱滅：年　月　日　時世壽　歲塔於

法嗣：一
二

慈報字年籍　生於同治辛未年五月　日　時湖南省祈陽縣　氏子

運恩介出家　年　歲　省　縣　寺上　下爲剃度恩師

慧堂石受具　年　歲　省　縣　寺上　下爲得戒和尚

傳上名授記　年　歲　省鄞縣七塔寺於　年　月　日來本寺登記

第宏事略

二覺

代號

第正唱滅　年　月　日　時世壽　歲塔於

三宗法嗣　一果成戒明　二萬緣戒岸　三竹筠戒蔭　四妙梵戒成

十四

五十

支世

介石

覺傳

報字年籍：生於光緒丙申年十月初四日午時湖南省常寧縣譚氏子

恩果出家：年十五歲湖南省衡山縣極樂寺上智下鎧爲剃度恩師

堂成受具：年十五歲湖南省長沙縣古唐寺上慧下修爲得戒和尚

上名授記：年　歲浙江省鄞縣七塔寺於民國丙寅年　月　日來本寺登記

第戒事略：民國二十三年鄞東化成寺住持

三明

代號

正唱滅：年　月　日　時世壽　歲塔於

宗法嗣：一現權定修　二西復定勛

四

一

世

介報字年籍：生於光緒壬辰年五月二十八日亥時湖南省耒陽縣蔣氏子

石恩萬出家：年十三歲湖南省永興縣白雲寺上證下玉爲剃度恩師

覺堂緣受具：年十五歲湖南省耒陽縣天中寺上潭下月爲得戒和尚

傳上名授記：年三十四歲浙江省鄞縣七塔寺於　　年　　月　　日來本寺登記

第戒事略：

三岸代號：

正宗唱滅：　　年　　月　　日　　時世壽　　歲塔於

四一世法嗣：一　　二

果報字年籍
成恩現出家
明堂權受具
傳上名授記
第定事略
四修
代號
正唱滅
宗法嗣
四
二
世

生於光緒丁未年三月十八日午時湖南省衡陽縣廖
氏子
年十三歲湖南省衡陽縣國慶寺上寶下元爲剃度恩
師
年十三歲湖南省衡山縣南台寺上寄下緣爲得戒和
尚
年二十七歲浙江省鄞縣七塔寺於民國癸酉年
月　日來本寺登記
鄞東化成寺

年　月　日　時世壽　歲塔於

一
二

慈報字年籍　生於同治癸酉年九月二十四日時湖南省清泉縣
氏子
運恩道出家　年　歲　省　縣　寺上　下　爲剃度
恩師
慧堂亨受具　年　歲　省　縣　寺上　下　爲得戒
和尚
傳上名授記　年　歲　省　縣　寺於　年
月　日來本寺登記
第宏事略
二達
代號
第正唱滅　民國戊午年十月初一日卯時世壽　歲塔於
三宗法嗣　一明校戒道二
十四
六十
支世

道報字年籍	生於光緒辛巳年正月二十三日亥時安徽省太湖縣黃氏子
亨恩明出家	年　歲安徽省青陽縣百歲寺上印下吉爲剃度恩師
達堂校受具	年　歲安徽省青陽縣樂善寺上龍下海爲得戒和尚
傳上名授記	年三十八歲浙江省鄞縣七塔寺於民國甲戌年十月　日來本寺登記
第戒事略	民國十六年崇德縣福嚴寺住持 民國十九年鄞縣七塔寺副寺
三道	
代號	
正唱滅	年　月　日　時世壽　歲塔於
宗法嗣	一梵行定行　二常信定慧　三　四
四	
一	
世	

明報字年籍	生於光緒甲午年年六月二十八日子時湖北省蘄春縣陳氏子
校恩梵出家	年二十一歲湖北省黃梅縣五祖寺上賴下殘爲剃度恩師
道堂行受具	年二十二歲湖北省黃梅縣江心寺上善下雨爲得戒和尚
傳上名授記	年三十一歲浙江省鄞縣七塔寺於　年　月　日來本寺登記
第定事略	
四行	
代號	
正唱滅	年　月　日　時世壽　歲塔於
宗法嗣	一　二
四	
二	
世	

明報字年籍　生於光緒己丑年十二月十七日卯時湖北省羅田縣晏氏子

校恩常出家　年十四歲湖北省羅田縣五眼寺上能下寬爲剃度恩師

道堂信受具　年十四歲湖北省漢陽縣歸元寺上福下田爲得戒和尚

傳上名授記　年二十五歲浙江省鄞縣七塔寺於　年　月　日來本寺登記

第定事略

四慧

代號

正唱滅　年　月　日　時世壽　歲塔於

宗法嗣　一　二

四

二

世

慈報　字　年籍　生於　年　月　日　時　省　縣
氏子

運恩　了　出家　年　歲　恩師　省　縣　寺上下爲剃度

慧堂　埃　受具　年　歲　和尙　省　縣　寺上下爲得戒

傳上　名　授記　年　歲　省　縣　寺於　年
月　日來本寺登記

第宏　事略

二引

代號

第正　唱滅　年　月　日　時世壽　歲塔於

三宗　法嗣　一　二

十四

七十

支世

慈報字年籍　生於咸豐乙卯年二月初十日酉時安徽省廬州縣　氏子

運恩龍出家　年　歲　省　縣　寺上　下　爲剃度　恩師

慧堂海受具　年　歲　省　縣　寺上　下　爲得戒　和尚

傳上名授記　年　歲　省　縣　寺於　年　月　日來本寺登記

第宏事略

二珠

代號

第正　唱滅　年　月　日　時世壽　歲塔於

三宗　法嗣　一　二

十四

八十

支世

慈報字年籍
生於　　年　月　日　時　省　縣
氏子

運恩慧出家
年　歲　省　縣　寺上　下　爲剃度
恩師

慧堂源受具
年　歲　省　縣　寺上　下　爲得戒
和尚

傳上名授記
年　歲　省　縣　寺於　年
月　日來本寺登記

第宏事略

二琛

代號

第正唱滅
年　月　日　時世壽　歲塔於

三宗法嗣
一　二

十四

九十

支世

慈報字年籍

生於同治壬申年十一月十六日午時湖南省邵陽縣

氏子

運恩行出家

年　歲　省　縣　寺上下爲剃度

恩師

慧堂規受具

年　歲　省　縣　寺上下爲得戒

和尚

傳上名授記

年　歲　省　縣　寺於　年

月　日來本寺登記

第宏事略

二圓

代號

正唱滅

年　月　日　時世壽　歲塔於

第宗法嗣

一　二

四四

十十

支世

慈報字年籍　生於同治丁卯年正月初十日亥時四川省中江縣　　氏子

運恩如出家　年　　歲　　省　　縣　　寺上　下　爲剃度　恩師

慧堂意受具　年　　歲　　省　　縣　　寺上　下　爲得戒　和尚

傳上名授記　年　　歲　　省　　縣　　寺於　　年　　月　　日來本寺登記

第宏事略

二定

代號

第正唱滅　年　　月　　日　　時世壽　　歲塔於

四宗法嗣　一世復戒藏二

十四

一十

支世

慈報字年籍
運恩常出家
慧堂西受具
傳上名授記
第宏事略
二宗
代號
第正眞唱滅
四宗如法嗣
十四
二十
支世

生於同治己巳年二月初十日寅時湖南省衡陽縣劉氏子
年十九歲湖南省衡陽縣南峯寺上妙下相爲剃度恩師
年十九歲湖南省衡山縣祝聖寺上默下庵爲得戒和尙
年　歲浙江省鄞縣七塔寺於光緒甲辰年
月　日來本寺登記
民國癸亥年鄞縣七塔寺住持　湖南大善寺住持

年　月　日　時世壽　歲塔於

一常慧戒恆　二月潭戒浪　三玉亮戒源　四智明戒慧
五念眞戒詮　六悟愷戒廣　七碧嚴戒松　八妙德戒良
九徹修戒興

常報字年籍　生於光緒丙申年正月二十日巳時湖南省衡山縣譚氏子

西恩常出家　年十二歲湖南省耒陽縣龍升寺上養下心爲剃度恩師

宗堂慧受具　年十六歲湖南省長沙縣古唐寺上慧下修爲得戒和尚

傳上名授記　年二十二歲浙江省鄞縣七塔寺於　年　月　日來本寺登記

第戒事略　民國十六年鎮海妙勝寺住持

三恒

代號

正唱滅　年　月　日　時世壽　歲塔於

宗法嗣　一　二

四

一

世

常報字年籍
西恩月出家
宗堂潭受具
傳上名授記
第戒事略
三浪
代號
正唱滅
宗法嗣
四
一
世

生於光緒丙申年七月初七日戌時湖南省耒陽縣蕭
氏子
年八歲湖南省耒陽縣望雲寺上 下 爲剃度恩師
年十一歲湖南省永興縣法雲寺上 下 爲得戒和
尚
年二十二歲浙江省鄞縣七塔寺於民國甲戌年十月
六日來本寺登記
鄞西長春庵住持

年 月 日 時世壽 歲塔於

一 二

常報　字西恩　第三代正宗四一世

字年籍：玉生於光緒庚寅年十月初七日辰時湖南省益陽縣徐氏子

出家：年十八歲湖南省益陽縣軒轅寺上德下蓮爲剃度恩師

受具：宗堂亮年二十一歲湖南省寧鄉縣潙山寺上濟下生爲得戒和尚

授記：傳上名年三十五歲浙江省鄞縣七塔寺於　年　月　日來本寺登記

戒事略：

源號：

唱滅：　年　月　日　時世壽　歲塔於

法嗣：一　二

常報字年籍　生於光緒壬寅年十一月初六日巳時湖南省益陽縣陳氏子

西恩智出家　年十三歲湖南省寧鄉縣白雲寺上振下聲爲剃度恩師

宗堂明受具　年十三歲湖南省湘鄉縣白雲寺上九下峯爲得戒和尚

傳上名授記　年二十四歲浙江省鄞縣七塔寺於　年　月　日來本寺登記

第戒事略

三慧

代號

正唱滅　年　月　日　時世壽　歲塔於

宗法嗣　一　二

四

一

世

常報字年籍　生於光緒乙巳年九月初九日午時湖南省衡山縣氏子

西恩悟出家　年四歲湖南省衡山縣清蓮寺上明下法爲剃度恩師

宗堂愷受具　年十四歲湖南省衡山縣南台寺上悟下靜爲得戒和尚

傳上名授記　年二十歲浙江省鄞縣七塔寺於　年　月　日來本寺登記

第戒事略

三廣

代號

正唱滅　年　月　日　時世壽　歲塔於

宗法嗣　一　二

四

一

世

慈報字年籍
運恩圓出家
慧堂瑛受具
傳上名授記
第宏事略
二悟
代號
第正韶唱滅
四宗光法嗣
十四
三十
支世

生於光緒戊寅年五月十二日子時福建省古田縣吳
氏子
年十九歲於本省莆田縣梅峯寺上增下西爲剃度恩
師
年二十歲於本省閩縣鼓山寺上妙下蓮爲得戒和尚
年三十一歲浙江省鄞縣報恩寺於光緒戊申年四月
八日得授心印本寺登記
重興鄞縣接待講寺　重興泉州開元寺　重興福州
法海寺　創辦寧波佛教孤兒院　創辦泉州開元慈
兒院　住持福建閩侯縣雪峯寺　又住持林陽寺
又[redacted]住持法海寺　住持鄞縣接待講寺　又住持本
寺又住持天童弘法禪寺　主席鄞縣佛教會二屆
主席浙江省佛教會一屆　主席中國佛教會六屆
一九五三年农八月十二日子時世壽七六歲塔於
天童青凤岗
一義明戒智　二靈光戒寂　三法源戒定　四頌萊戒定
五善悟戒本　六慧源戒法　七煉成戒珠

圓報字年籍
瑛恩義出家
悟堂明受具
傳上名授記
第戒事略
三智
代號
正唱滅
宗法嗣
四
一
世

生於　年　月　日　時四川省彭　縣
氏子
年　歲四川省彭県隆兴寺上　下　為剃度
恩師
年　歲　省　縣　寺上　下　為得戒
和尚
年　歲　省　縣　寺於　年
月　日來本寺登記
鄞縣接待講寺監院　鄞縣淨土庵住持

一九五九年农三月初五日子時世壽六九歲塔於庚山岗
一深意定會　二廣修定醒

宗譜源流

八三

圓報字年籍
瑛恩靈出家
悟堂光受具
傳上名授記
第戒事略
三寂
代號
正心唱滅
宗海法嗣
四
一
世

生於光緒己丑年十月二十二日子時湖南省耒陽縣
氏子
年　歲　省　縣　寺上下　爲剃度
恩師
年　歲　省　縣　寺上下　爲得戒
和尚
年　歲　省　縣　寺於　年
月　日來本寺登記

年　月　日　時世壽　歲塔於
一　二

圓瑛 字 報恩
年籍：生於光緒庚辰年八月初十日午時四川省開縣黃氏子

法出家：年二十八歲四川省萬縣彌陀寺上定下蓮爲剃度恩師

悟堂 源受具：年二十八歲浙江省鄞縣七塔寺上慈下運爲得戒和尚

傳上 名授記：年五十三歲浙江省鎮海縣海雲寺於　　年　月　日來本寺登記

第三代 戒事略：
民國四年鎮海總持寺住持
民國八年鎮海海雲寺住持

定號：

正宗四一世

唱滅：年　　月　　日　　時世壽　　歲塔於

法嗣：一　二

圓報字年籍
瑛恩頌出家
悟堂萊受具
傳上名授記
第戒事略
三定
代號
正唱滅
宗法嗣
四
一
世

生於光緒戊申年四月二十六日寅時浙江省餘姚縣
王氏子
年八歲浙江省慈谿縣菩提寺上埻下久為剃度恩師
年十八歲浙江省鄞縣天童寺上禪下定為得戒和尚
年二十五歲浙江省鎮海縣梵皇寺於民國癸酉年九
月九日來本寺登記
鎮海穿山慧寂寺住持

年　月　日　時世壽　歲塔於
一　二

圓報字年籍　生於光緒辛丑年八月十七日子時浙江省鄞縣蔡氏子

瑛恩善出家　年二十三歲浙江省定海縣慧濟寺上慶下節爲剃度恩師

悟堂悟受具　年二十三歲浙江省鄞縣天童寺上文下質爲得戒和尚

傳上名授記　年三十三歲浙江省鎮海縣梵皇寺於民國癸酉年九月九日來本寺登記

第戒事略　鎮海梵皇宮住持

三本

代號

正印唱滅　年　月　日　時世壽　歲塔於

宗徹法嗣　一　二

四

一

世

圓報字年籍　生於光緒丙午年十二月二十七日辰時浙江省定海縣王氏子

瑛恩慧出家　年四歲浙江省定海縣寶藏寺上引下貫爲剃度恩師

悟堂源受具　年十五歲浙江省鄞縣天童寺上文下質爲得戒和尚

傳上名授記　年二十九歲浙江省鎮海縣法華寺於民國癸酉年九月九日來本寺登記

第戒事略　民國十九年定海金塘寶藏寺住持

三法

代號

正常唱滅　年　月　日　時世壽　歲塔於

宗融法嗣　一　二

四

一

世

圓報字年籍　生於　　氏子　年　月　日　時　省　縣

瑛恩煉出家　年　歲　省　縣　寺上下　爲剃度恩師

悟堂成受具　年　歲　省　縣　寺上下　爲得戒和尚

傳上名授記　年　歲　省　縣　寺於　年　月　日來本寺登記

第戒事略

三珠

代號

正唱滅　年　月　日　時世壽　歲塔於

宗法嗣　一寶歸定心　二

四

一

世

義報字年籍
明恩深出家
智堂意受具
傳上名授記
第定事略
四會
代號
正唱滅
宗法嗣
四
二
世

生於光緒戊戌年　月　日　時福建省福鼎縣
董氏子
年　歲福建省福鼎縣靈獅寺上融下模爲剃度
恩師
年　歲浙江省永嘉縣妙智寺上諦下閑爲得戒
和尚
年　歲浙江省鄞縣接待寺於　年
月　日來本寺登記
鄞縣櫟社常樂寺住持

一九五〇年　月　日　時世壽五三歲塔於
天童寺化身窯
一　二

煉報字　年籍	生於光緒己亥年　月　日　時　省　縣　氏子
成恩寶　出家	年　歲　省　縣　寺上　下爲剃度恩師
珠堂歸　受具	年　歲　省　縣　寺上　下爲得戒和尚
傳上名　授記	年　歲浙江省鄞縣寶壽寺於　年　月　日來本寺登記
第定　事略	鄞西集士港寶壽寺住持
四心	
代號	
正　唱滅	一九五〇年 [illegible]　月　日　時世壽五十二歲塔於
宗　法嗣	一　二
四	
二	
世	

慈報字年籍
運恩溥出家
慧堂常受具
傳上名授記
第宏事略
二鉌
代號
第正夢唱滅
四宗忍法嗣
十四
四十
支世

生於同治丙寅年八月二十一日未時湖南省湘鄉縣
曹氏子
年二十七歲福建省閩縣慶城寺上廣下權爲剃度恩
師
年二十八歲福建省閩縣湧泉寺上妙下蓮爲得戒和
尙
年　歲浙江省鄞縣七塔寺於　年
月　日來本寺登記
金陵毘盧寺住持傳戒講經　雲南筇竹寺傳戒大
理觀音寺傳戒　佛教滇藏支部部長雲南佛學研
究社社長　佛教演說團團長　報恩佛學院主講兼
院長　七塔寺住持及傳戒講經

年　月　日　時世壽　歲塔於
一攸久戒志二守源戒法三大量戒慈四妙祥戒守
五瑞開戒圓六圓修戒正

溥報字年籍　生於光緒辛卯年十月十五日午時湖南省耒陽縣羅氏子

常恩攸出家　年十四歲湖南省郴縣南嶺寺上一下菴爲剃度恩師

鉢堂久受具　年十四歲湖南省郴縣西竺寺上視下源爲得戒和尚

傳上名授記　年三十三歲浙江省鄞縣七塔寺於民國丙寅年三月日來本寺登記

第戒事略

三志

代號

正唱滅　年　月　日　時世壽　歲塔於

宗法嗣　一　二

四

一

世

溥報字年籍
生於　　　年二月二十一日時湖南省華容縣
氏子
常恩守出家
年　　歲　　省華容縣華藏寺上石下竹爲剃度
恩師
鉢堂源受具
年　　歲　　省　　縣　　寺上　下　爲得戒
和尚
傳上名授記
年　　歲　　省　　縣　　寺於　　年
月　　日來本寺登記
第戒事略
三法
代號
正唱滅
年　　月　　日　　時世壽　　歲塔於
宗法嗣
一
二
四
一
世

溥報字年籍 生於光緒辛丑年八月十九日酉時湖南省耒陽縣黎氏子

常恩大出家 年九歲湖南省耒陽縣奉國寺上演下玉爲剃度恩師

鉌堂量受具 年十三歲湖南省耒陽縣金錢寺上道下階爲得戒和尚

傳上名授記 年二十五歲浙江省鄞縣七塔寺於民國丙寅年三月日來本寺登記

第戒事略

三慈

代號

正唱滅 年　月　日　時世壽　歲塔於

宗法嗣 一　二

四

一

世

溥報字年籍
生於光緒丁酉年　月　日時浙江省鎮海縣　氏子

常恩妙出家
年　歲　省　縣　寺上下爲剃度恩師

鉌堂祥受具
年　歲　省　縣　寺上下爲得戒和尚

傳上名授記
年二十九歲浙江省鄞縣七塔寺於民國丙寅年三月一日來本寺登記湖州圓通寺住持

第戒事略

三守

代號

正覺唱滅
年　月　日　時世壽　歲塔於

宗海法嗣
一　二

四

一

世

溥報字年籍　生於光緒己丑年九月初四日辰時湖南省湘陰縣李氏子

常恩瑞出家　年二十七歲湖南省湘潭縣西禪寺上古下叅爲剃度恩師

銖堂開受具　年二十七歲湖南省長沙縣古塘寺上了下意爲得戒和尚

傳上名授記　年三十七歲浙江省鄞縣七塔寺於民國丙寅年三月日來本寺登記

第戒事略　民國戊辰年爲七塔寺書記

三圓

代號

正唱滅　年　月　日　時世壽　歲塔於

宗法嗣　一　二

四

一

世

溥報字年籍
常恩圓出家
鉢堂修受具
傳上名授記
第戒事略
三正
代號
正首唱滅
宗正法嗣
四
一
世

生於　年六月初六日寅時湖南省清泉縣
氏子
年　歲湖南省　縣極樂寺上信下餘爲剃度
恩師
年　歲　省　縣　寺上　下　爲得戒
和尚
年　歲　省　縣　寺於　年
一月　日來本寺登記
鄞縣永壽菴住持
年　月　日　時世壽　歲塔於
一光明定修二

圓報字年籍　生於光緒戊申年十二月初八日亥時湖南省湘潭縣吳氏子

修恩光出家　年十八歲湖南省衡山縣鐵佛寺上智下炎爲剃度恩師

正堂明受具　年十八歲湖南省耒陽縣金錢寺上朗下澄爲得戒和尚

傳上名授記　年二十二歲浙江省鄞縣永壽寺於民國甲戌年十月六日來本寺登記

第定事略　鄞縣永壽菴住持

四修

代號

正唱滅　年　月　日　時世壽　歲塔於

宗法嗣　一　二

四

二

世

慈報字年籍　生於　年　月　日　時湖南省　縣　氏子

運恩道出家　年　歲　省　縣　寺上下　爲剃度　恩師

慧堂階受具　年　歲　省　縣　寺上下　爲得戒　和尚

傳上名授記　年　歲　省　縣　寺於　年　月　日來本寺登記

第宏事略

二戒

代號

第正唱滅　年　月　日　時世壽　歲塔於

四宗法嗣　一月定戒宗二空印戒青

十四

五十

支世

第三代正宗四一世

戒宗號

道號字年籍	生於光緒壬午年六月二十五日午時湖南省耒陽縣謝氏子
階恩月出家	年　歲　省　縣　寺上下　爲剃度恩師
戒堂定受具	年　歲　省　縣　寺上下　爲得戒和尚
傳上名授記	年三十三歲浙江省鄞縣長壽寺於　年　月　日來本寺登記
事略	民國二年鄞縣長壽寺住持
唱滅	年　月　日　時世壽　歲塔於
法嗣	一　二

道報字年籍
階恩空出家
戒堂印受具
傳上名授記
第戒事略
三青
代號
正唱滅
宗法嗣
四
一
世

生於光緒丙戌年八月二十六日戌時湖南省衡山縣
譚氏子
年十七歲湖南省衡山縣祝聖寺上越下塵爲剃度恩
師
年十七歲湖南省衡山縣福嚴寺上慈下意爲得戒和
尙
年二十八歲浙江省鄞縣淨土寺於　　年
月　日來本寺登記
鄞縣看經寺住持　龍聖寺監院　大覺寺住持
鄞縣念佛林住持　安樂寺住持　北林寺住持

年　　月　　日　　時世壽　　歲塔於

一
二

慈報字年籍
運恩甫出家
慧堂照受具
傳上名授記
第宏事略
二系
代號
第正唱滅
四宗法嗣
十四
六十
支世

生於　年　月　日　時　省　縣
氏子
年　歲　省　縣　寺上　下　爲剃度
恩師
年　歲　省　縣　寺上　下　爲得戒
和尚
年　歲　省　縣　寺於　年
月　日來本寺登記
年　月　日　時世壽　歲塔於
一　二

慈報字年籍
生於　年　月　日時　省　縣
氏子

運恩甫出家
年　歲　省　縣　寺上下爲剃度
恩師

慧堂融受具
年　歲　省　縣　寺上下爲得戒
和尚

傳上名授記
年　歲　省　縣　寺於　年
月　日來本寺登記

第宏事略

二慧

代號

第正夢唱滅
年　月　日　時世壽　歲塔於

四宗忍法嗣
一
二

十四

七十

支世

慈報字	運恩甫	慧堂蔭	傳上名	第宏	二雲	代號	第正	四宗	十四	八十	支世
年籍	出家	受具	授記	事略			唱滅	法嗣			
生於　　年　　月　　日　　時　　省　　縣 氏子	年　　歲　　省　　縣　　寺上　　下　　爲剃度 恩師	年　　歲　　省　　縣　　寺上　　下　　爲得戒 和尚	年　　歲　　省　　縣　　寺於　　年 月　　日來本寺登記				年　　月　　日　　時世壽　　歲塔於	一 二			

報恩堂上傳第　代正宗　世

字　名　號

年籍：生於　年　月　日　時　省　縣　氏子

出家：年　歲　省　縣　寺　上　下　恩師　爲剃度

受具：年　歲　省　縣　寺　上　下　和尚　爲得戒

授記：年　歲　省　縣　寺於　年　月　日來本寺登記

事略：

唱滅：年　月　日　時世壽　歲塔於

法嗣：一　二

甯波民國日報　中華民國二十三年八月二十八日

浙江甯波七塔寺法派訂立宗譜通告

逕啓者本寺中興慈運慧老人所傳法徒至四十八人之多在各方分座說法傳授法嗣不知凡幾未登記者無從查考本年七月期頭經法門議決訂立宗譜以資統系凡屬本寺法派限於本年十月初六日成立以前來寺登記或因路遠不便用通信登記繕明自己法名別號年齡籍貫及承受何人法嗣現在有否付法以及多少務希明白繕下以便登記載入宗譜將來選舉住持時得有選舉及被選舉權幸勿放棄特此通告

本寺住持溥常謹啓

甯波七塔寺修譜展期登記聲明

本寺於十月初六日恭逢慈祖誕辰舉行編修宗譜事宜當時到寺登記編入宗譜者固居多數誠恐散居各省縣未能如期趕到者在所難免爲此公議展期三個月准予補行登記在此期內務須各法門人開具自己法名及履歷並嗣法師名號函知本寺住持代爲登記以便編入宗譜免滋遺漏如過此期間並無函知照當依照法規第四條辦理幸勿自誤特此聲明

七塔報恩禪寺住持溥常謹啓

此宗譜訂立。由民國二十三年。七月期頭。大衆通過。曾經兩次登報。喜得姪孫法悟。擘助。謄清較對。於二十五年夏月。始告刷成。其中宗派綫圖與源流。四十八支。均詳細分明。然各支派下名字事實。有無前後。是登記與未登記之採訪聽聞者。諒有遺落參差。溥常年老七一。担認如是煩瑣。

殊覺自不揣量。實迫於法門推重。顧全大局。義不容辭。並不敢卸責無過。從此艸創以後。伏願諸法門後來善知識。再行考察。特留空頁補記。如新進者。方丈室另立底册。預備接續重修。報恩堂上。放大光明。我　本師慈老人。於常寂光中。莞爾而笑。默望無既矣。

溥常又識

報恩堂上傳第　代　正宗第　世

字　名　號

年籍：生於　年　月　日　時　省　縣　氏子

出家：年　歲　省　縣　寺上下　爲剃度恩師

受具：年　歲　省　縣　寺上下　爲得戒和尚

授記：年　歲　省　縣　寺於　年　月　日來本寺登記

事略：

唱滅：年　月　日　時世壽　歲塔於

法嗣：一　二

報字年籍
生於　年　月　日　時　省　縣
氏子

恩　出家
年　恩師　歲　省　縣　寺上下爲剃度

堂　受具
年　和尚　歲　省　縣　寺上下爲得戒

傳上名授記
年　歲　省　縣　寺於　年
月　日來本寺登記

第　事略

代號

第正　唱滅
年　月　日　時世壽　歲塔於

宗　法嗣
一
二

世

報恩堂上傳第　代
字　名　號
第正
宗
世

年籍　生於　　省　　縣　　　年　　月　　日　　時
氏子
出家　年　　歲　　省　　縣　　寺上　　下　　爲剃度
恩師
受具　年　　歲　　省　　縣　　寺上　　下　　爲得戒
和尚
授記　年　　歲　　省　　縣　　寺於　　年
月　　日來本寺登記
事略

唱滅　年　　月　　日　　時世壽　　歲塔於
法嗣　一　二

宗譜源流

報字年籍
生於　年　月　日　時　省　縣
氏子

恩出家
年　恩師　歲　省　縣　寺上下為剃度

堂受具
年　和尚　歲　省　縣　寺上下為得戒

傳上名授記
年　歲　省　縣　寺於　年
一月　日來本寺登記

第事略

代號

第正唱滅
年　月　日　時世壽　歲塔於

宗法嗣
一
二

世

報字　年籍
恩　出家
堂　受具
傳上名　授記
第　事略
代號
第正　唱滅
宗　法嗣
世

生於　年　月　日　時　省　縣
氏子
年　歲　省　縣　寺上　下為剃度
恩師
年　歲　省　縣　寺上　下為得戒
和尚
年　歲　省　縣　寺於　年
月　日來本寺登記
年　月　日　時世壽　歲塔於
一　二

宗譜源流

報恩堂上第　代正宗　世

傳　第

字　名　號

年籍
生於　年　月　日　時　省　縣
氏子

出家
年　歲　省　縣　寺上　下　爲剃度
恩師

受具
年　歲　省　縣　寺上　下　爲得戒
和尚

授記
年　歲　省　縣　寺於　年
一月　日來本寺登記

事略

代號

唱滅
年　月　日　時世壽　歲塔於

法嗣
一
二

報恩堂	傳上名	第	代號	第正宗	世
字年籍：生於　年　月　日　時　省　縣　氏子	授記：年　歲　省　縣　寺於　年　月　日來本寺登記	事略		唱滅：年　月　日　時世壽　歲塔於	
出家：年　歲　省　縣　寺上下為剃度恩師				法嗣	
受具：年　歲　省　縣　寺上下為得戒和尚					

宗譜源流

報字年籍
生於　　年　　月　　日　　時　　省　　縣
氏子

恩出家
年　　歲　　省　　縣　　寺上　　下
恩師　　爲剃度

堂受具
年　　歲　　省　　縣　　寺上　　下
和尚　　爲得戒

傳上名授記
年　　歲　　省　　縣　　寺於　　年
月　　日來本寺登記

第事略

代號

第正唱滅
年　　月　　日　　時世壽　　歲塔於

宗法嗣
一
二

報恩堂上第　代正宗　世

字　名　號

年籍：生於　年　月　日　時　省　縣　氏子

出家：年　歲　省　縣　寺上下　爲剃度恩師

受具：年　歲　省　縣　寺上下　爲得戒和尚

授記：年　歲　省　縣　寺於　年　月　日來本寺登記

事略：

唱滅：年　月　日　時世壽　歲塔於

法嗣：一　二

報恩堂上傳第　代正宗第　世

字　名　號

年籍：生於　年　月　日　時　省　縣　氏子

出家：年　歲　省　縣　寺上　下為剃度恩師

受具：年　歲　省　縣　寺上　下為得戒和尚

授記：年　歲　省　縣　寺於　年　月　日來本寺登記

事略：

唱滅：年　月　日　時世壽　歲塔於

法嗣：

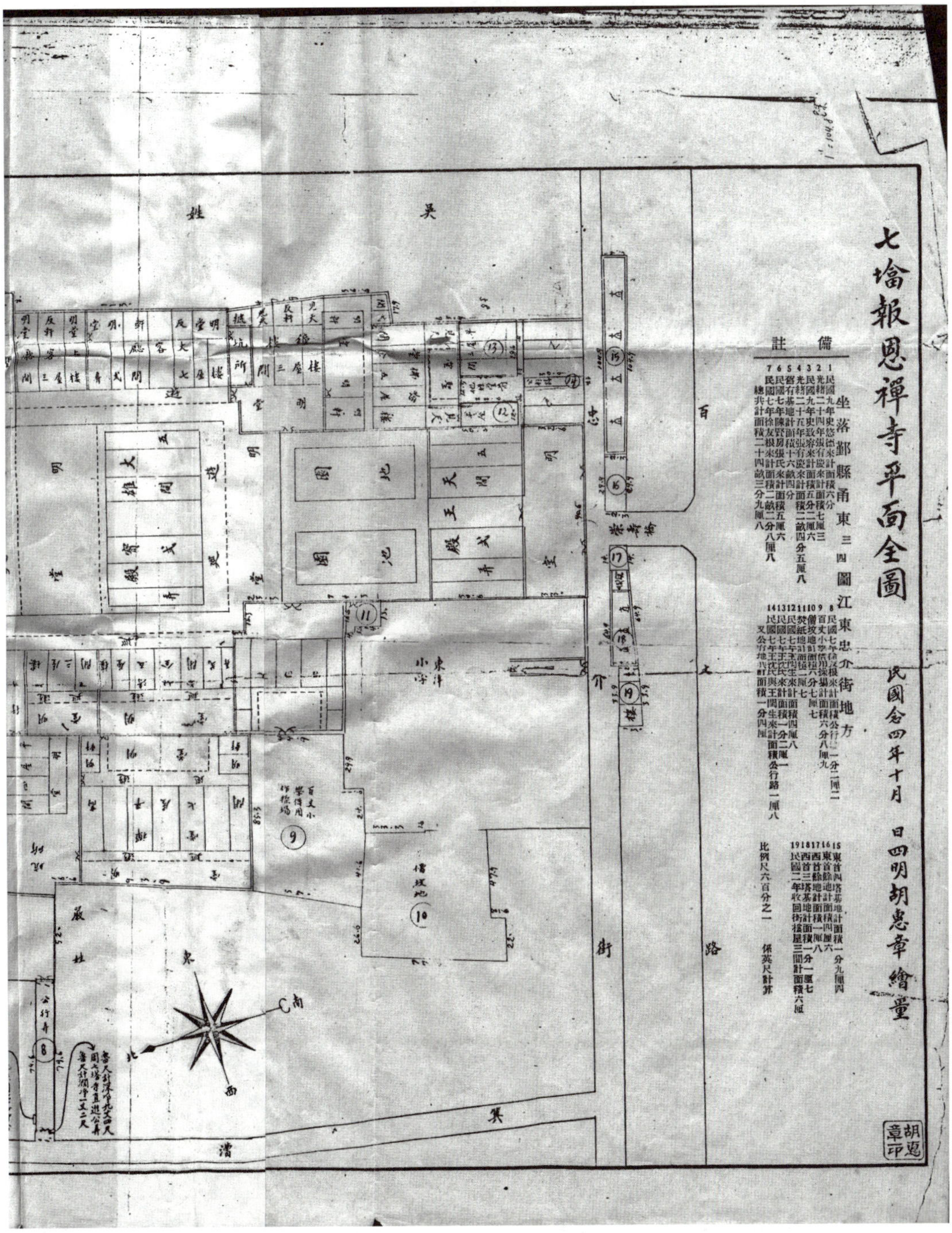
七塔報恩禪寺平面全圖
民國念四年十月 日四明胡忠章繪量
備註
坐落鄞縣甬東三四圖江東忠介街地方
比例尺六百分之一
保英尺計算
胡忠章印
百丈路
忠介街